L'ALIMENTATION DES TOUT-PETITS

CHRISTINE RIPAULT

L'ALIMENTATION DES TOUT-PETITS

TROIS ÉTOILES
POUR BÉBÉS ET JUNIORS

Nouvelle édition

FRANCE LOISIRS
123, boulevard de Grenelle, Paris

Édition du Club France Loisirs, Paris,
avec l'autorisation des Éditions Solar

ISBN 2-7242-4320-X

En guise d'introduction

Les spécialistes discutent encore pour définir, à la seconde près, le moment biologique de la naissance. Quel est le meilleur repère :

— le premier mouvement de la cage thoracique à la recherche d'air ?

— le premier geste par le système nerveux ?

— Ou le premier cri ?

Pour beaucoup, la vie commence avec la première manifestation de la faim.

Nos premiers moments sur terre ressemblent en effet à un long repas — un banquet de bienvenue — coupé de sommeils satisfaits et jalonné de réveils angoissés et bruyants : « Ne nous oubliez pas ! » Jamais plus nous ne serons aussi exigeants. Un « service » bien fait est sanctionné par des marques de satisfaction — des bruits, en général, dont les Arabes conservent tout au long de leur vie l'usage symbolique.

On a pu écrire que le nouveau-né « se soûlait » de lait, tant sa béatitude évoque les inconsciences de l'ivresse ! En tout cas, le plaisir qu'il prend est évident. C'est d'ailleurs plus qu'un plaisir : c'est une véritable harmonisation avec le monde inconnu qui l'entoure.

Absorber des aliments est l'unique activité du petit d'homme, qui n'a pas d'autre raison de s'arracher à son sommeil. Ses aliments constituent les matériaux de base grâce auxquels sa structure fragile se solidifiera, ses organes se développeront, prendront leur aspect définitif, et entreront finalement en fonction, mécanismes infiniment subtils dont les interactions assureront la survie.

Un adulte absorbe du carburant; un bébé, des éléments constitutifs. La faim, chez lui, n'est pas seulement une sensation désagréable, ou douloureuse, c'est un signal d'alarme. Un adulte affamé fait appel à ses réserves; un enfant affamé risque la mort!

Après la chute de poids normale des premiers jours, son tableau de route est fixé : vers 5 mois son poids doit avoir doublé; à 1 an, il doit avoir triplé. Toute altération de ce rythme comporte des risques graves pour l'avenir.

Ces impératifs biologiques et psychologiques expliquent la violence des manifestations de colère ou de peur quand une modification imperceptible à l'adulte perturbe le rituel de l'alimentation.

Tout l'horizon du nouveau-né s'obscurcit; quelques secondes de retard affectent même sa confiance dans ce qui l'entoure, son sens de la réalité, son présent et son avenir.

On sait, depuis les travaux de Freud, toute l'importance de l'activité buccale de la prime enfance.

« Les premières idées de bébé au sujet de la vie, a écrit le docteur Spock, auteur d'un célèbre traité de puériculture, dépendent de la façon dont bébé est nourri. Ses premières idées au sujet du monde et des hommes dépendent de ceux qui le nourrissent. »

Manger et vivre se confondent donc de façon étroite au début de notre aventure terrestre. Beaucoup de choses, toutes choses si on en croit certains, se décident à cette époque. Or, il est étrange de constater que l'alimentation des enfants, aussi bien dans ses méthodes que dans ses dosages, est restée longtemps – en vérité, jusqu'au début de ce siècle – un sujet totalement négligé. Les premiers travaux sérieux concernant l'alimentation des enfants remontent – c'est à peine croyable – à 1900.

Au premier âge, l'alimentation n'est, et ne peut être, que diététique. Le lait reste irremplaçable. Le goût d'ailleurs, lié à l'odorat, ne s'éveille qu'après quelques semaines. Mais, très vite, un souci de qualité, de variété doit intervenir dans l'alimentation du tout-petit.

« Comme un printemps, les jeunes enfants croissent », a dit Ronsard. N'oublions pas que le développement de l'enfant se fait, dans les premières années, dans la première plus encore, à un rythme accéléré, et que son évolution, la perfection de son développement physique, et même intellectuel, dépendent de sa bonne alimentation, qui doit être variée, individualisée et équilibrée.

Elle permettra très tôt de déterminer le goût de l'enfant, évitant par là même les drames de l'intolérance et, éventuellement, des malaises ou même des maladies, et même l'éveillera car, si on naît avide et gourmand, on devient gastronome.

Se nourrir est un instinct, bien manger le résultat d'une éducation. La sensibilité du goût s'éveille, se cultive et se perfectionne. On doit commencer le plus tôt possible.

Curnonsky, qui fut le prince des gastronomes, disait qu'il devait l'extrême sensibilité de ses papilles et de son odorat à vingt générations de bonne volonté culinaire. Alexandre Dumas affirmait avoir éprouvé ses premières émotions gastronomiques en suçant le lait de sa nourrice, nourrie elle-même de mets sélectionnés...

Par ailleurs, la gastronomie apporte à l'enfant une gamme élevée de sensations, et le force à choisir, à apprécier, à analyser un des rares plaisirs d'ordre esthétique qu'il soit, pour l'instant, capable d'objectiver.

Des tests effectués démontrent que l'émotion esthétique visuelle apparaît en général longtemps après l'émotion auditive, elle-même postérieure à l'émotion gustative. C'est donc le goût qui ouvre la longue série des émotions et des plaisirs.

N'est-il pas logique, dans ces conditions, de lui accorder quelque attention et de songer aussi à son éducation ?

En éduquant très tôt le goût des enfants, le plus facile à influencer, on développe leur goût dans le sens général. Un gastronome a pu écrire : « Toutes les grandes idées, j'en suis persuadé, sont nées dans une cuisine, ou, à la rigueur, autour d'une table. » Sans aller jusqu'à cette conception culinaire de la civilisation, il faut bien admettre que la gastronomie est une forme de civilisation, et une arme de contact humain. Il faut noter, enfin, que ce n'est pas un luxe : on peut goûter les joies de la table autour des tables les plus modestes.

Surtout pour les recettes destinées à la première enfance, la gastronomie n'est pas seulement un plaisir : elle est aussi fonctionnelle que possible. C'est pourquoi, pour rédiger ces *Trois Étoiles pour bébés et juniors*, nous avons pris les conseils de spécialistes, pédiatres ou généralistes, de diététiciennes, de psychologues de l'enfance et de directrices de crèches ou de cantines scolaires. Nous avons aussi soumis ce problème original aux grands chefs de cuisine français.

Tous se sont pris au jeu. Ils nous ont aidés à formuler les conseils, à rédiger les recettes pour les tout-petits et les plus grands, que l'on trouvera au fil de ce livre.

Est-il utile, encore une fois, de souligner que nous n'avons pas un instant perdu de vue l'importance et la gravité du sujet ? Ce travail présente toutes les garanties médicales indispensables ; si certaines suggestions paraissent trop audacieuses, qu'on se reporte à l'exemple du diététicien qui, il y a cinquante ans, fut accusé de folie meurtrière pour proposer des jus de fruits avant la fin de la première année !

Première partie

TOUT CE QU'IL FAUT SAVOIR SUR LES ALIMENTS

CHAPITRE PREMIER

Les trois règles d'or

L'ALIMENTATION DOIT ÊTRE VARIÉE, DIVERSIFIÉE MAIS EN PROCÉDANT PAR ÉTAPES

Conformément aux recommandations du Comité de nutrition de la Société française de pédiatrie et de l'E.S.P.G.A.N. (Société européenne de gastro-entérologie et de nutrition pédiatrique), on distingue trois étapes dans l'alimentation du bébé au cours de la première année.

• **de la naissance à 3 mois**

Alimentation exclusivement lactée : lait maternel de préférence ou aliments lactés diététiques du 1er âge (appelés plus communément lait 1er âge).

• **de 3 à 5 mois**

C'est une période de transition dite période d'essai durant laquelle le lait reste l'aliment primordial mais non exclusif du nourrisson. On introduit en effet, progressivement, deux groupes d'aliments :

— les végétaux frais : fruits sous forme de jus et de compotes et légumes sous forme de jus ou de purées. Les compotes et les purées sont préparées à la maison et finement homogénéisées ou achetées toutes prêtes dans le commerce;

— les céréales et les farines (exclusivement sans gluten).

L'apport nutritif de ces deux catégories d'aliments reste négligeable par rapport au 0,9 litre de lait quotidien.

- **de 5 à 12 mois**

C'est la période d'alimentation lacto-diversifiée. Le lait reste l'aliment de base à raison de 0,5 litre par jour au moins jusqu'à la fin de la première année (lait maternel ou lait 2e âge). Parallèlement, la consommation des deux groupes d'aliments introduits pendant la période précédente s'accroît. Bébé a droit à de véritable plats de légumes et à des desserts.

Les aliments protidiques : viande, poisson, œuf, fromages frais et fermentés à l'exclusion du fromage de chèvre (non pasteurisé il peut contenir des germes de brucellose) entrent dans l'alimentation.

A partir de 8 mois il peut manger des petits morceaux.

- **A 1 an**

Bébé peut manger à peu près de tout mais son alimentation doit rester légère. Très tôt, il a droit aux épices, pas au poivre naturellement, mais à la vanille et à la cannelle. On peut tester à l'occasion d'un potage ou d'une purée ses réactions aux herbes aromatiques, voire lui proposer quelques brins de persil sur un petit plat à la fin de la première année.

Les crudités sous forme d'entrée (carottes râpées, tomates, etc.) apparaissent à partir de 18 mois.

De même, pourquoi se limiter à quelques fruits ? On doit essayer tous les fruits, même les fruits à peau rouge, cerises et fraises cuites, soumis à de curieuses et incompréhensibles exclusives. Il ne faut pas oublier non plus l'ananas et le pamplemousse.

Nous avons fait d'autres observations qui nous ont conduits, par exemple, à recommander très tôt le jus de citron ainsi que le cresson faciles à digérer et riches en vitamine C (acide ascorbique). Au fil des pages, on trouvera de nombreuses suggestions de ce genre.

L'ALIMENTATION DOIT ÊTRE INDIVIDUALISÉE

Finis, les régimes standardisés. Il faut bien, naturellement, fixer des règles, des quantités, mais ces règles ne doivent pas être tyranniques. Elles doivent s'adapter à chaque enfant. Nous n'avons pas tous le même appétit. Il en est de même des tout-petits : l'un a faim avec la ration normale, l'autre a trop.

Le meilleur critère est la courbe de poids; si bébé pousse bien dans les limites de la prise normale de poids, c'est qu'il est suffisamment nourri.

L'un se trouve bien de cinq repas toutes les quatre heures, l'autre aura encore besoin de six repas toutes les trois heures.

Ce qu'il faut, c'est que son appétit soit bon au repas et reste bon pour le suivant.

La maman ne doit pas, par exemple, être esclave des rations indiquées sur les boîtes de lait.

LE RÉGIME DOIT ÊTRE ÉQUILIBRÉ

C'est là que la diététique a fait le plus de progrès. Les enfants ont besoin de lipides, de protides, de glucides, de vitamines, de sels minéraux, d'acides aminés en quantités déterminées.

Pour un régime équilibré, selon l'avis du professeur Lestradet, qui fait autorité dans le domaine de la nutrition, signalons l'intérêt des petits repas : « Il s'avère que pour la croissance, la répartition des protides en petits repas évite un gaspillage d'acides aminés et permet une meilleure croissance musculaire. »

Nous avons été amenés, également, à proposer des procédés de cuisson plus modernes, plus variés. A la cuisson à l'eau bouillante s'ajoutera la cuisson à l'autocuiseur, qui réduit le temps de travail et conserve plus d'arôme et de sels minéraux. De même, on utilisera le mixer pour réaliser les bouillies ou purées de légumes.

CHAPITRE II

Les besoins alimentaires de l'enfant

Pour comprendre l'importance des besoins alimentaires du nouveau-né et de l'enfant, il suffit de tenir compte de leur croissance pondérale : vers 5 mois, le poids de naissance est doublé; vers 10 mois, il devra avoir triplé (9,5 kilos environ); à 2 ans, il aura quadruplé (12 kilos environ); à 5 ans, l'enfant pèsera environ 18 kilos.

La croissance staturale est tout aussi significative : un nouveau-né mesure environ 50 centimètres; un bébé de 4 mois, 60 centimètres; à 1 an, 70 à 75 centimètres; à 4 ans, l'enfant atteint 1 mètre.

Ceci ne peut s'accomplir que par une très importante consommation de matières énergétiques. Il est évident que le choix des aliments et le rythme de leur ingestion joueront un rôle très important sur l'avenir de l'enfant. Le bébé vorace et exigeant a droit à beaucoup d'égards : il est encore à l'époque de sa vie où les notions d'existence et d'alimentation coïncident étroitement.

Élevé dans la tendresse, protégé des agressions du monde extérieur, il demande aussi beaucoup d'attention en matière d'alimentation. Et le premier de ses droits est sans doute celui d'une connaissance réelle, de la part des personnes qui s'occupent de lui, de ses besoins alimentaires.

LES BESOINS CALORIQUES

La valeur énergétique des aliments est généralement évaluée en calories. En fait, ce que l'on a coutume d'appeler une calorie est pour les scientifiques la kilocalorie (kcal) qui, comme son nom l'indique, vaut 1 000 calories. La terminologie se complique du fait que l'unité légale, pour les diététiciens, est le joule (J) : 1 calorie = 4,18 joules. C'est pourquoi, sur les emballages de produits diététiques infantiles, l'énergie est exprimée en joules avec entre parenthèses l'équivalent en kilocalories.

L'apport nutritionnel conseillé pour la population française (chiffres C.N.R.S.-C.N.E.R.M.A. 1981) est, par jour :

– de 1 à 2 mois : 120 kcal/kg;
– de 3 à 5 mois : 110 kcal/kg;
– de 6 à 12 mois : 100 kcal/kg;
– de 1 à 3 ans : 1 360 kcal;
– de 4 à 6 ans : 1 830 kcal;
– de 7 à 9 ans : 2 190 kcal;
– de 10 à 12 ans : 2 600 kcal;
– de 13 à 15 ans : 2 900 kcal.

Pourquoi les besoins alimentaires des enfants sont-ils proportionnellement plus élevés que ceux de l'adulte ? Parce que la ration alimentaire de l'enfant doit assurer, en plus des dépenses d'entretien, les dépenses de croissance.

Des chiffres cités précédemment il est possible, par exemple, de calculer une moyenne pour la première année : 110 kilocalories par kilo et par jour, soit 1 100 kilocalories pour un enfant de 10 kilos. Or un homme adulte n'aura besoin, selon son âge et son activité, que de 2 200 à 3 500 kilocalories par jour, pour un poids nettement supérieur!

Les dépenses d'entretien

La plus grande partie de l'énergie apportée par l'alimentation sert à maintenir en vie.

Ainsi, pour les adultes, on estime à 70 % de l'énergie consommée la part nécessaire pour assurer le fonctionnement des mécanismes vitaux (les battements du cœur, par exemple) et le renouvellement des structures existantes (cellules, os, sang, muscles). Les 30 % restants fournissent l'énergie nécessaire à l'activité physique.

Les dépenses de croissance

Chez l'enfant, 10 à 12 % de l'énergie apportée par les aliments sont utilisés par les exigences spécifiques de la croissance.

LA COMPOSITION DES ALIMENTS

Chaque aliment a une composition spécifique qu'il convient de connaître pour que l'alimentation globale soit équilibrée. Les aliments fournissent principalement des lipides, des glucides et des protides, ainsi que des sels minéraux, des oligo-éléments et des vitamines.

Les lipides

Les lipides ou graisses ont un triple rôle : production d'énergie, constitution de certains éléments de la cellule (en particulier de la cellule nerveuse), transport des vitamines lipo-solubles.

Ils apportent 9 kilocalories par gramme et doivent représenter 30 à 35 % de l'apport énergétique total.

Les graisses animales contiennent des vitamines A et D, les huiles végétales des acides gras et du cholestérol, nécessaires à la fabrication des hormones. Une carence en certains acides gras entraîne des troubles de la croissance et de la peau.

Attention : consommées en trop grande quantité, les graisses favorisent plus tard l'obésité, le diabète et les troubles cardiovasculaires. Il ne faut donc pas négliger les graisses « cachées » dans la viande, les poissons, les œufs et les produits laitiers.

Les lipides sont fournis par :

– le lait;

– le beurre : 81 % de graisses (on en ajoute dans la bouillie vers 4 à 5 mois;

– les huiles végétales (on en donnera dans les crudités : huile d'olive vers 15 mois);

– le fromage râpé (le gruyère râpé se donne dans la bouillie ou les légumes vers 5 mois et demi, 6 mois);

– la viande : une viande maigre apporte 53 % de calories lipidiques, une viande grasse 70 %, de même que le jambon blanc;

– le poisson : entre 5 et 8 % de lipides;

– le jaune d'œuf : 6 grammes de lipides dans un jaune.

Les glucides

Les glucides ou hydrates de carbone sont des aliments énergétiques. Toutes les réactions chimiques des cellules qui produisent de l'énergie utilisent du glucose. Les besoins en glucides augmentent proportionnellement à l'activité musculaire de l'enfant, et, très nettement, avec la marche.

Ils apportent 4 kilocalories par gramme et doivent représenter 50 à 55 % de l'apport énergétique total.

Attention : une alimentation trop riche en sucres habitue l'enfant à consommer des aliments sucrés qui le prédisposent aux caries dentaires, à l'obésité et au diabète. Il faut donc limiter la consommation des sucreries et des boissons sucrées (1 litre de soda contient 120 grammes de sucre).

Les glucides rapides (glucose, fructose, saccharose, lactose) passent très vite dans le système circulatoire et sont fournis par :

— le sucre et les produits sucrés;

— le lait;

— les fruits.

Les glucides lents ont besoin d'un processus digestif important pour aboutir au glucose et sont fournis par :

— les céréales et les produits céréaliers : farines, pain, pâtes;

— les produits amidonneux non céréaliers : pommes de terre;

— les légumineuses.

Les protides

Ce sont de véritables matériaux de construction, nécessaires aussi bien à l'enfant pour construire des tissus nouveaux qu'à l'adulte pour les renouvellements tissulaire et cellulaire, mais l'apport protéique, rapporté au poids corporel, doit être plus important chez l'enfant que chez l'adulte.

Les protides apportent 4 kilocalories pour un gramme et doivent représenter 15 % de l'apport énergétique total.

De la naissance à 5 mois, la ration journalière moyenne est de 2 grammes par kilo de poids corporel; de 6 à 12 mois elle est de 1,6 gramme.

Les protides d'origine animale ont une excellente valeur biologique et sont fournis par :

— les œufs;

— le lait et les produits laitiers;

— la viande;

— le poisson.

Les protides d'origine végétale sont fournis par :
— les céréales;
— les légumes secs.

LES FIBRES ALIMENTAIRES

Ce sont les parties des plantes que l'organisme ne peut assimiler.

Elles comprennent les celluloses, les pectines, les mucilages, les lignines et ont pour origine les végétaux dont les parois cellulaires et les tissus sont riches en cellulose et en produits voisins.

Elles ont une influence sur le travail mécanique de la digestion. Elles facilitent le transit intestinal, luttent contre la constipation, en augmentant le volume fécal.

Les fibres alimentaires sont fournies par :
— les céréales;
— les légumes;
— les fruits.

L'EAU

Les besoins en eau varient selon l'âge et la maturation rénale du nourrisson.

L'enfant a, comme l'adulte, un besoin primordial d'eau. L'eau représente 60 à 70 % du poids du corps humain. C'est en outre un véhicule qui sert à transporter les éléments nutritifs.

Elle contient aussi un nombre important de sels minéraux.

Besoins en eau :

de 1 à 3 mois	*170 grammes*
3 à 6 mois	*150 grammes*
6 à 9 mois	*135 grammes*
9 à 12 mois	*125 grammes*

L'enfant doit boire à sa soif, car il se déshydrate très rapidement.

La diarrhée, les vomissements amènent une déshydratation importante. Les enfants qui transpirent (parce qu'ils sont trop couverts ou que la pièce est surchauffée) se déshydratent aussi. Il ne faut pas refuser à boire à l'enfant qui le réclame.

Les sels minéraux

Différents sels minéraux sont contenus dans les aliments.

• Le calcium

C'est l'élément principal du squelette et des dents. Il est nécessaire pour la coagulation du sang et le fonctionnement du système nerveux et de tous les tissus actifs de l'organisme. Son assimilation est favorisée par la vitamine D et le lactose.

Principales sources : le lait et tous les produits laitiers, mais aussi les légumes.

Les besoins de l'enfant sont :

– de la naissance à 5 mois : 400 mg par jour;
– de 6 à 12 mois : 500 mg par jour;
– de 1 à 3 ans : 600 mg par jour;
– de 4 à 9 ans : 700 mg par jour;
– de 10 à 12 ans : 900 mg par jour.

• Le phosphore

C'est l'élément essentiel des réactions cellulaires. Il agit sur l'ossification conjointement avec le calcium.

L'apport en phosphore doit toujours être inférieur à celui en calcium chez le nourrisson.

Principales sources : la viande, les produits laitiers, le jaune d'œuf, les céréales et les légumes secs.

• Le sodium

On trouve du sodium dans le liquide interstitiel situé entre les cellules, dans le sang et dans la lymphe.

Principales sources : le sel et certaines eaux minérales.

• Le potassium

Il est essentiel à l'équilibre des fluides et à de nombreuses réactions cellulaires.

Les diarrhées importantes entraînent une perte de potassium.

Principales sources : les fruits et les légumes (notamment les bananes, les abricots, les pommes de terre).

Les oligo-éléments

Ce sont des éléments minéraux dont l'organisme a besoin en quantités infinitésimales.

• Le fer

C'est un constituant de l'hémoglobine (globules rouges) du sang.

Le besoin en fer est, parmi tous les besoins nutritionnels du petit enfant, l'un de ceux dont la couverture pose le plus de problèmes pratiques. Sept nourrissons sur dix, entre 8 et 12 mois, reçoivent, selon l'enquête C.I.L.D. 1981 (Centre d'information des laits diététiques), un apport en fer insuffisant.

Au cours des premiers mois, l'enfant vit sur ses réserves en fer (héritage physiologique de l'organisme maternel), son apport par les aliments n'est donc pas trop nécessaire. Autour de 4 mois, ces réserves s'épuisent et le besoin en fer devient de plus en plus important. C'est pourquoi les laits 2ᵉ âge sont obligatoirement enrichis en fer.

Certains aliments contiennent du fer en quantités non négligeables (viande, légumes, etc.) mais seule une très faible proportion peut être fixée par l'enfant (de 1 à 10 % au maximum).

Il est donc important de privilégier l'usage du lait 2ᵉ âge dans l'alimentation de l'enfant à partir de 4 mois quand celui-ci n'est pas nourri au sein.

• Le magnésium

Nécessaire à toutes les cellules, le magnésium est important pour l'activité musculaire et nerveuse.

Principales sources : les légumes secs, les noix, les céréales et les légumes verts.

• L'iode

Il est nécessaire au fonctionnement de la glande thyroïde, ainsi qu'à la production de l'hémoglobine.

Principales sources : les poissons et les fruits de mer, le sel iodé.

• Le cuivre

Il intervient dans les phénomènes d'oxydo-réduction cellulaire.

Principales sources : le foie, les produits de la mer, la viande.

• Le cobalt

Il est présent dans la vitamine B 12.

• Le fluor

Il intervient dans la constitution des dents et protège contre la carie dentaire.

Principales sources : l'eau, le sel de cuisine fluoré, le dentifrice au fluor.

• Le zinc

Il est nécessaire à la structure des enzymes cellulaires.

Principales sources : les poissons et les fruits de mer, la viande, le froment, les légumes secs, les noix.

Remarque : les besoins en oligo-éléments, sauf en ce qui concerne le fer, sont couverts par une alimentation équilibrée.

Les vitamines

Ce sont des substances sans valeur calorique propre, agissant à très faibles doses et indispensables à la croissance et au fonctionnement de l'organisme. Celui-ci ne pouvant en effectuer la synthèse, les vitamines doivent obligatoirement être apportées par l'alimentation. Le lait de femme les contient toutes en quantités suffisantes. Les laits 1er ou 2e âge sont enrichis en toutes les vitamines pour répondre aux besoins du nourrisson, à l'exception de la vitamine D.

• La vitamine A

Elle est nécessaire aux muqueuses de l'organisme, en particulier la rétine de l'œil, les parois des appareils pulmonaire et digestif, ainsi qu'aux os et aux dents. C'est la vitamine de la croissance.

Principales sources : le foie, le foie de poisson, le lait (mais pas le lait écrémé), le beurre, les carottes, les épinards, les tomates.

• **La vitamine B1**

Elle intervient dans le métabolisme glucidique (c'est donc au moment où le bébé passe aux farines qu'il en a vraiment besoin).

Principales sources : la levure de bière, les céréales complètes, le jaune d'œuf, les oignons.

• **La vitamine B2**

Elle est nécessaire au fonctionnement des cellules et à leur entretien.

Principales sources : le lait, les œufs, les végétaux verts, le foie, la levure.

Du fait de sa solubilité dans l'eau, il y a perte en vitamine B2 lorsque l'eau de cuisson des légumes n'est pas consommée. L'exposition du lait à la lumière solaire entraîne elle aussi une importante destruction de cette vitamine.

• **La vitamine B6**

Elle est nécessaire aux globules rouges et au système nerveux.

Principales sources : la levure de bière, les germes de blé, le foie, les pommes de terre.

• **La vitamine B12**

Elle est indispensable à la formation des globules rouges et au système nerveux.

Principales sources : les œufs, la viande, le poisson, le lait.

• **La vitamine C**

Elle est nécessaire aux os, aux dents et à la reconstitution des tissus.

Principales sources : les agrumes, le persil, les tomates mais en pratique, les besoins sont couverts pour un tiers par les pommes de terre, un tiers par les fruits et un tiers par les autres aliments car il faut considérer non seulement la richesse de l'aliment mais aussi l'importance de sa consommation.

Pour les nourrissons, les jus de fruits et surtout d'agrumes ont une grande importance; il faut donc leur en donner dès l'âge de 3 mois, certains médecins disent même plus tôt.

RICHESSE DES ALIMENTS EN VITAMINE C (EN MG/100 G)					
Fruits crus		Légumes cuits		Légumes crus	
Cassis	150	Fenouil	50	Persil	200
Fraise	60	Bette carde	38	Cresson	100
Orange	60	Chou-fleur	30	Mâche	50
Citron	50	Épinard	30	Tomate	38
Pamplemousse	40	Asperge	20	Radis	18
Groseille	35	Navet	18	Scarole	10
Mandarine	30	Tomate	16	Laitue	10
Ananas	30	Petits pois	15	Melon	10
Pomme	7 à 26	Haricots verts	12	Céleri-rave	10
Brugnon	24	Oignon	10	Carotte	9
Cerise	17	Poireau	10	Concombre	9
Framboise	14	Betterave	7	Endive	1
Abricot	6	Artichaut	5		
Pêche	6	Céleri	5		
Banane	6	Salsifis	4		
Poire	5	Carotte	4		
Figue	5	Aubergine	3		
Raisin	4				
Prune	3				

• **La vitamine D**

Elle est nécessaire au maintien du taux de calcium dans le sang et participe donc au métabolisme phospho-calcique, en assurant notamment une bonne ossification de l'organisme en croissance.

Principales sources : l'huile de foie de poisson, les produits laitiers, les œufs.

En pratique, elle est rare dans les aliments et les besoins en vitamine D sont couverts :

– par l'exposition au soleil : la peau peut produire une certaine quantité de vitamine D (pour les scientifiques, c'est une hormone : le cholécalciférol) sous l'influence des rayons solaires directs ;

– par les médicaments : on prescrit systématiquement aux nourrissons un médicament apportant de la vitamine D pour éviter le rachitisme. Comme la surcharge en vitamine D est dangereuse (vomissements, nausées, perte de poids, hypertension, troubles nerveux, etc.), elle ne peut être délivrée que sur ordonnance médicale et c'est le pédiatre qui indiquera la posologie à respecter.

- **La vitamine G**

Elle est nécessaire à l'assimilation des graisses et à la constitution des membranes cellulaires.

Principales sources : elle est très répandue dans les aliments; on la trouve notamment dans les huiles végétales.

- **La vitamine K**

Elle est nécessaire à la coagulation du sang.

Principales sources : les besoins en vitamine K sont normalement couverts par l'action des bactéries intestinales, mais les légumes verts, les farines de poisson en contiennent.

- **La vitamine PP**

Elle est nécessaire aux cellules pour une bonne utilisation de l'oxygène.

Principales sources : le foie, les volailles, la viande maigre, les cacahuètes.

Ces données théoriques sont indispensables à qui veut posséder des connaissances de base sur l'alimentation des enfants.

Dès le début de cette grande aventure biologique qu'est la vie, les problèmes de l'alimentation surgissent de façon spectaculaire. Dans l'état actuel de la science, une mère ne doit pas les ignorer.

Sur ces bases diététiques et même médicales, elle va partir à la recherche des meilleures formules, qui tiennent compte (déjà!) des goûts et des penchants de son enfant. Mais ce serait une erreur de s'attacher à découvrir ces goûts avant d'avoir des idées sur la valeur des aliments, leur nécessité, et, en général, les besoins de l'enfant.

On peut parler de gastronomie, puisqu'il semble que très tôt, à 1 an, l'enfant exprime clairement des goûts et des dégoûts. C'est un être exigeant; il faut tenir compte de ce qu'il aime et de ce qu'il n'aime pas.

Mais il ne suffit pas – contrairement à ce que l'on croyait jusqu'ici – d'en tenir compte. Encore faut-il savoir adapter les penchants et les répulsions aux tables et aux calculs de valeur.

Pour mettre toutes les chances gastronomiques du côté de votre enfant, faites-en d'abord un enfant sain et vigoureux.

VALEUR MOYENNE EN CALORIES DES ALIMENTS POUR 100 GRAMMES

VIANDES

Bœuf : moyenne 260

Langue	160
Bifteck, aloyau	240
Côte, langue fumée	290
Poitrine	320
Rôti	350

Veau : moyenne 140

Épaule, rognon, foie	125
Jarret	140
Côtelette	150
Carré	160

Agneau : moyenne 280

Gigot	210
Poitrine	290
Épaule	340
Côtelette	350

Mouton : moyenne 250

Rognon	95
Foie	195
Épaule	250
Gigot	270
Langue	315
Côtes	350

Porc : moyenne 260

Rognons	110
Côtelette	270
Jambon maigre	320
Épaule	360

Cheval	100

VOLAILLES-GIBIERS

Lapin	140
Poulet	150
Canard	250
Dindon	290
Oie	390

POISSONS FRAIS

Merlan, colin, sole, morue, dorade	75
Sardines	120
Maquereau, anguille, hareng, truite, alose	160
Saumon	200

LAIT - FROMAGES BEURRE - HUILE

Lait de vache	70
Lait écrémé	40
Lait concentré	400
Yaourt	90
Fromage blanc	100
Brie - Camembert	300
Petit-suisse gras	350
Hollande - Roquefort	350
Port-Salut	350
Gruyère - Chester	400
Beurre - Margarine	750
Huile - Graisse	850 à 900

FARINEUX

Farines - Pâtes - Riz sec - Tapioca - Haricots secs - Lentilles - Petits pois	350 à 400
Pommes de terre bouillies	95
Pommes de terre frites	250

LÉGUMES - FRUITS

Légumes verts	30 à 60
L'assiette de soupe aux légumes	250 pour 350
Fruits frais	20 à 60
Bananes	100
Olives vertes	215
Fruits secs	250

DIVERS

Pain frais	260
Pain rassis	275
Pain grillé	300
Biscottes	400
Biscuits, confiture, miel	300 à 350
Sucre	410
Chocolat, petits fours, gâteaux	550
Un œuf	150
Champignons	40

Nous donnons aussi la valeur moyenne pour la CHARCUTERIE, bien qu'elle soit donnée assez rarement aux enfants :

Saucisse	425
Boudin grillé	485
Saucisson	560
Bacon	625

CHAPITRE III

L'allaitement maternel

Aux premières heures de la vie, quand le corps du nouveau-né n'est qu'une puissante et confuse envie de vivre, tendue dans l'attente de la nourriture, la nature met en circulation chez sa mère un produit complexe, parfaitement adapté : le lait.

Ses qualités et ses vertus sont régulièrement mises en relief : il correspond exactement aux besoins de l'enfant.

Le corps médical, dans son ensemble, préconise la première tétée dès les cinq premières heures qui suivent la naissance, dès la deuxième ou la troisième heure parfois : la sécrétion lactée sera d'autant plus satisfaisante que le bébé tétera plus tôt et plus vigoureusement.

Au cours des cinq premiers jours, les glandes mammaires sécrètent le colostrum, un liquide jaune ou ambré pauvre en matières grasses mais riche en protéines et en sels minéraux. Il contient en outre beaucoup de globulines qui sont les supports des anticorps que la mère transmet ainsi à son enfant pour renforcer son immunité.

Au colostrum succède un lait de transition et ce n'est qu'au dixième jour qu'est sécrété le lait de pleine lactation.

LES PROPRIÉTÉS DU LAIT MATERNEL

La première qualité du lait maternel est de contenir des anticorps adaptés aux besoins du nourrisson (qui est totalement dépourvu de moyens de défense contre les infections virales et bactériennes) et d'être parfaitement stérile.

Sa seconde qualité est d'être adapté à la physiologie du nourrisson, à ses capacités digestives. Ainsi, sa composition évolue avec les besoins de l'enfant : il s'enrichit progressivement en graisses et en sucres (lactose) faciles à digérer; il est riche en albumine (indispensable à la construction des cellules vivantes), en vitamines et en oligo-éléments.

Sa composition évolue même au cours de la journée : entre six heures et dix heures du matin, sa concentration en graisses augmente alors qu'elle diminue la nuit.

Elle évolue aussi au cours de la tétée : au début, la sécrétion est diluée, rafraîchissante mais concentrée en facteurs anti-infectieux, puis elle s'enrichit en graisses pour déclencher la phénomène de satiété à la fin de la tétée. Ainsi, quelle que soit la quantité de lait absorbée, l'enfant profite des anticorps dont il a besoin.

Enfin, le lait maternel est toujours à la température idéale.

LE RÉGIME DE LA FEMME QUI ALLAITE

L'émotion gustative est précoce chez l'enfant car les cellules sensorielles qui en sont le siège sont réparties dans toute la cavité buccale (chez l'adulte elles sont surtout localisées sur la langue). Le goût du lait maternel varie avec l'alimentation. La mère ne doit pas à priori écarter de son régime alimentaire les aliments à goût fort (chou, ail, oignon, asperge, etc.) mais si elle remarque que son bébé boude son lait quand elle absorbe l'un d'eux, il faudra qu'elle s'abstienne provisoirement de consommer cet aliment.

La mère qui allaite a, évidemment, des besoins alimentaires plus élevés qu'en temps ordinaire. Il faut 500 à 700 calories en supplément, par jour. Cela ne signifie pas qu'elle doit changer toutes ses habitudes; elle devra faire, pourtant, quatre repas par jour, le repas supplémentaire étant constitué par un goûter assez substantiel.

Le régime doit être varié et équilibré, riche en protides, en vitamines, en calcium et en calories, simple et sain.

L'alimentation sera riche en lait, œufs, légumes, crudités, salades, viande maigre ou poisson, fruits, fromage.

La mère en période d'allaitement veillera bien sûr au bon fonctionnement de sa digestion. D'une façon générale, elle évitera le gibier, les crustacés, les sauces lourdes. Les mets seront modérément salés et très peu poivrés.

Il ne faut surtout pas que la maman se pose trop de questions à propos de son régime; plus elle est décontractée, plus long sera son allaitement et meilleures seront les conditions dans lesquelles il s'effectuera. Il faut cependant prendre certaines précautions : éviter les boissons fermentées et alcoolisées, le thé et le café fort. Pendant la durée de l'allaitement, la jeune mère devra boire environ 2 litres de liquide par jour :

– de l'eau avant tout (eau du robinet, eaux minérales dites de table faiblement minéralisées et non gazeuses);

– des jus de fruits mais sans abus;

– la bière avait autrefois la réputation d'augmenter la sécrétion lactée. Cette réputation est usurpée, il est donc inutile d'en boire de grandes quantités;

– du lait;

– des infusions.

La nicotine étant éliminée par le lait en petites quantités, il est préférable de ne pas fumer pendant l'allaitement (c'est un petit sacrifice), car l'abus de tabac provoquerait chez l'enfant agitation et troubles digestifs.

Les règles générales de son alimentation

En période d'allaitement, la femme doit consommer chaque jour :

– 0,5 litre de lait au moins;

– 70 grammes de fromage : yaourt, fromage (en particulier ceux à pâte cuite : gouda, hollande, plus riches en protéines et en calcium);

– 30 à 40 grammes de corps gras (en particulier du beurre cru riche en vitamines A et D);

– des légumes cuits une fois par jour : légumes frais de saison, en conserve ou surgelés) : ils favorisent le transit intestinal, apportent des sels minéraux dont la mère a le plus grand besoin. On peut leur ajouter du persil haché;

– des légumes crus à chaque repas;

– des fruits : un à chaque repas;

– des féculents et des produits sucrés sans excès mais en quantités suffisantes (pain, riz, pommes de terre, légumes secs, semoule, sucre, miel, confitures, etc.).

Le régime de la mère qui allaite doit donc être riche mais il ne doit pas pour autant entraîner un gain de poids important : un régime bien compris permet de garder son poids idéal. Réduire la consommation de féculents et de produits sucrés est le meilleur moyen de perdre quelques kilos superflus.

Type de menus en période d'allaitement

500 à 700 calories supplémentaires par jour.
Pas de suralimentation.

Petit déjeuner

Un bol de lait aromatisé (chocolat, chicorée, caramel)
Tartines de pain (avec beurre, confiture, miel) ou céréales

10 heures

Si la mère a faim : un fruit
ou soif : un jus de fruit

Déjeuner

Crudités
100 grammes de viande, poisson, œufs
Légumes cuits ou féculents
Fromage
Fruit

Éviter les gâteaux, les entremets lourds qui, trop riches, risquent de couper l'appétit pour le reste de la journée, font grossir et n'apportent pas les vitamines et les sels minéraux indispensables. Les seuls entremets recommandés sont ceux faits avec du lait (une manière agréable d'en consommer) : crème renversée, œufs au lait, etc.

Goûter

La mère, si elle a faim, peut et doit prendre un goûter.

C'est du reste le moment de boire un *lait aromatisé,* si sa ration n'a pas été suffisante. Elle peut prendre un *jus de fruit* ou bien une *tisane légère.*

Si elle a faim : des *fruits,* des *compotes,* un peu de *fromage,* un *biscuit,* une *tartine.*

Dîner

Potage léger ou crudités
100 grammes de viande, poisson, œufs
Légumes cuits
Fruit ou entremets léger

Menus d'une semaine

LUNDI

Déjeuner

Carottes râpées persillées
Escalope de veau grillée
Spaghettis à la tomate
Fromage blanc
Salade de fruits frais

Dîner

Bouillon de légumes
Merlan poché persillé, beurre cru
Fonds d'artichaut fines herbes
Compote de fruits

MARDI

Déjeuner

Salade de tomates persillées
Foie de veau
Haricots verts
Camembert
Semoule aux raisins

Dîner

Betteraves et pommes de terre, huile, jus de citron
Filet de limande persillé, beurre cru
Jardinière de légumes
Yaourt
Fruit de saison

MERCREDI

Déjeuner

Pamplemousse
Bifteck
Purée de carottes et pommes de terre au lait
Gruyère
Compote de fruits

Dîner

Salade chinoise : pousses de soja, endives, huile, jus de citron
2 œufs brouillés au gruyère
Tomates pochées persillées
Entremets

JEUDI

Déjeuner

Carottes râpées
Côtelette de mouton au gril
Haricots mange-tout, beurre frais persillé
Demi-sel ou gruyère
Banane

Dîner

Velouté de champignons
Pain de merlan
Salade verte
Petits-suisses aux fruits

VENDREDI

Déjeuner

Fromage blanc aux herbes
Cervelle au citron
Pommes vapeur au beurre
Hollande
Ananas au sirop

Dîner

Panade au lait
Tranche de colin au gril, beurre frais, jus de citron
Courgettes aux fines herbes
Fruit frais

SAMEDI

Déjeuner

Salade de lentilles
Rôti de veau
Tomates grillées
Hollande
Fruit frais

Dîner

Salade de carottes et céleri râpés
Couronne de purée de pommes de terre garnie de cabillaud
Yaourt
Salade de fruits de saison

DIMANCHE

Déjeuner

Crudités variées
Poulet rôti
Petits pois aux laitues
Fromage
Tarte aux fruits frais

Dîner

Potage à la crème de tomate
Filet de sole ou limande
Haricots verts
Crème renversée

CHAPITRE IV

L'allaitement artificiel

Il arrive que la mère ne veuille pas ou ne puisse pas allaiter son enfant, ou bien qu'elle interrompe plus ou moins précocement, totalement ou partiellement, l'allaitement. Les opinions et les conseils vont s'accumuler, c'est au pédiatre de fixer l'aliment de remplacement. Ce chapitre est conçu pour permettre à la mère de comprendre le choix du médecin.

LE LAIT DE VACHE

On a longtemps pensé que le lait de vache était le substitut idéal au lait maternel, mais, malgré leur ressemblance apparente, leur composition est différente. En effet, le lait de femme contient, pour 100 grammes :

— 1,5 gramme de protides formés de 1 gramme de caséine et 0,5 gramme d'albumine et de globuline (alors que le lait de vache contient 3,5 grammes de protides : 3 grammes de caséine et 0,5 gramme d'albumine);

— 3,5 grammes de lipides, avec une relative richesse en acide linoléique;

— 7 grammes de glucides sous forme de lactose (lait de vache : 5);

— 15 milligrammes de sodium (trois fois plus dans le lait de vache);

— 30 milligrammes de calcium (quatre fois plus dans le lait de vache);

— 16 milligrammes de phosphore (six fois plus dans le lait de vache).

Le lait de vache contient donc trop de protéines (notamment de la caséine), une trop forte proportion d'acides gras saturés (qui rendent le lait moins digeste), une teneur insuffisante en glucides et des quantités trop grandes de sels minéraux (notamment de sodium dont l'excès est nuisible au nouveau-né).

Si le lait de vache peut intervenir sans inconvénient dans l'alimentation de l'enfant à partir de 1 an, il n'est pas adapté à celle du nourrisson.

LES LAITS DIÉTÉTIQUES

Il existe des substituts au lait maternel qui obéissent à des normes légales extrêmement sévères (réglementation des éléments diététiques et de régime de l'enfance : arrêtés du 1er juillet 1976 et du 30 mars 1978). Ce sont les aliments lactés diététiques pour nourrissons 1er et 2e âge appelés plus communément laits 1er âge et laits 2e âge. Ils sont obtenus à partir du lait de vache qui subit diverses étapes de transformation rendant sa composition voisine de celle du lait maternel.

Ils présentent les avantages suivants :

— une composition constante,
— une pureté bactériologique parfaite,
— une haute digestibilité,
— une solubilité parfaite,
— une bonne conservation,
— une absence de fermentation puisqu'ils sont desséchés,
— un dosage précis et simplifié (mesure de 5 grammes dans chaque boîte),
— une préparation instantanée,
— un transport commode.

Les laits 1er âge

Il en existe deux catégories :

— les laits 1er âge (parfois dits adaptés),
— les laits 1er âge maternisés.

C'est au pédiatre de choisir l'un de ces deux laits, chacun ayant des indications particulières adaptées au cas du nourrisson.

Le lait 1er âge maternisé est caractérisé par sa composition très proche du lait maternel (plus encore que le lait 1er âge adapté).

Les laits 1er âge sont utilisés dans l'alimentation de l'enfant jusqu'à l'âge de 4 mois.

Le lait 2e âge

Il prend le relais du lait 1er âge à partir de 4 mois jusqu'à l'âge de 12 mois (ou plus), moment où le lait de vache ordinaire peut être introduit dans l'alimentation. Même en période d'alimentation diversifiée, le lait (environ 0,5 litre par jour) couvre plus de la moitié des besoins de l'enfant. Il est enrichi en fer.

Les spécificités des différentes marques

Il existe un grand nombre de marques utilisées en France et à l'étranger. Elles sont toutes excellentes et valables et chacune propose des aliments lactés diététiques 1er âge et 2e âge. Nous en citons quelques-unes ainsi que les noms de leurs produits.

• Les laits 1er âge (jusqu'à 4 mois)

Gallia

— Nursie maternisé 1er âge : lait maternisé de prescription courante mais recommandé pour les nourrissons dont le poids de naissance est plutôt faible;

— Galliazyme maternisé 1er âge : convient particulièrement aux nourrissons sujets aux régurgitations;

— Galliasec 1er âge : particulièrement bien adapté aux nourrissons voraces et à ceux qui tolèrent mal des quantités importantes de lactose.

Guigoz

— Guigoz PSH : aliment lacté diététique de prescription médicale en prévention de l'apparition des vomissements et des ballonnements chez les nourrissons;

— Guigoz 1er âge;

— Nativa 1;

— Guigolac 1er âge.

Jacquemaire

— Alma 1er âge : particulièrement recommandé pour les nourrissons sujets aux régurgitations et au transit intestinal trop rapide;

— Lacmil 1er âge maternisé.

Materna

- Materna spécial maternisé;
- Materna prima 1er âge.

Mont-Blanc

- Alétina 1er âge.

Nestlé

- Nidal 1;
- Nidina 1 maternisé;
- Alprem : aliment lacté de régime pour prématurés.

• Les laits 2e âge (de 4 mois à 1 an)

Gallia

- Nursie 2e âge;
- Galliasec 2e âge;
- Galliazyme 2e âge.

Guigoz

- Lait Guigoz 2e âge;
- Nativa 2;
- Guigolac 2e âge.

Jacquemaire

- Alma 2e âge;
- Lacmil 2e âge.

Materna

- Materna 2e âge.

Mont-Blanc

- Alétina 2e âge.

Nestlé

- Nidal 2;
- Nidina 2.

CHAPITRE V

Les farines infantiles

La farine a toujours été l'aliment de l'enfant après le sevrage mais l'usage trop fréquent et l'abus dans les quantités utilisées ont entraîné l'apparition de bébés joufflus.

Aujourd'hui, les farines sont introduites vers 3 mois dans l'alimentation du nourrisson, première étape dans la diversification du régime lacté par leur consistance et leur goût.

La quantité de farine ajoutée au biberon est d'abord réduite (dilutions farineuses), puis elle augmente progressivement selon l'âge du bébé (bouillies fluides, bouillies épaisses). Les farines apportent à l'enfant des glucides plus complexes que le lactose (seul présent dans le lait), stimulant ainsi son appareil enzymatique et donc ses possibilités digestives.

Les farines à cuire, longtemps utilisées, ne représentent plus que 10 % du marché, les farines instantanées les ont remplacées : elles permettent une préparation facile et rapide et offrent un grand choix, indispensable à la diversification du goût.

LA RÉGLEMENTATION

Leur réglementation (arrêté ministériel du 1er juillet 1976) est, comme pour les laits, très stricte.

Voici les normes précises pour 100 grammes de produit sec :

– une teneur en sucre n'excédant pas 30 grammes;

– des teneurs limitées en sodium (Na) et en calcium (Ca) qui varient selon les catégories :

Farines céréalières simples ou composées	Farines céréalières simples ou composées enrichies en...		
	Protéines	Légumes	Fruits
Na ⩽ 35 mg Ca ⩽ 100 mg	Na ⩽ 30 mg Ca ⩽ 400 mg	Na ⩽ 50 mg Ca ⩽ 250 mg	Na ⩽ 20 mg Ca ⩽ 250 mg

– la présence obligatoire de vitamine B1 : 0,20 à 0,70 milligrammes;

– un apport minimal en protéines pour les farines à forte teneur en protéines : ⩾ 15 grammes pour 100 grammes de farine non lactée, ⩾ 13 grammes de protéines d'origine lactique pour 100 grammes de farine lactée;

– une teneur en cacao limitée à 5 grammes pour 100 grammes de farine aromatisée au cacao.

L'ÉTIQUETAGE

Il existe un certain nombre de mentions obligatoires.

Pour l'ensemble des catégories

• « Ce produit est déjà sucré; ne pas ajouter de sucre » pour les farines sucrées;

• « Sans gluten », quand le produit ne renferme pas de protéines du blé, du seigle, de l'orge, de l'avoine.

Selon les catégories

• Farine lactée : « à ne préparer qu'avec de l'eau »;

• Farine aux légumes : « ne pas ajouter de sel »;

• Farine aux légumes et aux fruits, lorsqu'elles ont une teneur garantie en vitamine C : « indication du % de couverture du besoin quotidien en vitamine C pour une ration donnée ».

LES TYPES DE FARINES

Les céréales entrant dans la composition des farines sont les suivantes : blé, orge, seigle, maïs, avoine, riz, tapioca, soja.

Il y a deux types de farines :

Les farines de démarrage ou de première utilisation

– sans gluten;

– diastasées (ou maltées) : ce sont des farines qui ont subi un traitement assurant la dégradation partielle des amidons;

– sans saccharose (l'apport en lactose du lait maternel ou du lait 1er âge suffit);

– sans sel.

Le gluten est un ensemble de protéines présentes dans les farines de certaines céréales (avoine, blé, orge, sarrasin, seigle). Certains enfants présentent une intolérance au gluten ou maladie cœliaque (diarrhée chronique et atrophie de la muqueuse intestinale). Pour la première utilisation, il est donc recommandé de choisir une farine sans gluten. En cas d'intolérance découverte par la suite, il faut utiliser farines et petits pots sans gluten.

Les farines pour bouillies, ou de diversification (à partir de 5-6 mois)

Ces farines peuvent se préparer en bouillies fluides ou épaisses selon qu'elles sont destinées à être données au biberon ou à la cuiller. Il y en a plusieurs sortes :

– farines céréalières;

– farines fruits-légumes;

– farines lactées (à partir de 4 mois);

– farines cacao (pas avant 8 mois).

QUAND UTILISER LES FARINES ?

On ne les préconise pas en général avant 3 mois, l'enfant recevant avec le lait maternel ou l'aliment lacté diététique 1er âge les éléments nécessaires à sa croissance. Cependant, on peut les introduire au cours du 2e mois, exceptionnellement, pour prolonger l'impression de satiété chez l'enfant (pour prolonger une nuit par exemple).

Sous forme de dilutions farineuses

A partir de 3 mois, le lait reste l'aliment primordial mais on commence à introduire les farines sous forme de dilutions farineuses. D'abord une à trois cuillerées à café dans le biberon du soir, puis petit à petit dans tous les biberons.

Sous forme de bouillies fluides

Vers 5 à 6 mois, on utilise le lait 2ᵉ âge et les farines 2ᵉ âge dites farines cuiller, deux fois par jour, le matin et le soir à raison de deux à trois cuillerées à soupe.

Sous forme de bouillies épaisses

A partir de 6 mois, le matin, car elle donne à l'enfant l'habitude d'un petit déjeuner consistant. Les quantités varient selon l'âge de l'enfant, selon son appétit, selon qu'il mange au biberon ou à la cuiller, selon la variété, etc.

LA PRÉPARATION DES FARINES

Il faut respecter, quand on utilise les farines, quelques recommandations :

– respecter le dosage des étuis;
– ne pas ajouter de sel ou de sucre;
– préparer à l'eau les farines lactées;
– utiliser en même temps plusieurs variétés pour varier le goût.

Les farines instantanées sont de préparation rapide sans cuisson. Il suffit de diluer la quantité de farine voulue dans la quantité d'eau, de lait ou de bouillon de légumes, à la température de 50°. Il faut tourner la farine dans le liquide si la préparation se fait dans une assiette ou agiter si l'on se sert d'un biberon.

LES FARINES INSTANTANÉES QUE L'ON TROUVE DANS LE COMMERCE

Elles sont extrêmement variées dans chaque marque, nous en citons quelques-unes à titre d'exemple.

• Gallia

Biberon 1ᵉʳ âge; céréales (blé, maïs, riz) 1ᵉʳ âge; riz-miel 1ᵉʳ et 2ᵉ âge; légumes 1ᵉʳ et 2ᵉ âge; 5 fruits 1ᵉʳ âge et 2ᵉ âge; riz-carottes, pommes-oranges au miel 2ᵉ âge, etc.

• Guigoz

Code orange (à partir de 3 mois) : céréale miel 1; céréale vanille 1; riz-coings-pommes; bananes; légumes; etc.

Code rouge (à partir de 6 mois) : céréales-miel 2;

céréales-vanille 2; fruits (bananes, framboises, cassis); biscuitée.

Code marron (à partir de 8 mois) : cacao.

- Jacquemaire

Blédine croissance; miel; junior cacao; crème riz; tapioca; carottes-légumes verts; lactée biscuitée, etc.

- Phosphatine

Céréales-vanille; céréales-miel; 5 céréales; céréales-cacao; céréales-fruits, etc.

- Nestlé

Sinlac première farine pour biberon, etc.

CHAPITRE VI

Les jus de fruits et les jus de légumes

Le jus de fruit est un nouveau venu dans l'univers alimentaire du nouveau-né. Avant 1930, l'idée de donner des jus de fruits avant la deuxième année eût paru incongrue. Puis on les a conseillés assez tôt en raison de leur richesse en vitamine C. Aujourd'hui, les bébés les consomment dès l'âge de 1 mois (en petites quantités), mais il s'agit surtout d'une initiation à la diversification des saveurs et des parfums car les besoins en vitamine C sont couverts par l'alimentation lactée (lait maternel ou lait 1er âge). Par la suite, l'apport important en vitamine C, en phosphore, en calcium, en potassium les rend intéressants.

TENEUR EN VITAMINE C
(En milligrammes pour 100 grammes de partie comestible)

Fruits		*Légumes*	
cassis	150	persil	200
ananas	31 à 76	fenouil	100
orange	45 à 53	cresson	87
citron	39 à 48	radis	18
pamplemousse	39 à 48	laitue	10
fraise	30	carotte	9
raisin	4 à 9	tomate	50

TENEUR EN CALCIUM (En milligrammes pour 100 grammes de partie comestible)			
Fruits		*Légumes*	
fraise	40	carottes	50
cassis	40	tomate	12
citron	60		
orange	45		
TENEUR EN POTASSIUM (en milligrammes pour 100 grammes de partie comestible)			
ananas	250		

LA PRÉPARATION DOMESTIQUE DES JUS

Pour obtenir des jus de fruits et de légumes, un extracteur électrique est indispensable. Il faut choisir des fruits très sains, à maturité, les laver soigneusement mais rapidement, les éplucher. Les jus doivent être consommés immédiatement après leur préparation et jamais glacés.

QUAND ET COMBIEN ?

Au petit enfant on donnera le jus vers 10 heures du matin ou vers 16 heures pour le goûter :

– à la fin du 1er mois : une cuillerée à café;
– vers 3 mois : trois cuillerées à café;
– vers 4-5 mois : 20 grammes que l'on donnera à la tasse;
– vers 6 mois : 30 à 40 grammes;
– vers 1 an : 50 grammes.

QUELS JUS ?

Les types de jus que l'on donne sont :

– jus de carotte;
– jus de raisin;
– jus d'agrumes (pamplemousse, orange, citron), coupés d'un peu d'eau et sucrés au miel ou mélangés à d'autres jus;

– jus de tomate (accepté par les plus difficiles);
– jus d'ananas, à la saveur douce qui plaît beaucoup aux petits;
– jus de pomme;
– jus de fruits rouges (fraise, cerise, etc.);
– cocktails...

LES JUS DE FRUITS COMMERCIALISÉS

- Galliafruits

Pur jus de fruits en ampoules, sans sucre ajouté, à teneur en vitamines garantie (trois variétés : orange, raisin, pomme-carotte).

- Materna - Normafruit

Sans conservateur ni colorant, pomme, pruneau, orange, carotte, tomate, raisin rouge, raisin blanc, ananas.

- Guigoz

Pur jus de fruits, sans sucre ajouté, à teneur garantie en vitamine C, en ampoules de 10 ml (pomme, orange, pruneau) ou en flacons de 12,5 cl (pommes-framboises, pommes-ananas, pommes-abricots, pommes-oranges, muscat-golden, nectar de poire et nectar d'abricot).

- Diépal-Jacquemaire, gamme Blédina

Jus pommes-ananas, pommes-framboises, pommes-pruneaux, muscats-abricots, pommes-pêches.

Boissons : abricots-poires, ananas, pommes-fraises, oranges-pommes, oranges-bananes.

CHAPITRE VII

Les bouillons de légumes et les soupes de légumes

Le bouillon de légumes s'obtient en faisant bouillir doucement des légumes dans de l'eau pendant une à trois heures. L'eau de cuisson est riche en sels minéraux.

Le bouillon de légumes est vers 3-4 mois la forme la plus facile pour introduire les légumes dans le régime de l'enfant et le conduire sans heurt vers l'importante décision du passage de l'alimentation lactée à l'alimentation normale, variée, salée, gastronomique. C'est l'apparition du poireau, des épinards, de la laitue, des carottes, des pommes de terre, servis d'abord sous forme de jus de cuisson.

Assez rapidement, quelques jours après l'introduction de l'eau de cuisson dans la bouillie, on ajoutera au bouillon quelques légumes finement passés, carottes, épinards ou laitue, en premier, puis pommes de terre et poireaux.

Ainsi, peu à peu épaissi, enrichi, le bouillon de coupage devient une vraie soupe de légumes.

COMMENT PRÉPARER LE BOUILLON DE LÉGUMES ?

Les premiers légumes choisis seront les carottes, puis les pommes de terre, les épinards, la salade verte, etc. Ils devront être sains, épluchés et soigneusement mais rapidement lavés. Les légumes frais seront jetés dans de l'eau bouillante, les légumes secs dans de l'eau froide.

La cuisson doit se faire à petits bouillons, dans une casserole fermée. Il ne faut saler qu'en fin de cuisson.

S'il n'est pas consommé immédiatement, le bouillon doit être conservé au réfrigérateur deux jours au maximum. Il faut alors, avant de le donner à l'enfant, le faire réchauffer et s'assurer qu'il est consommable.

Deux recettes de bouillon de légumes

Pour chacune de ces recettes la cuisson dure deux heures, dans 2,5 litres d'eau.

- 2 pommes de terre moyennes; 1 poireau; 3 ou 4 feuilles de laitue; une petite pincée de sel.

On fera réduire l'eau à 1,25 litre.

On passera le bouillon à l'étamine, on le servira immédiatement, ou on le mettra au frais.

Le poireau doit être choisi tendre, sinon il vaut mieux n'utiliser que le cœur.

- 2 pommes de terre moyennes; 4 ou 5 feuilles de laitue; 2 carottes; 1 poireau; un peu de persil haché; une petite pincée de sel.

On fera réduire l'eau à 1,25 litre.

Après avoir vérifié que l'enfant digère bien ce nouveau mets, on passera très finement les légumes de cuisson que l'on intégrera à la bouillie. *Une ou deux cuillerées à café de légumes pour commencer.*

COMMENT PRÉPARER LES BOUILLIES AU BOUILLON DE LÉGUMES?

Les bouillies lactées

Mélanger trois cuillerées à potage de farine lactée à 150 grammes de bouillon de légumes (3 mois). Ajouter quelques grains de sel et une noisette de beurre.

Les bouillies non lactées

On préparera, de temps en temps, les bouillies non lactées au bouillon de légumes.

On augmentera progressivement la quantité de légumes. La bouillie deviendra, vers 3 mois et demi, une soupe de légumes, puis enfin une vraie purée de légumes (vers 4 mois).

On peut voir dans les selles des parcelles de légumes.

Si les selles restent normales, il n'y a pas d'intolérance, donc la maman n'a pas lieu de s'inquiéter.

LES BOUILLONS DE LÉGUMES ET LES POTAGES GASTRONOMIQUES

Le bouillon de légumes garde même après 3 mois un intérêt gastronomique. Il est une excellente base de soupe et de potage. On peut varier le bouillon, même en introduisant de nouveaux légumes (navets, oseille pour les grands, cerfeuil, etc.). Bien sûr, on enrichira ce bouillon selon l'âge de l'enfant, soit avec les légumes de cuisson passés ou coupés en petits morceaux, soit avec de la semoule, du tapioca, du riz, des petits pâtes. On peut ajouter des légumes secs (lentilles ou pois) en petite quantité s'ils sont bien acceptés par l'enfant.

LES BOUILLIES GASTRONOMIQUES

Vers 3 mois, 3 mois et demi, on commence à ajouter des légumes (carottes, pommes de terre, légumes verts, salades) à la bouillie. On diminue progressivement la proportion de farine, de lait et de sucre pour arriver à la soupe de légumes salée, puis à la purée que l'on donne vers 4-5 mois.

Purées : mettre les légumes (carottes, pommes de terre, salades, dans deux verres d'eau froide et faire cuire à l'étuvée pendant deux heures).

On peut aussi (dès 4 mois), mélanger aux farines instantanées un quart de banane tigrée des Canaries, très mûre. On peut donner la banane crue, bien écrasée et passée ou cuite pochée. On peut aussi sucrer très légèrement avec un peu de miel liquide, blond, de très bonne qualité. Le miel a des qualités laxatives et nutritives.

Vers 5 mois, on ajoute de la *pêche crue* si elle est très mûre, en saison. On l'écrase afin d'en faire une petite purée que l'on mélange à la bouillie. Si la pêche n'est pas très mûre, on la *poche.*

Vers cet âge on peut râper une pomme mûre, ajouter sucre ou miel et mélanger à la bouillie. On peut aussi faire une petite compote légère à laquelle on ajoutera quelques gouttes de citron.

On peut écraser une tomate, la passer, mettre le jus. Ou ajouter une purée de tomates bien mûres, préalablement ébouillantées et pelées.

Ou préparer une petite purée de carottes, que l'on salera très légèrement. En mettre au début environ une cuillerée à café. Peu à peu on augmente le volume de légumes, jusqu'à supprimer la farine.

Autres recettes :

Bouillie de céréales avec compote d'abricots très mûrs et sucrés.

Bouillie de céréales avec yaourt ou fromage blanc sucré.

Bouillie de céréales avec jus d'orange ou jus d'ananas.

Bischer Muesli aux agrumes (à partir de 14 mois).

Bischer Muesli aux amandes, etc.

L'UTILISATION MÉDICALE DES BOUILLONS DE LÉGUMES

Les bouillons de légumes, en particulier la soupe de carottes, sont recommandés dans certains cas de diarrhées dues à une suralimentation lactée ou à une intolérance au lait ou aux farines. Mais c'est toujours avec l'avis du médecin que la maman mettra son enfant au bouillon de légumes.

En général, le bouillon du petit malade sera fait avec des carottes, auxquelles il sera parfois adjoint de l'eau de riz ou du riz passé à la moulinette, selon l'âge de l'enfant.

Recette de la soupe de carottes :

— Faire cuire, dans 1,5 litre d'eau, 500 grammes de carottes tendres coupées en rondelles;

— Faire bouillir deux heures;

— Ramener au litre;

— Saler de quelques grains de sel en fin de cuisson;

— Passer à la moulinette.

Recette de la soupe de carottes et de riz :

Au cours de la dernière heure de cuisson :

— Ajouter deux cuillerées à soupe de riz dans le bouillon;

— Passer à la moulinette.

CHAPITRE VIII

Les légumes

Dès l'âge de 3 mois, le bébé gastronome puisera dans la grande réserve naturelle des légumes un certain nombre de substances indispensables à sa croissance. Surtout les fameuses vitamines. Les légumes sont parfois accusés d'être peu nutritifs. C'est exact. Mais ils n'en restent pas moins essentiels au bon équilibre alimentaire de bébé, par leur richesse en eau, en sels minéraux, en vitamine C, et à cause de leurs saveurs nouvelles et nuancées. En outre, leur teneur en cellulose joue un rôle important dans la régulation du transit intestinal.

QUELLES PRÉCAUTIONS PRENDRE POUR CONSERVER AUX LÉGUMES TOUTES LEURS QUALITÉS?

Il faut savoir que la précieuse vitamine C se détruit très rapidement par oxydation au contact de l'air.

- Il faut donc acheter des *légumes fraîchement cueillis* et les consommer le plus rapidement possible. Hélas! vous n'avez pas toutes un potager à votre disposition! Et puis, bien sûr, il faut les laver, mais pitié pour eux!
- *Ne les laissez pas séjourner trop longtemps* dans l'eau de lavage, leurs précieux sels minéraux se dilueraient dans l'eau. Et, pour la même raison, ne les coupez pas en trop petits morceaux.
- *Ne les faites pas cuire dans trop d'eau.* Préférez la

cuisson à la vapeur ou au four. Il existe des casseroles à deux étages, très pratiques pour la cuisson à l'étuvée ou l'autocuisson.

- *Ne dépassez pas le temps de cuisson utile.* Les autocuiseurs demandent un temps très court et peu d'eau. Ils sont donc satisfaisants pour la cuisson des légumes, évidemment quand la quantité de légumes à cuire est assez importante
- Évitez pour les très jeunes enfants les légumes frits ou sautés dans la graisse.

A QUEL AGE DONNER LES PREMIERS LÉGUMES ?

On donne les premiers légumes dès l'âge de 4 mois. On donne alors des soupes de légumes variés, que l'on épaissit à 5 mois en purées. Les premiers légumes proposés au bébé gastronome sont les carottes nouvelles et très tendres. Dans les bouillons de légumes, on peut incorporer : carottes, poireaux, laitues, puis pommes de terre, persil, donc très rapidement les légumes verts.

LES DIVERSES CATÉGORIES DE LÉGUMES

Les tubercules

Étudions le plus répandu, le plus utilisé : *la pomme de terre,* bien que pour les diététiciens ce ne soit pas un légume à proprement parler mais un aliment amidonneux non céréalier.

Elle se donne à 4 ou 5 mois, mélangée aux légumes verts dans la proportion de un tiers de pommes de terre, deux tiers de légumes verts.

Vers 8 mois, on peut la donner en purée, avec une noisette de beurre et un peu de gruyère râpé par exemple.

Sa composition

Elle renferme 70 % d'eau aux 100 grammes de partie comestible.

Elle fournit en moyenne :

Principes énergétiques

calories	protides	lipides	glucides
85	2 g	0,1 g	20 g

Éléments minéraux (mg)			*Vitamines* (mg)		
phosphore	calcium	fer	C	B_1	PP
60	15	1	14	0,10	2,5

Elle fournit donc assez de calories et beaucoup de glucides, du phosphore et de la vitamine C en assez grande quantité. Très digestible, la grande variété possible de ses préparations – notez que la cuisson à la vapeur est la meilleure – lui donne une large place dans la ration quotidienne des enfants.

Les légumes dits aqueux

Ils peuvent presque tous se consommer crus ou cuits. Ils contiennent 80 à 95 % d'eau, leur valeur énergétique est presque nulle mais leur richesse en vitamine C, en sels minéraux (calcium, potassium, magnésium, fer), en cellulose dont l'action favorise le péristaltisme intestinal est très grande.

• **Les racines**

ils les aimeront toutes si vous les y habituez tôt :

– la carotte;

– le navet;

– le salsifis;

– le radis;

– la betterave rouge cuite, adorée des enfants car très sucrée. Elle fait un excellent hors-d'œuvre, assaisonnée à l'huile et au citron. Mais n'oublions pas qu'elle colore les urines et les selles en rouge.

• **Les herbacées**

les salades, crues ou cuites, apportent la vitamine C :

– les salades : laitue (c'est la première salade de bébé), scarole, mâche, chicorée;

– l'endive : très digestible; cuite au four, elle n'est pas amère;

– le céleri : très riche en cellulose;

– le poireau : très diurétique;

– l'épinard : riche en fer, phosphore, magnésium. Il doit être consommé très rapidement car il ne se conserve pas longtemps cuit;

— les fines herbes : persil, cerfeuil, estragon si parfumé.

• **Les bourgeons et les bulbes**

— les choux, les choux de Bruxelles, peu recommandés aux enfants avant 5 à 6 ans;

— le chou-fleur qui, grâce à sa cellulose, est un légume fin, digestible et tendre;

— l'artichaut qui, pour la même raison, est bien accepté des enfants, mais attention il donne souvent des flatulences : on donnera pour commencer le fond réduit en purée vers 6 mois.

• **Les légumes-fruits**

— la tomate, riche en vitamine C, dont on peut donner la pulpe très tôt aux nourrissons (vers 4 mois);

— l'aubergine, que l'on peut servir vers 2 ans;

— la courge et le potiron, très faciles à digérer;

— le haricot vert, riche en carotène, est très facile à digérer et peut être donné vers 4 mois;

— les petits pois riches en glucides (15 %), donc très nourrissants, sont bien acceptés dès 1 an, en purée;

— le melon, très laxatif; s'il est bien toléré, il peut être donné vers 2 ans; il est apprécié à cause de sa saveur douce et sucrée.

• **Les légumineuses**

— les flageolets (frais, sont les plus digestibles). Il est recommandé de les faire cuire à plusieurs eaux;

— les poids cassés (débarrassés de leur enveloppe) en purée ou en soupe sont assez digestibles et sont un bon légume d'hiver;

— les lentilles, si riches en fer, sont très bonnes chez les anémiques, mais donnons-les d'abord en purée et mélangées à la carotte et à la pomme de terre;

— le soja est surtout utilisé sous forme de farine, il fait souvent partie des farines commerciales. Frais, on le servira en salade variée.

Les légumineuses sont données à l'enfant, en général, à partir de 18 mois, sous forme de purée passée et bien cuite. Elles sont particulièrement énergétiques et nutritives.

Elles fournissent (aux 100 grammes) 330 calories (la viande 200 calories seulement); elles sont très riches en phosphore : 350 milligrammes; en calcium; en protides : 23 grammes; en vitamines du groupe B.

Mais leur digestibilité est difficile. Il n'est pas mauvais de les incorporer d'abord en très petite quantité aux soupes, puis de les mélanger — au tiers par exemple — à une purée de pommes de terre.

LES LÉGUMES HOMOGÉNÉISÉS EN VENTE DANS LE COMMERCE

Vers 4 mois, un problème gastronomique important se pose à la maman : bébé entre dans l'ère des légumes.

Plusieurs solutions se présentent. Nous avons déjà envisagé celle qui consiste à épaissir adroitement et progressivement la bouillie au bouillon de légumes, et à la transformer d'abord en soupe, puis en purée de légumes. Une autre solution conduit la maman à faire appel pendant cette phase transitoire, délicate, aux préparations à base de légumes cuits à la vapeur, que l'on trouve en bocal dans le commerce (par exemple les produits Falli, Gallia, Jacquemaire, Guigoz, Gerber).

L'intérêt essentiel de ces produits se trouve dans la finesse et l'onctuosité de leur consistance obtenues par le procédé de l'homogénéisation : les membranes cellulosiques des légumes éclatent grâce à un broyage très poussé; les légumes sont réduits à l'état d'une purée extrêmement fine et cette purée est encore tamisée, ce qui accroît sa finesse. Certains bébés qui repoussent les purées faites à la maison, à cause de leur consistance un peu grumeleuse, acceptent plus facilement les préparations commerciales parfaitement homogènes.

Quand les donner et à quelles doses ?

On utilise ces légumes du commerce à partir du quatrième mois. On commence par mélanger à la bouillie une ou deux cuillerées à café, le premier jour, au repas de midi.

On augmente progressivement la dose pour arriver à donner les légumes sans bouillie, soit une boîte entière de 100 grammes par jour à l'âge de 5 mois au repas de midi. La bouillie disparaît alors complètement. A cet âge, le repas sera complété par un petit dessert (compote, yaourt) (voir à ce sujet *Les desserts*).

Les premières préparations à utiliser sont celles qui ont pour base les carottes, les haricots verts, les « légumes assortis » qui en général sont un mélange de carottes, de légumes verts et de pommes de terre; les préparations à base d'artichauts sont utilisées un peu plus tard.

Comment les préparer ?

Couvercle ôté, les récipients contenant les purées de légumes sont tiédis au bain-marie. (Veillez à ce que l'eau du bain-marie ne pénètre pas dans le récipient.) Ces purées de légumes doivent, de préférence, être servies immédiatement après leur réchauffement et ne doivent jamais être gardées, même au frais, plus de deux jours.

Pour rendre le mélange plus onctueux, et plus liquide, on peut au début le diluer dans un peu de lait bouilli et le donner au biberon. Par la suite, on le donnera à la cuiller, sans oublier la noisette de beurre.

LES LÉGUMES LYOPHILISÉS HOMOGÉNÉISÉS

La lyophilisation est une technique nouvelle de conservation de produits par la déshydratation sous vide et à basse température. Les produits alimentaires (après traitements traditionnels) sont congelés, à vitesse élevée, introduits dans une enceinte où l'eau congelée qu'ils contiennent passe à l'état de vapeur sans passer par la phase liquide. La vapeur d'eau formée est éliminée au fur et à mesure qu'elle se dégage sur un condenseur frigorifique. Pour accélérer le processus, l'enceinte est soumise à un vide poussé et les produits sont doucement réchauffés.

Comment les utiliser ?

- **Dans les biberons**

L'administration peut débuter dès le 2e-3e mois. Il suffit de verser une ou deux cuillerées à café, selon les prescriptions du médecin, de poudre dans le lait du biberon et d'agiter, ou de les mélanger au lait en poudre avant d'ajouter l'eau.

- **Dans les bouillies lors du sevrage**

Le contenu d'un flacon peut être mélangé à des crèmes de céréales ou de riz précuites, puis délayées avec de l'eau tiède jusqu'à obtention d'une bouillie de la consistance désirée.

CHAPITRE IX

Les crudités

A cause de leur richesse en vitamines, les crudités doivent jouer un rôle important dans l'alimentation du bébé gastronome.

Dès l'âge de 8 mois, on peut incorporer dans la bouillie, ou la purée, une cuillerée à café de carotte crue, lavée, grattée et très finement passée à la moulinette. Il en est de même de la tomate pulpée.

Vers 14 à 15 mois, on peut déjà donner en hors-d'œuvre des crudités en salade : les carottes, la betterave rouge cuite, les radis coupés en toutes petites rondelles, les concombres débarrassés de leurs pépins, les céleris blanchis, les salades en très fines lamelles (laitue, endive, puis scarole, cresson, mâche), assaisonnées au citron et à l'huile d'olive ou avec une sauce spéciale pour bébé.

Vers 16 mois on introduira le pamplemousse débarrassé de ses peaux blanches. On commencera par donner le quart d'un pamplemousse légèrement sucré.

Vers 3 ans on peut servir à bébé de l'avocat, très riche en graisse végétale. On donnera la moitié d'un avocat assaisonné de « citronnette ». Ce jour-là, éviter de servir des aliments gras (fritures, pommes de terre sautées, fromage gras) et veiller à ce que le reste du repas soit léger. (Ne pas en servir aux enfants gros.)

Bien sûr on peut mélanger les crudités entre elles (voir recettes) et les rendre attrayantes pour l'enfant en mariant gaiement les couleurs.

QUELS SONT LES AVANTAGES DES CRUDITÉS ?

Elles ouvrent l'appétit et, en général, les petits les adorent. Ils n'ont guère de préférence, ils les aiment toutes. Légèrement laxatives, elles régularisent les fonctions intestinales.

Elles apportent du phosphore, du calcium, du fer et beaucoup de vitamine C (qui ici n'est pas détruite par la cuisson).

Le cresson en contient 100 milligrammes aux 100 grammes. Les autres salades 10 milligrammes seulement. On doit être bien sûr de la provenance du cresson. La botte doit porter la pastille de garantie, car certaines cressonnières, non surveillées, sont infestées par la douve du foie.

Avec les années, on augmentera bien sûr l'apport quotidien de crudités et, vers 3 ans, l'enfant y sera très accoutumé.

LA PRÉPARATION DES CRUDITÉS

On choisira, pour les crudités, des légumes très frais et, bien sûr, très sains que l'on consommera le plus rapidement possible.

Les légumes doivent être soigneusement mais rapidement lavés. Ne pas les laisser séjourner dans l'eau, ni même trop longtemps, une fois épluchés, au contact de l'air.

Pour le pamplemousse, bien enlever les pépins et la peau blanche, très difficile à digérer et de goût amer.

Vers 6 ou 7 mois, les crudités seront passées.

Vers 13 mois, les betteraves seront données hachées.

Vers 14 ou 15 mois, elles seront coupées en petits dés.

Vers 18 mois en fines lamelles.

Servir les crudités avec de petites sauces à base de citron, d'huile d'olive vierge, de sel et d'herbes finement hachées (voir recettes).

LES HERBES AROMATIQUES

Les herbes seront soigneusement lavées, égouttées et très finement hachées.

Le persil

Utilisé depuis l'Antiquité, il peut et doit être ajouté aux salades, aux crudités, et même parfois aux légumes cuits (surtout aux pommes de terre). Il doit accompagner les poissons. Il est aussi très riche en oligo-éléments et en potassium.

Sa teneur en calcium est considérable : 200 milligrammes aux 100 grammes. En fer : 19 milligrammes. En vitamine C : 240 milligrammes.

C'est un précieux adjuvant à ne pas oublier et à ne jamais négliger. « Il excite l'appétit et favorise la digestion », dit au XVIIIe siècle Jalu, l'auteur du *Traité des plantes usuelles*. Et, si nous en croyons les Anciens, Phoebus, divinité solaire, en donnait à ses chevaux pour les stimuler !

L'estragon

Né en Sibérie, très parfumé, il facilite la digestion et est bien accepté par les tout-petits.

Le cerfeuil

Au goût si fin, il relève celui des carottes, des salades, des mets un peu fades.

APPORT DES CRUDITÉS
(pour 100 grammes)

	Calories	Protides	Lipides	Glucides	Phosphore	Calcium	Fer	Vit. C
Carottes	43	1 g	0,3 g	9 g	30 mg	50 mg	1,2 mg	9 mg
Artichaut, céleri en branche	37	2,5	0,3	5	40	30	0,7	20
Salades diverses	29	1,5	0,3	5	40	30	0,7	50
Cresson	29	1,5	0,3	5	40	200	0,2	100
Persil						240	0,19	240

CHAPITRE X

Les céréales et leurs dérivés

Les céréales, après le lait, nous l'avons vu, sont les premières à diversifier et à compléter l'alimentation du bébé [1].

Elles entrent pour une large part dans l'alimentation du premier âge, du second âge, ainsi que dans celle des enfants plus âgés.

— Dans le premier âge, sous forme de dilutions farineuses (voir à ce sujet le chapitre *Les farines infantiles*).

— Dans le deuxième âge et chez l'enfant sous forme de pâtes, de riz, de semoule, de pain et de gâteaux secs, et je vous assure que les petits comme les grands les apprécient beaucoup. Il est vraiment exceptionnel de voir un enfant ne pas aimer les bouillies, le pain ou les pâtes.

Leur teneur élevée en glucides (de 70 à 75 %), en protides végétaux (10 %), leur richesse en phosphore et en potassium leur confèrent une grande valeur énergétique et calorique.

Riches à l'état naturel en vitamine B, indispensable à leur assimilation, elles en sont malheureusement très appauvries après leur préparation industrielle (blutage de farine, décorticage de riz, etc.) et, pour que leur utilisation

1. Certains enfants ne digèrent pas le gluten. Les céréales et leurs dérivés, les charcuteries, le chocolat leur sont interdits. Aliments permis : le lait, les fromages, les légumes verts, les viandes, les œufs, les fruits...

soit bonne, il leur faut cette fameuse vitamine B; absorbées avec du lait, de la viande, des œufs ou du fromage, qui leur en apportent, l'équilibre sera rétabli et leur utilisation complète.

Vous savez que l'enfant a besoin d'énergie, car il en dépense et pour sa croissance et pour son activité musculaire, peu importante dans la première année, mais qui augmente avec l'âge, avec l'activité débordante de l'enfant toujours en jeux et en mouvement.

LES PRINCIPALES CÉRÉALES

Le froment

C'est la plus utilisée des céréales; elle contient un protide essentiel : le gluten.

Sa transformation aboutit à la farine qui entre dans la composition : farine-céréales, du pain, des pâtes, de la semoule, des gâteaux secs, etc.

L'orge

Laxative grâce à sa cellulose, elle est riche en sels minéraux.

L'avoine

Très riche en graisses, en vitamines D, en phosphore, elle est très stimulante. Les Anglo-Saxons s'en servent pour la confection du porridge, excellent petit déjeuner mais qui est assez lourd et ne peut être donné que vers 18 mois.

Le riz

Riche en amidon, très pauvre en graisses et en protides, il est astringent. Sa farine est employée en cas de diarrhée; les riz utilisés sont des riz blancs décortiqués, c'est-à-dire débarrassés de leur enveloppe; ils sont donc privés de leur cellulose, mais, hélas! cela leur supprime la précieuse vitamine B qui y était contenue.

Il existe heureusement, maintenant, un riz dit « converti » pour lequel, à la suite d'un traitement industriel, on fait passer vitamine et sels minéraux de la périphérie vers le centre.

Le riz doit être très cuit, il est alors beaucoup plus digeste. Comme vous le verrez dans nos recettes, il se prête à de nombreuses préparations gastronomiques : mets d'accompagnement, croquettes, entremets.

Donné en farine dès les premiers mois, il sera donné nature vers 14 mois.

LES PRODUITS CÉRÉALIERS

Le pain

Vous le savez, il est fait de farine, d'eau et de levure; la fermentation fait lever la pâte, ainsi le pain alvéolé est plus léger.

Très calorique (260 calories aux 100 grammes), il est cependant assez pauvre au point de vue alimentaire, il ne contient, en effet, ni graisses, ni calcium. Un peu difficile à digérer, il peut donner des fermentations intestinales si on ne prend pas la précaution indispensable de le bien mastiquer : sa digestion doit commencer dans la bouche! Les enfants ont la fâcheuse habitude de l'avaler « tout rond ». Apprenez-leur donc dès l'âge le plus tendre à bien le mâcher.

Les pains les plus digestes sont les pains dont le blutage (le blutage est l'opération qui consiste à enlever le son) moyen est de 70 à 80 %.

Le pain, rassis, plus calorique encore (275 calories aux 100 grammes), est plus digeste que le pain frais. Et plus encore le pain grillé (300 calories aux 100 grammes).

Quant aux biscottes, leur extrême légèreté et leur friabilité rend plus facile leur imprégnation par la salive et les sucs digestifs (elles font 400 calories aux 100 grammes).

Le pain d'épice, que les enfants commencent à apprécier vers 3 ans, contient 9 grammes de protides, 72 grammes de glucides aux 100 grammes et fournit 354 calories aux 100 grammes.

Voici les rations de pain qu'il est sage de donner aux enfants : jusqu'à 3 ans de 60 à 70 grammes par jour, de 3 à 6 ans de 150 à 200 grammes, de 7 à 9 ans de 200 à 300 grammes.

C'est vers 8-9 mois que l'on commencera à donner la croûte de pain. Les nourrissons la mâchonnent volontiers.

La semoule

Elle provient du broyage des grains de certains blés durs et les enfants l'aiment beaucoup. Elle est légère aux estomacs délicats. En potage elle est donnée vers les 8 mois. (Voir nos recettes.)

Elle sert surtout à la fabrication des pâtes alimentaires, aliment pauvre en eau et de valeur nutritive élevée : 349 calories aux 100 grammes.

Elles renferment : 72,5 grammes de glucides; 10,46 de protides et seulement 0,70 de lipides.

Certaines pâtes, dites aux œufs, sont enrichies en lipides.

Comme vous le verrez, elles deviennent facilement gastronomiques, car elles se prêtent très facilement à de multiples variations culinaires.

On les agrémentera de beurre, de fromage râpé, de tomate fraîche, de restes de poulet; elles formeront à elles seules un repas complet, digeste et très nutritif. C'est le régal des enfants; mais attention, elles font grossir!

En petites pâtes, étoiles, alphabet elles enrichissent le potage vers l'âge de 8 mois. Elles doivent être très cuites et finement écrasées.

Les gâteaux secs

Que dire des *biscuits* que nous aimons tous ? Que c'est un aliment sous un très petit volume, très digestible grâce à sa cuisson et à sa dessiccation. Il est aussi très énergétique et très calorique.

Vous pouvez les trouver dans le commerce où leur choix est infini, ou mieux, vous pouvez les faire vous-même; ainsi ils seront toujours frais. Certaines recettes sont enfantines, ultrarapides et très amusantes à faire!

Si votre enfant n'a pas faim pour les légumes, vite quelques gâteaux secs au dessert ou au goûter!

Si l'enfant est maigre, ajoutez-lui, en plus, quelques biscuits vers 10 heures — agréables et toujours bien supportés, vous n'avez que l'embarras du choix.

Le biscuit dur (boudoir, petit-beurre, sablé) est donné vers 8 mois.

Offrez vers 1 an le biscuit mou (biscuits de Savoie, à la cuiller, gaufrettes croustillantes et délicieusement fourrées) au dessert, ou au goûter pour accompagner la tasse de lait ou le yaourt.

CHAPITRE XI

Le beurre

Il apparaît dans l'alimentation de bébé en même temps que la bouillie : vers 4-5 mois déjà, on ajoutera à la bouillie une noisette de beurre. C'est pour bébé un double apport, sur le plan gastronomique et sur le plan diététique : le beurre est riche en vitamines A et D.

Le beurre devra être ajouté, par la suite, dans la soupe de légumes, dans les légumes homogénéisés du commerce, ou dans la purée préparée à la maison. Il sera, naturellement, introduit en quantité progressive, adaptée aux besoins de l'enfant.

Par la suite, le beurre, comme on le sait, deviendra de plus en plus important dans le régime de l'enfant en période de croissance.

CHAPITRE XII

Le fromage

Très intéressant dans l'alimentation des enfants auxquels il apporte des saveurs et des consistances inédites, dès le plus jeune âge, à partir de 5 mois, le fromage, comme le lait, est un aliment presque complet. Il est très riche en calcium, alors que les autres aliments en sont pauvres.

Il est riche aussi en phosphore, en vitamines A, D, B1, B2, PP. C'est dire tout son intérêt pour un organisme en croissance.

Il y a de nombreuses sortes de fromages et leurs compositions sont variables, selon l'espèce considérée, mais en moyenne, ils contiennent 20 à 40 % de lipides et de protides. Très nutritifs : 400 calories aux 100 grammes, pour les pâtes fermes, soit en moyenne une fois et demie la valeur calorique de la viande. Ils stimulent la digestion, sont en général très digestibles et réensemencent la flore intestinale.

40 grammes de fromage correspondent à 50 grammes de poisson ou 50 grammes de viande ou à un quart de litre de lait.

Tous les fromages sont à base de lait caillé. On les classe en plusieurs catégories :

LES CATÉGORIES DE FROMAGES

- **Les fromages de caillé frais, non fermenté**
  Le fromage blanc; le petit-suisse; le demi-sel.

- **Le yaourt**

- **Les fromages de caillé fermenté à basse température**

  – *A pâte molle*

  Le brie (de décembre à avril); le camembert; le Port-Salut; la tomme; le coulommiers (fromage de printemps et d'été).

  – *A pâte ferme*

  Le gruyère; l'emmenthal; le hollande; le parmesan.

  – *Persillés*

  Le roquefort (préparé avec du lait de brebis); le bleu d'Auvergne; le gorgonzola.

QUAND INTRODUIRE LE FROMAGE DANS L'ALIMENTATION ?

Dès le 4e mois, on pourra donner du yaourt mélangé avec un peu de compote de pommes.

Dès 5 mois, on mettra une fois par semaine une cuillerée à café de gruyère râpé dans les légumes ou la soupe.

Dès ce même âge, le fromage blanc délayé dans un peu de lait ou enrichi d'une cuillerée à café de lait concentré sera aussi très bien accepté.

Vers 8 mois, le bébé gastronome appréciera un petit-suisse mélangé avec un peu de gelée de fruit ou de compote de pommes (voir nos recettes).

Vers 10 mois, on commencera à donner quelques petits morceaux de Port-Salut, de hollande ou d'emmenthal ou de fromage spécialement préparé « pour gastronome en culotte courte ».

Vers 1 an, les fromages fermentés à moisissures : brie, camembert, roquefort, bleu d'Auvergne commencent à être très appréciés.

Vers 18 mois, la tomme.

Vers 3 ans, on donnera un peu de fromage de chèvre.

Les enfants, comme les adultes, ont leur préférence. Il est bon d'alterner et de varier les fromages pour leur en apprendre le goût et les y habituer. Les fromages sont mangés nature ou entrent dans diverses préparations culinaires dont nous vous donnerons de nombreuses recettes.

Les préparations gratinées sont données à partir de 18 mois, et les bouillies-potages avec gruyère râpé sont donnés à partir de 5 mois. Comme le fromage peut remplacer la viande, le lait ou le poisson, son emploi dans certains cas où l'enfant refuse momentanément ces derniers aliments rendra alors grand service aux parents embarrassés.

En conclusion il apporte aux mets une saveur agréable et un apport de calories en augmentant ainsi leur valeur nutritive.

Un conseil du célèbre fromager Androuet : « Ne jamais manger la croûte, milieu de formation et de développement des moisissures et ferments de la plupart des fromages. »

CHAPITRE XIII

Les œufs

Vous devez donner des œufs à l'enfant, dès l'âge de 6 mois, mais seulement le jaune dur, écrasé et en très petite quantité.

POURQUOI DONNER DES ŒUFS ?

Parce que l'œuf est d'un emploi facile, d'un goût agréable et qu'il a une haute *valeur nutritive,* c'est un produit *très énergétique.*

Un œuf de 50 grammes environ fournit :

Calories : 95; *protides :* 7 grammes; *lipides :* 6 grammes; *phosphore :* 100 milligrammes; *calcium :* 25 milligrammes; *fer :* 1,4 milligramme.

Le jaune est beaucoup plus riche que le blanc. Il est riche en *lipides,* en *protides,* très riche en *phosphore,* en *calcium,* en *fer,* en *vitamines* A – D – E et en acides aminés.

C'est donc un produit complet, comparable à la viande. Il est cependant d'une excellente digestibilité. Économique, d'un prix modique, il peut remplacer la viande ou le poisson à un repas (se rapporter au chapitre *Répartition des repas*).

COMMENT CHOISIR LES ŒUFS ?

C'est une cellule vivante, il doit être consommé le plus frais possible et doit être gardé au frais (au réfrigérateur de préférence). 24 heures après la ponte est le moment idéal pour consommer l'œuf.

L'œuf doit être acheté *propre* car sa coquille calcaire n'est pas imperméable; s'il était souillé, les germes filtreraient à travers. C'est pour cette raison qu'un œuf fêlé doit être rejeté. Les œufs roux ont une coquille plus épaisse donc moins perméable que les œufs blancs. Prenez-en note! Et, bien sûr, si l'œuf dégage la moindre odeur désagréable, jetez-le sans pitié!

A QUEL AGE L'ENFANT PEUT-IL CONSOMMER DES ŒUFS?

Très précocement, vers 6 mois, un peu de jaune d'œuf dur écrasé (une noisette) mélangé à une purée ou à la bouillie.

Vers 8 mois, un peu de jaune d'un œuf à la coque ou mollet.

Vers 1 an, un œuf tout entier à la coque ou poché.

Vers 14 mois, un œuf au plat cuit au four.

Vers 15 mois, une omelette, puis plus tard, des préparations un peu plus compliquées (se rapporter aux recettes).

Vers 2 ans, 2 œufs par semaine, à la place d'un plat de viande.

PEUT-ON DONNER UN ŒUF CRU À BÉBÉ?

Non, car le blanc cru n'est pas assimilable, il doit être coagulé, donc cuit, pour être digestible.

COMMENT LES FAIRE CUIRE?

Dur, à la coque, mollet, en omelette ou au plat (voir recettes); et bien sûr, en l'introduisant dans des entremets, dans des soufflés, petites entrées, gâteaux (voir recettes).

Petits conseils pratiques : sortir les œufs du réfrigérateur une dizaine de minutes avant de s'en servir; saler l'eau de cuisson de l'œuf.

SES INCONVÉNIENTS ?

Il peut parfois donner des troubles :

1° allergiques (urticaires);

2° digestifs. Notons que, contrairement à ce que l'on croit, l'œuf n'est pas mauvais pour le foie.

Quoi qu'il en soit, l'œuf, adoré de tous les enfants, doit s'inscrire dans leur menu. Comme il est d'un emploi très pratique, les mamans pourraient être tentées d'en abuser. Aussi, usez-en, mais n'en abusez pas.

CHAPITRE XIV

La viande

Sa richesse en protéines, sa teneur en acides aminés font de la viande l'aliment de croissance et de réparation par excellence. C'est un « aliment de construction », mais la tendance actuelle est de donner trop de viande aux enfants.

En moyenne 10 grammes par année d'âge et par jour constituent une quantité raisonnable; on peut l'augmenter un peu dans certains cas. C'est-à-dire qu'un enfant de 6 ans qui consomme 100 grammes de viande a déjà une alimentation carnée excessive. Pourtant, on voit actuellement des mères, très attentives à la santé de leur enfant, donner 100 grammes de viande à des enfants de 3 ans! Beaucoup trop, assurément!

Les viandes rouges et les viandes blanches de boucherie ont la même valeur nutritive, c'est leur richesse en graisse qui en augmente la valeur de rassasiement.

QUELLE VIANDE DONNER ET A QUEL AGE?

Les repas tout préparés, mélange de viande et de légumes homogénéisés, vendus dans le commerce, peuvent être donnés dès le 5e ou le 6e mois pour habituer le nourrisson à la viande.

A 6 mois : on donnera des soupes à la viande et aux légumes avec cuisson prolongée (voir recettes), du jambon maigre finement haché.

Vers 7 mois : le foie de veau ou d'agneau bien frais. Le

foie est particulièrement riche en vitamines, en fer, en acides aminés. Il est facile à digérer et est très apprécié des tout-petits. On le fera griller, on le raclera avec un couteau et on donnera à bébé cette pulpe.

Vers 8 mois : on donnera de la noix de côtelette de mouton et du bifteck – tous deux pulpés.

Vers 10 mois : du poulet et du veau. On peut couper la viande en très petits morceaux, l'enfant commence à mastiquer et il faut l'y habituer.

Vers 1 an : on donnera, avec prudence, de la cervelle, riche en phosphore, qui, malgré les apparences, est toujours un peu difficile à digérer.

Vers 18 mois : bébé mangera du rôti de bœuf, du gigot de mouton.

Vers 2 ans : du lapin rôti.

LES VIANDES A DÉCONSEILLER ET A PROSCRIRE

Il faut éviter de donner des viandes grasses (porc, oie, etc.) ou trop pauvres (cheval), des préparations culinaires compliquées (tripes, sauces trop riches), du gibier qui risque d'être toxique, surtout s'il est faisandé.

Il faut aussi bannir les charcuteries, tout au moins jusqu'à 3-4 ans, âge où l'on pourra donner de temps à autre à l'enfant une petite rondelle de saucisson sec.

La viande a la même valeur protéique que le poisson. Elle ne lui est pas supérieure, mais elle fournit plus de calories aux 100 grammes (à part le cheval qui en fournit peu car c'est une viande maigre).

Aux 100 grammes :

le bœuf fournit	en moyenne	260	calories
le veau	»	140	»
le mouton	»	250	»
l'agneau	»	280	»
le cheval	»	100	»
le porc	»	260	»

Équivalences en protides :

100 grammes de viande =
- 100 grammes de poisson
- 80 grammes de fromage
- 2 œufs
- 1/2 litre de lait

L'un peut donc, dans l'alimentation de l'enfant, remplacer l'autre.

LA CUISSON DE LA VIANDE

La viande doit toujours être bien cuite. Les microbes et les parasites qui peuvent être vivants dans la viande sont détruits par la cuisson.

Le bœuf et le porc peu cuits peuvent donner le ver solitaire.

Le mouton trop saignant peut provoquer des toxoplasmoses.

Le staphylocoque doré, les salmonelles peuvent aussi avoir contaminé la viande.

La viande sera d'abord grillée, car c'est cuite de cette façon qu'elle est le plus digestible. On badigeonnera très légèrement d'huile de chaque côté le morceau à cuire. Puis on pourra rôtir la viande de bébé vers 18 mois.

Les viandes sautées seront réservées aux enfants plus grands, car, cuites dans une matière grasse, elles sont plus difficiles à digérer.

LA VIANDE HACHÉE

La viande hachée doit être consommée immédiatement ou presque, c'est dire que, pour les enfants, il ne faut jamais donner de la viande hachée depuis quelques heures, même conservée au réfrigérateur.

Le mieux est de la préparer soi-même juste avant l'emploi. Il existe des moulinettes très pratiques et très rapides qui n'augmentent pas le temps de préparation des repas.

Avec un couteau on pourra, pour les tout-petits, racler et pulper la viande (surtout le foie), un peu plus tard on la hachera plus ou moins finement selon l'âge de l'enfant.

LE JUS DE VIANDE

Simultanément aux préparations homogénéisées et aux premières soupes à la viande, on peut avec du jus de viande fraîche faciliter l'entrée du bébé gastronome dans le domaine des saveurs carnées.

L'apport nutritif du jus de viande est faible (sauf en sels minéraux) mais il est facile à introduire dans la purée de légumes ou dans la bouillie qu'il enrichit et qu'il colore.

Les viandes utilisées sont le bœuf et le mouton. On se sert de la viande familiale. On saisit sur le feu la viande des deux côtés, puis on la coupe, on la presse ou on la passe, et on recueille le jus.

Le jus de viande doit être consommé immédiatement car il ne se conserve pas.

LES VIANDES HOMOGÉNÉISÉES DU COMMERCE

Comme les légumes homogénéisés dont nous avons parlé, les viandes homogénéisées du commerce sont très pratiques et recommandées quand — vers 5-6 mois — arrive le moment de donner de la viande au bébé gastronome : les traitements qu'elles ont subis augmentent leur digestibilité, ainsi elles peuvent se donner plus tôt que les viandes préparées à la maison. Jusqu'à 6 mois elles constituent le meilleur aliment carné pour bébé, qui sera ainsi amené progressivement, dans les meilleures conditions, aux préparations à base de viande faites à la maison (soupe à la viande, foie de veau, etc.).

On trouve dans le commerce deux sortes de préparations : les viandes seules (viande-foie, bœuf, veau, [porc et foie que nous déconseillons]) et les viandes mélangées à des légumes, eux-mêmes homogénéisés (légumes variés-foie, carottes-jambon, légumes-bœuf).

Les préparations « viandes seules » se donnent à raison de une ou deux cuillerées, les premiers jours, mélangées à la purée de légumes ou à la bouillie. On augmentera progressivement les doses, sans oublier d'ajouter une petite noisette de beurre.

Les préparations mélangées, que nous conseillons, et particulièrement les mélanges carottes-jambon et foie de veau-légumes, seront données bien sûr en remplacement de la purée de légumes habituelle et aux mêmes doses. Ne pas oublier la noisette de beurre.

Dans les premiers temps, 5 à 6 mois, on servira de la

viande trois fois par semaine environ, si bébé accepte bien cette nouvelle expérience gastronomique. Pour la suite, on se rapportera au chapitre *Répartition des repas*.

Leur mode de préparation

Mettre au bain-marie, après en avoir enlevé le couvercle, le petit bocal. Servir immédiatement en ajoutant du beurre et du sel si la préparation n'en contient pas.

LES VIANDES LYOPHILISÉES

Les avantages de la lyophilisation sont très importants :

— toutes les valeurs nutritives et biologiques, les teneurs protidique, vitaminique et minérale, et le pouvoir énergétique sont conservés;

— l'intégralité des saveurs est conservée (ce que ne peut réaliser la stérilisation à température élevée des conserves);

— la parfaite homogénéisation de ces produits permet de les donner même à des nourrissons très fragiles.

CHAPITRE XV

Les poissons

Le poisson est en général injustement traité; il n'occupe pas, dans l'alimentation du bébé, la place qui lui revient. On ignore qu'il peut être précocement donné aux nourrissons : dès 8 mois.

Par la suite, il peut et il doit figurer deux fois par semaine au moins au menu de l'enfant. Et plus serait mieux!

CE QU'APPORTE LE POISSON

Le poisson a la fausse réputation de n'être pas nourrissant. Est-ce vrai ?

– La valeur en *protides* du poisson est égale à celle de la viande : 18 grammes aux 100 grammes.

– La richesse en *phosphore* lui est même supérieure : 250 milligrammes contre 200.

– Il en est de même pour le *calcium :* 30 milligrammes contre 10.

– Son rapport phospho-calcique est excellent.

– Il est riche en *iode,* en acides *aminés,* en *sels minéraux,* produits indispensables à la croissance de l'enfant.

– Il contient des vitamines A et D, antirachitiques. C'est donc un aliment excellent pour le squelette de l'enfant.

– Les poissons dits maigres (le merlan, la sole, la

limande, le carrelet, la dorade, le colin, la raie) sont *très pauvres en graisses* : 1 à 2 grammes pour 100 grammes, ils sont donc légers et faciles à digérer; ce sont ceux-là qu'il faut choisir pour l'alimentation du premier âge, dès l'âge de 6 mois.

Enfin les nourrissons aiment le poisson, ses fibres tendres, qui ne nécessitent pas une mastication prolongée et qui sont vite digérées, ont un goût délicat et peu prononcé qui leur plaît.

A la dose de *15 à 20 grammes,* bien écrasé dans une purée, le poisson est un plat agréable et très utile à l'organisme du nourrisson.

Les techniques modernes de pêche, l'amélioration des transports, les trains de marées permettent maintenant d'avoir partout du poisson très frais.

LES TROIS CATÉGORIES DE POISSONS

On divise les poissons en trois groupes : les poissons maigres, les poissons demi-gras et les poissons gras.

Les premiers se donnent pour débuter. Certains à partir de 8 mois.

Les deuxièmes : à partir de 4 ans.

Les troisièmes ne sont pas à conseiller.

Les poissons maigres

Carrelet, merlan, colin, sole, cabillaud, dorade.

100 grammes de partie comestible fournissent : calories : 81; lipides : 1 gramme; protides : 18 grammes; phosphore : 250 milligrammes; calcium 30 milligrammes; vitamines A et D : 0,015 milligrammes.

Les poissons demi-gras

Maquereau, hareng, truite.

100 grammes de partie comestible fournissent : calories : 135; lipides : 7 grammes; protides : 18 grammes; phosphore : 250 milligrammes; calcium : 30 milligrammes; vitamines A : 0,065 et D : 0,025 milligrammes.

Les poissons gras

Saumon, thon.

QUELLE QUANTITÉ DE POISSON DONNER AUX ENFANTS ?

De 6 à 8 mois : 10 grammes (de partie comestible, bien sûr).
A 1 an : de 20 à 30 grammes.
A 2 ans : de 50 à 60 grammes.
A 4 ans : de 60 à 100 grammes.

COMMENT CHOISIR LE POISSON ?

Ceci est très important : le poisson doit être très frais. Sachez le choisir et dites à votre poissonnier qu'il est destiné à un bébé. L'œil clair, l'ouïe bien rouge, sans odeur ammoniacale, la peau luisante, appétissant, il doit être acheté le jour même de l'emploi. Entier, ou en filets, ce qui est très pratique pour la maman et économique, car il n'y a pas de perte. Le poisson doit être vidé. Enlever sa peau (pour la sole). Il doit être lavé peu de temps avant sa cuisson et séché dans un linge.

Le poisson peu frais peut provoquer des empoisonnements.

LES RECETTES DE BASE

Le poisson peut être cuit :

• *Poché*

a) à l'eau citronnée, salée. Plongez le poisson préparé dans l'eau bouillie et refroidie. Mettez-le sur le feu doux. Juste avant l'ébullition, baissez la chaleur et laissez frissonner 10 à 15 minutes (ne jamais laisser bouillir). Si le poisson doit être mangé froid, laissez-le refroidir dans l'eau.

b) entre deux assiettes : mettez au bain-marie votre poisson dans une assiette creuse, recouvrez d'une assiette plate et faites cuire 10 à 15 minutes.

• *Au court-bouillon*

Même recette, mais ajoutez à l'eau un peu de citron, un oignon, un bouquet garni, une carotte.

• *A la meunière*

(Pour filet de sole ou de limande.)

Faites tremper les filets dans du lait salé, puis farinez-les légèrement. Mettez-les à la poêle avec du beurre.

Laissez cuire 5 à 10 minutes à feu moyen. Retournez-les à mi-cuisson.

• *Au four*

Placez le poisson sur un lit de persil et de carottes hachés, dans un plat allant au four, beurrez, ajoutez un peu d'eau citronnée. Faites faire un bouillon sur le dessus du feu. Puis faites cuire au four 15 minutes. Arrosez souvent. Arrosez de jus de citron au moment de servir.

• *Au gril*

Badigeonnez le poisson (les tranches de colin par exemple) de beurre. Posez sur le gril très chaud. Retournez à mi-cuisson.

• *Frit*

Dans le beurre, ou l'huile. N'est pas recommandé pour les très jeunes enfants.

S'il arrive que le poisson donne de l'urticaire à l'enfant, il est probable qu'il y est allergique. Consultez votre médecin. Il faut proscrire de l'alimentation infantile les moules, les huîtres et les coquillages.

LE POISSON SURGELÉ

L'amélioration des techniques de surgélation fait des aliments surgelés et tout particulièrement du poisson des produits d'une réelle qualité. Il vaut beaucoup mieux servir à un enfant un poisson surgelé qu'un poisson dit frais mais qui ne l'est peut-être guère!

CHAPITRE XVI

Les fruits

Offrir un fruit frais mûr, juteux et savoureux aux enfants, c'est leur donner sous la forme la plus appétissante, la plus agréable, bien des éléments indispensables à leur croissance, en même temps que de subtiles satisfactions pour leur gourmandise.

Nourrissants, riches en glucides, en vitamines A et C (surtout les agrumes) en sels minéraux : potassium et calcium (agrumes et dattes), magnésium (bananes et dattes), en cellulose tendre; digestibles, diurétiques et alcalinisants, ils tiennent maintenant heureusement une large place dans la ration quotidienne de nos enfants! Il n'en a pas toujours été ainsi; longtemps les fruits furent considérés comme inutiles; il fallut attendre le règne de Louis XV pour voir leur culture encouragée!

Très riches en eau, les fruits, si rafraîchissants, contribuent à hydrater l'enfant. Riches en pectine, ils sont utiles pour favoriser les mouvements de l'intestin.

Quand les fruits sont consommés crus, ils doivent être donnés lavés, ou mieux pelés. Leur pelure peut être souillée, et les produits employés pour leur culture, bien qu'ils soient, en principe, interdits, peuvent être toxiques.

Il va de soi que les fruits doivent être choisis bien mûrs. Autrement, ils peuvent donner des troubles intestinaux aux enfants. Leur maturité augmente leur taux de glucose et diminue leur acidité.

Les fruits ont la fausse réputation d'être déminéralisants. Ils sont au contraire alcalinisants, et, par là, favorisent la fixation du calcium dans le tissu osseux, grâce à leurs acides organiques : acide citrique des agrumes, acide malique des pommes.

Les fruits cuits sont excellents, mais la presque totalité de leur vitamine C est détruite par la cuisson. Les faire cuire dans très peu d'eau.

QUELS FRUITS CHOISIR ?

Les agrumes *

Citron, orange, mandarine, pamplemousse, les plus riches en vitamine C, dont voici la richesse aux 100 grammes :

Orange : 60 milligrammes; *pamplemousse :* 40 milligrammes; *citron :* 40 milligrammes; *mandarine :* 30 milligrammes.

On les introduit, sous forme de jus, dès l'âge de un mois et demi, à la dose d'une cuillerée à café, pur ou dilué dans un peu d'eau.

Les fruits à pépins

La poire, la pomme (13 % de glucides); l'ananas (22 %); le raisin (10 à 20 %); le coing (très astringent grâce à son tanin, est utilisé dans les diarrhées).

Dès l'âge de 4 mois et demi, ils peuvent être donnés en purée de fruits frais très mûrs, mélangée au yaourt, par exemple ,ou dans une bouillie. Le coing sera donné en gelée, pur ou mélangé à de la pomme. On introduit également la gelée dans un yaourt ou dans une bouillie.

• La pomme

Le pommier, originaire du Caucase, a gagné la Russie, l'Europe occidentale et l'Amérique. La France est le deuxième pays européen producteur, c'est vous dire s'il y est répandu ! Comme la période de consommation est étalée sur toute l'année, grâce à son excellente conservation, la pomme est, en France, le fruit le plus utilisé.

Dès 4 mois, le nourrisson peut prendre de la compote. Très riche en sucre, en acides organiques qui lui donnent

* N'oubliez pas que l'écorce des agrumes est dans la quasi-totalité des cas traitée au diphényl, produit extrêmement toxique.

son agréable goût, elle est très appréciée des tout-petits.

Riche en potassium (140 milligrammes aux 100 grammes de fruit frais), la pomme a aussi un excellent rapport calcium/phosphore qui assure la fixation du calcium par l'acide phosphorique dans l'organisme.

La pomme est assez riche en vitamine C surtout dans la variété Calville. Très riche en eau, elle permet très agréablement d'hydrater l'organisme. Les pectines de la pomme en font un fruit excellent pour l'intestin. Elle est astringente et peut être utilisée crue et râpée dans les cas de diarrhées.

Comme les autres fruits, la pomme est alcalinisante.

- **L'ananas**

Ce fruit exotique, si délicieusement parfumé, considéré comme un luxe il y a peu de temps encore, tend à se vulgariser et envahit jusqu'à nos marchés. Paradoxalement, il est encore peu utilisé en diététique infantile : c'est un fruit délicieux, qui n'a pas encore la place qu'il mérite.

Connu des Indiens, qui le nommaient « nana » ce qui veut, paraît-il, dire « parfum », il fut, si l'on peut dire, « découvert » par Christophe Colomb, à la Guadeloupe.

Très cher, en France, au XVIIIe siècle, la découverte d'Appert (conservation par la chaleur en boîte hermétique : les conserves) le rendit accessible sous cette forme. Sa valeur calorique passe de 51 calories à l'état frais à 96 calories en conserve.

Sa grande richesse en potassium en fait un fruit diurétique (250 milligrammes aux 100 grammes). Il contient 40 milligrammes de vitamine C aux 100 grammes, ce qui est appréciable, des vitamines du groupe B, de la vitamine A. C'est donc un de nos fruits les plus riches en vitamines.

Il favorise la digestion et est très indiqué après un repas riche en viande. Très riche en cellulose, il agit comme laxatif sur l'intestin. Bien pulpé, mixé, il fera un excellent dessert mélangé, dès 9 mois. Chez les plus grands, il pourra être donné en tranches, dont la valeur sera, selon qu'il sera frais ou en conserve, de 25 à 50 calories.

Pensez donc plus souvent à ce fruit parfumé, en hiver comme en été.

Les fruits à noyaux

• **La pêche**

Elle peut être donnée vers l'âge de 4 mois et demi-5 mois, très mûre, en purée ou en compote.

• **La prune**

Laxative, elle ne sera donnée qu'en compote et vers 8 mois. Choisir de préférence les prunes blanches.

Les pruneaux ont les mêmes vertus laxatives que les prunes.

• **La datte**

Très riche en sucre : 75 % et en vitamines A et B, donc très nourrissante, elle devrait être plus souvent au menu des enfants. Elle doit être lavée. Elle constitue un apport précieux pour équilibrer un repas léger. On la hachera très finement pour la donner aux tout-petits.

• **L'abricot**

Ce délicieux fruit au goût si fin, lorsqu'il est bien mûr, fut introduit en France au Ier siècle de notre ère par les Romains, mais c'est surtout depuis la Renaissance qu'on l'y cultive.

Très riche en sucre, en potassium : 300 milligrammes pour 100 grammes, en fer, en vitamine A (pour 100 grammes, 3 000 unités de vitamine A, ce qui est énorme).

Sa valeur énergétique est assez élevée : 44 calories aux 100 grammes.

C'est donc un fruit très riche, mais il doit être très mûr pour remplir les qualités désirées.

Il pourra être donné cru, écrasé en purée, ou en compote.

Les bébés l'apprécient particulièrement mélangé à des bouillies, à un yaourt ou même à une autre purée de fruits.

On peut le donner vers 5-6 mois.

• **La cerise**

Elle contient 16 % de glucides et a des vertus laxatives et diurétiques.

Il en existe de nombreuses variétés en France. Mais nous consommons surtout :

— le bigarreau en forme de cœur, la plus répandue. Son épiderme est jaune, rouge ou noir. Sa chair est ferme et très sucrée;

— l'anglaise hâtive a une chair tendre, légèrement acidulée.

Les cerises sont très riches en sucre : 12 %; en éléments minéraux (ce qui les rend très diurétiques) : 17 milligrammes aux 100 grammes; peu riches en vitamine C.

Elles doivent être fermes, les queues doivent être fraîches à l'achat.

Il ne faut pas donner à boire aux enfants qui mangent des cerises, l'eau ferait trop gonfler la chair des fruits.

Les baies

Ce sont les fraises, les framboises, les groseilles, les cassis, les myrtilles.

Les fruits rouges sont considérés comme allergisants. En effet, ils peuvent donner de l'urticaire, mais, s'ils sont bien tolérés, ce sont de bons fruits utilisés en confiture ou en gelée (myrtilles, groseilles).

• La fraise

Son nom vient du mot latin *fragans* qui signifie odorant. En effet quoi de plus délicieusement parfumé qu'une bonne fraise! Saviez-vous qu'il en existe en France 600 variétés ?

Certaines variétés produisent de mars à novembre, mais c'est de mai à juillet qu'on en trouve communément. Comme les autres fruits, elles sont riches en eau, en sucre, en éléments minéraux. Elles sont très riches en vitamine C : 60 milligrammes aux 100 grammes, en carotène (provitamine A), plus riches que la pomme.

Les fraises doivent être fraîches. Elles doivent être lavées et équeutées après lavage seulement. Elles peuvent donner de l'urticaire et nous ne les conseillons pas avant 18 mois à cause de leurs petits grains. Lorsqu'elles sont bien supportées, c'est un excellent dessert, mais à ne pas donner trop fréquemment aux tout-petits.

• Le cassis

Il a un goût prononcé, doit plutôt être donné en jus, en petite quantité, ou mélangé. C'est le fruit le plus riche en vitamine C (acide ascorbique)! Le saviez-vous ?

Il est également très riche en vitamine A.

Il peut être utilisé en purée, en sirop, en gelée, en confiture, en tartelette (groseille rouge, cassis mélangés), en sorbet, en clafoutis.

LA CUEILLETTE SAUVAGE
Pendant vos vacances, à la campagne ou dans les bois, à l'abri des sous-bois, les fruits les meilleurs, riches en vitamines C et B sont à votre disposition.   *N'empêchez pas vos enfants de cueillir des mûres, des airelles ou des myrtilles. Aidez-les afin d'en rapporter une quantité importante à la maison, avec eux vous pourrez préparer de savoureux et sains desserts. Utilisez-les rapidement car ils ne se conservent pas longtemps.*

• **La myrtille**

Ce fruit sauvage présente malgré sa modeste réputation bien des avantages que les Américains n'ignoraient pas lorsque, pendant la guerre, ils en donnaient à leurs aviateurs pour améliorer leur vision nocturne. Les pédiatres connaissent bien aussi sa vertu salutaire sur l'intestin.

En gelée, elle peut être donnée dès 6 mois (excellent en cas de diarrhées). En confiture un peu plus tard. En sirop et en tarte, elle est très appréciée mais noircit les dents.

Les fruits amylacés très riches en amidon

• **La banane**

Riche, bon marché, savoureuse quand elle est bien choisie. Celle des Canaries, tigrée, bien mûre, est la meilleure.

La banane bien écrasée avec un peu de lait, ou passée au mixer, peut être donnée dès l'âge de 4 mois et demi, mélangée au yaourt. Elle est particulièrement bien acceptée et appréciée par les tout-petits. Si elle est moins mûre il sera bon de la faire pocher. La banane est très riche en amidon lorsqu'elle n'est pas très mûre, mais bien mûre elle s'enrichit en glucides.

C'est le plus nourrissant des fruits puisqu'il fait 100 calories aux 100 grammes (une banane pèse à peu près 100 grammes). Elle peut être indiquée dans certaines formes de diarrhées. Mais c'est au médecin de la prescrire. Elle est recommandée à tout âge. Très pratique, elle se prête à de nombreuses préparations culinaires (voir recettes).

Les fruits oléagineux

Ils sont de goût délicieux, d'emploi très pratique. Pauvres en vitamine C, ils sont riches en protides (9 %) et en lipides (36 %). Ils sont très calorigènes. Les plus employés sont les amandes, les noix et les noisettes; les noix de cajou, les pignons sont aussi excellents. La cacahuète est, en revanche, déconseillée. On les emploie dans de nombreuses préparations pour les tout-petits (Bischer Muesli). Ils peuvent être mangés nature, vers 4 ans, en petite quantité, et entrent dans la composition de gâteaux, entremets, etc.

N'oublions pas qu'ils sont de digestion assez difficile, surtout s'ils ne sont pas de l'année. Ils deviennent alors rances et gras.

Les fruits exotiques

De saveur très douce et très parfumés, certains fruits exotiques peuvent être donnés aux enfants.

On trouve des litchis et des longanes, de la famille des rosacées. Leur chair tendre et très délicate est très appréciée des tout-petits. On les donne en Chine dès l'âge de 3 ans.

Vers 5 ans, l'enfant apprécie la chair translucide « du fruit de lait ».

Vers 6 ans, on peut leur servir un peu de papaye, de mangue ou de mangoustan, à la chair blanche et juteuse.

Citons les kumquats, que les enfants adorent à cause de leur petite taille et de leur couleur appétissante.

Le fruit de la passion (Amérique du Sud) est recommandé aux enfants fatigués car il est très énergétique.

Le kiwi, que l'on commence à produire en France, est très riche en vitamine C.

CHAPITRE XVII

Les desserts

LES DESSERTS A BASE DE FRUITS

Vers 5 mois, bébé a droit au dessert.

Il s'agira, bien entendu, de fruits cuits en compote. D'abord quelques cuillerées à café de compote de pommes sucrée que l'on rendra plus onctueuse en ajoutant quelques cuillerées à café de yaourt.

Les compotes sont en partie privées de vitamines à cause de la cuisson mais c'est une agréable façon de diversifier le régime du nourrisson et de lui apprendre les saveurs nouvelles. La pomme sera sucrée au miel qui apportera calories et vitamines.

On pourra aussi aromatiser les desserts au citron, source de vitamine C. Le yaourt apportera des protides, ce dessert léger sera un aliment équilibré et agréable et aura l'avantage d'éveiller le goût du bébé.

Un peu plus tard, vers 6 mois, on donnera une demi-banane très mûre et tigrée, qui sera pochée dans sa peau, puis épluchée et écrasée avec sucre, jus d'orange ou fromage blanc... Ici encore ce dessert apportera glucides, protides et vitamine C.

Vers 6 mois et, selon la saison, on servira à l'enfant une pêche pochée, écrasée avec de la gelée de fruit ou de la confiture.

La poussée dentaire à cet âge trouble un peu l'appétit de l'enfant et, s'il boude son biberon, on liera ce délicieux mélange à une cuillerée de lait concentré.

LES ENTREMETS

8 mois! Nous voici arrivés au moment des premiers entremets : semoule au lait, tapioca vanillé ou caramélisé avec fruits cuits au besoin qui remplaceront avantageusement une bouïllie.

Et déjà on peut penser au biscuit, mais attention, donner seulement des biscuits secs (boudoir par exemple), les biscuits mous sont trop pâteux dans la bouche de bébé. Glucides, protides et lipides entrent dans la composition de ces gâteaux, qui, sous un faible volume, ont une haute valeur nutritive et sont très digestibles.

Toutes les compotes de fruits de saison : mirabelles, reines-claudes, questches, pêches, abricots, poires, cerises doivent être présentées dès cette époque au bébé gastronome.

Vers 1 an, bébé a droit, on l'a vu, à un œuf entier. Pourquoi ne pas en profiter pour lui faire apprécier, en vrai gourmet qu'il commence à être, les crèmes renversées? Voici un mets riche en protides animales (les plus utilisables). Facile à manger, nutritif et très agréable au goût, et, ce qui importe aussi, facile et rapide à faire. Mais attention, quand bébé aura des œufs au lait comme dessert, le repas ne comprendra qu'un légume vert ou du potage.

A 15 mois, bébé peut commencer à manger du riz. Le gâteau de riz sera un dessert très agréable. Le riz doit être très cuit et lavé à plusieurs eaux; on le rendra moins compact en lui ajoutant une gelée de fruit. Ce plat particulièrement nourrissant terminera un repas léger : légumes verts et jambon, ou légumes vert et poisson. Mais bien sûr pas de pâtes au même repas.

Vers 18 mois, l'enfant sait croquer, il appréciera les fruits frais de saison en salade : mélange ananas-fraises, groseilles-cerises par exemple, ou mandarine-banane, orange-poire et, de temps à autre, les fruits au sirop feront un très bon dessert, mais attention le sirop, hypersucré, n'est pas recommandé. Vers 2 ans et demi, on peut donner aux enfants des tartes aux fruits faites à la maison (sans pâte feuilletée), des gâteaux roulés à la confiture. Mais il faut éviter de servir à bébé les gâteaux trop riches en beurre comme les quatre-quarts, les feuilletés, les croissants trop lourds à digérer. Les crèmes au chocolat, si bonnes pourtant, ne sont pas à conseiller à cet âge-là non plus. Les mousses aux fruits sont en revanche très recommandées.

LES GLACES

Pourquoi pas! Faites à la maison, elles seront un excellent dessert d'été ou de fête.

Les sorbets aux fruits (très légers, puisque sans crème) peuvent être mangés en petite quantité vers 1 an et demi.

Les glaces faites au lait concentré, aromatisées à la vanille ou parfumées aux fruits peuvent très bien être données aux petits (éviter la crème fraîche si facilement contaminée et très difficile à digérer).

Une bonne façon, par exemple, de servir de la glace à bébé : mélanger à une cuillerée à soupe de glace à la vanille une demi-pêche bien mûre et un peu de gelée ou de sauce à la groseille.

Une mise en garde de l'Académie de médecine : « 60 % des glaces fabriquées artisanalement contiennent une quantité de bactéries supérieure au maximum légal de 300 000 germes par centimètre cube ».

LES BONBONS ET LES PATES DE FRUITS

Ils sont à la fois vantés et très discutés. Certaines mamans les accusent de tous les méfaits : ils couperaient l'appétit, entraîneraient des caries dentaires, etc. D'autres, au contraire, les jugent intéressants par leur apport en sucre et surtout ne savent pas résister aux demandes permanentes de leur enfant. Sans doute, les bonbons ne méritent ni tant de critiques ni une telle popularité. (Ils furent longtemps considérés comme indispensables à la digestion d'un repas un peu lourd.)

Une fois de plus, c'est dans le juste milieu que se trouve la vérité. Inutile de créer l'habitude de consommer des bonbons, mais si elle apparaît (toute seule ou sous des influences extérieures), inutile de la combattre avec trop de violence : mieux vaut surveiller ce que mange votre enfant et lui offrir de bons bonbons, sans colorant de préférence, pour l'éloigner des autres.

LES CONFITURES ET LES GELÉES DE FRUITS

On peut proposer dès le plus jeune âge, vers 5 mois, des gelées de fruits (faites à base de jus de fruits et de sucre) mélangées à la bouillie, ou en dessert avec du yaourt ou de la compote de fruits.

On commencera par de la gelée de pomme, puis de coing, ou de coing-pomme. La gelée de myrtille a des vertus antidiarrhéiques certaines. La consistance de la gelée plaît beaucoup aux bébés.

On donnera des confitures un peu plus tard : abricot, pêche, groseille, etc.

Certes, les confitures et les gelées sont privées de vitamines, mais elles sont très riches en glucides, très énergétiques et très caloriques (250 calories aux 100 grammes) et ont une certaine teneur minérale. Elles sont de plus très digestibles.

Les enfants apprécient leur goût sucré et elles permettent de varier à l'infini leur dessert, leur petit déjeuner et leur goûter. Leur emploi est facile et, comme on sait, elles se conservent facilement.

Dans son célèbre dictionnaire de cuisine, Alexandre Dumas écrit au sujet des desserts qu'ils constituent « un encouragement gastronomique pour les enfants ». Le dessert doit être une fête. Il termine et couronne le repas ; il doit donc être particulièrement étudié, soigné, adroitement présenté, et cela dès le plus jeune âge. Il doit, dans la mesure du possible, être réalisé à la maison (voir recettes). On mettra un grand soin à choisir des produits frais, on jouera sur les couleurs et sur les formes. Le même produit, moulé suivant des empreintes amusantes (étoile, animal, etc.), sera beaucoup plus apprécié.

Le dessert, enfin, est, par tradition, le symbole des anniversaires, des fêtes, des retours... Il a pour l'enfant une grande puissance de célébration, mais sa valeur symbolique doit, dans toute la mesure du possible, s'accompagner d'un véritable intérêt gastronomique.

Aux mamans de mettre en œuvre leur imagination, leur sens du goût et du décor.

Deuxième partie

RÉPARTITION DES REPAS ET RATIONS SELON L'AGE DE L'ENFANT

Contrairement à ce que l'on pense en général, le nourrisson n'a besoin ni de régime standard ni d'horaires trop rigoureux. Le régime idéal est celui qui est parfaitement adapté à l'enfant.

Pour fixer sa ration, il faut tenir compte de son âge et de son poids, lequel varie d'un enfant à un autre. Un gros bébé de 6 kilos à 3 mois ne peut prendre la même quantité que son congénère, bel enfant aussi mais ne pesant que 5 kilos.

Les règles, que ce soit celle qui définit 100 grammes de lait par kilogramme de poids et par jour plus une quantité fixe de 200 grammes, ou celle de 1/6 du poids du corps de la 3ᵉ semaine au 4ᵉ mois, restent valables, mais en plus des considérations d'âge, de poids, il faut tenir compte de la nature de l'enfant, de son appétit : deux bébés, même poids, même âge reçoivent la même ration, l'un réclame, l'autre n'achève pas! Pourtant les calculs *étaient exacts!*

Il en est de même pour les horaires. Un bébé réclamera un nouveau repas deux heures et demie plus tard; un autre, trois heures après son repas, dormira pleinement satisfait. Question d'appétit ? D'assimilation ?

Gardons-nous de réveiller brutalement un enfant qui dort. Quelques minutes de retard ne sont rien, comparées au choc d'un réveil prématuré.

Les gros bébés se mettent volontiers d'eux-mêmes à 5 et parfois 4 repas, espacés de 4 heures. Laissons-les faire!

Il faut pourtant rétablir des règles de répartition des repas et il est bon d'avoir des bases. La plupart des bébés d'ailleurs acceptent volontiers les horaires réguliers et les rations normales. L'important est de respecter la ration des 24 heures, quelle que soit sa répartition, pourvu que la progression hebdomadaire du nourrisson soit correcte.

Nous allons donc passer en revue ces rations standards, sachant bien que nous devrons parfois nous en écarter. C'est le médecin qui choisit le lait et qui fixe la ration journalière. Il indiquera la quantité globale (Q) de lait reconstitué qu'il faut donner quotidiennement et c'est la mère qui appréciera en fonction du comportement de son enfant le nombre de biberons à répartir dans la journée. Si l'enfant, par exemple, est à 6 biberons par jour, elle donnera $\frac{Q}{6}$ dans chaque biberon. Cette quantité Q est généralement supérieure à la quantité nécessaire à l'enfant, cela permettant d'offrir le biberon sans jamais imposer au bébé de le terminer. Le biberon est donné à la demande de l'enfant à condition de laisser un intervalle de deux heures entre les repas.

Pas de rigueur, un peu de souplesse, beaucoup de patience, toujours le sourire, et nous saurons nous adapter aux besoins de l'enfant et il saura s'adapter à son régime. Manger sera sa grande affaire et son premier plaisir, sous votre souriante bienveillance. L'enfant a presque autant besoin d'affection et de gaieté que de nourriture. De même, évitons les décisions d'autorité.

Laissons s'épanouir la personnalité alimentaire du nourrisson lorsqu'il sera un peu plus grand ; s'il déteste momentanément les légumes, donnons-lui en remplacement des fruits. S'il boude la viande, remplaçons-la soit par les œufs, soit par le poisson ou le fromage. Le yaourt ou le petit-suisse se substituera au lait.

Et, pour résumer, souvenons-nous que nous devons respecter les goûts propres — les préférences de l'enfant —, mais qu'il faut aussi l'habituer précocement aux différents aliments. Les repas du bébé doivent être faits sous le règne de la joie, de la bonne humeur. Il faut solliciter l'enfant avec douceur et sourires et ne jamais le forcer : cela aboutirait à une révolte.

Les repas sont la première manifestation des relations

avec l'enfant. Première manifestation de compréhension et de confiance mutuelle.

Vous serez récompensés, plus tard, au centuple, du mal que vous vous donnerez. Dites-vous, en conclusion, que ni l'expérience ni la perfection des connaissances ne remplaceront jamais l'amour.

CHAPITRE PREMIER

De 1 jour à 3 ans

DE 1 A 30 JOURS

Paraissant fragile et vulnérable, le nouveau-né, ce petit homme encore inachevé, est cependant déjà plein de vitalité; il pèse en moyenne 3,4 kilos et mesure 50 centimètres. Sa tête est ballante, mais il présente déjà des mouvements bilatéraux symétriques et diffus et possède, fort heureusement, le réflexe spontané de succion qui lui permettra de « téter » à l'introduction d'un quelconque objet dans sa bouche.

Téter le sein ou la tétine ne sera donc pas pour lui un difficile apprentissage, mais au contraire un réflexe tout à fait naturel.

Mais, le saviez-vous? la capacité de son estomac à la naissance n'est que de 30 à 40 centilitres! Et, de plus, son estomac ne se contracte que quelques minutes après la fin de la tétée – c'est le moment du fameux « rot » tant attendu. Pour le faciliter, tenez bébé bien droit sur votre bras avant de le remettre au berceau.

Autre précaution, indispensable – essayez de ne pas faire avaler l'air, qui comblerait rapidement ce petit estomac.

Pour cela, si l'enfant est au sein, que ses narines soient libres et bien dégagées lorsqu'il tète; s'il est au biberon, que le biberon soit incliné de façon que le lait remplisse entièrement le biberon.

Le nouveau-né perd un peu de poids les cinq premiers

jours (c'est la chute de poids dite physiologique). Vers le dixième jour il aura repris son poids de naissance, puis il prendra de 25 à 30 grammes par jour.

Dès les premiers jours bébé entend, il n'écoute pas encore, mais voyez comme il sursaute aux sons aigus!

Mais ce n'est que vers la deuxième semaine que ses yeux seront attirés vers la lumière.

Que de progrès à accomplir au cours de sa première année, au fur et à mesure des mois! Nous suivrons l'éclosion et l'épanouissement de sa personnalité.

L'alimentation du nourrisson de 1 jour à 1 mois est la plus délicate au point de vue dosage. Aussi, nous ne saurions trop insister sur les immenses avantages de l'allaitement au sein pendant ce premier mois.

Seul, nous l'avons vu, le lait maternel offre à ce petit être inachevé toutes les garanties d'adaptation constante à ses besoins changeants d'un jour à l'autre, sa composition variant par ailleurs avec les capacités digestives du nouveau-né.

Les rations de laits diététiques

Nous avons vu que le substitut au lait maternel est l'aliment lacté diététique ou lait (1er âge et 2e âge). La ration quotidienne varie selon la marque et surtout selon l'enfant. Nous donnons ici une ration moyenne à titre indicatif.

• 1re et 2e semaines

Quantité de lait reconstitué globale quotidienne : 540 ml, soit :

– pour 5 biberons : 3,5 mesurettes de lait et 105 ml d'eau par biberon;

– pour 6 biberons : 3 mesurettes de lait et 90 ml d'eau par biberon;

– pour 7 biberons ; 2,5 mesurettes de lait de 75 ml d'eau par biberon;

– pour 8 biberons : 2 mesurettes de lait de 60 ml d'eau par biberon.

• 3e et 4e semaines

Quantité de lait reconstitué globale quotidienne : 630 ml, soit :

– pour 5 biberons : 4 mesurettes de lait de 120 ml d'eau par biberon;

— pour 6 biberons : 3,5 mesurettes de lait et 105 ml d'eau par biberon;

— pour 7 biberons : 3 mesurettes de lait de 90 ml d'eau par biberon;

— pour 8 biberons : 2,5 mesurettes de lait de 75 ml d'eau par biberon.

POUR LA PRÉPARATION DES BIBERONS

- Se laver soigneusement les mains
- Utiliser un biberon stérilisé
- Utiliser une eau minérale recommandée pour la préparation des biberons
- Faire chauffer l'eau dans un chauffe-biberon avec thermostat en respectant le taux de reconstitution
- Verser les mesurettes rases en pluie dans l'eau tiède
- Agiter
- Ne pas poser la mesurette ailleurs que dans la boîte
- Bien refermer la boîte et la conserver dans un endroit sec et frais
- Ne jamais dépasser la date de conservation après ouverture de la boîte (inscrite sur l'étui)

DE 1 A 2 MOIS

A 1 mois, bébé pèse environ 3,9 kilos, il a déjà grandi et mesure 52,5 centimètres environ.

Il continuera à prendre régulièrement 25 grammes par jour, soit, en un mois, environ 750 grammes.

Il commence à regarder, mais sans but précis, aussi ne fixe-t-il pas encore son regard.

Il faut savoir qu'il restera jusqu'à 6 mois très sensible à la température extérieure; son système nerveux, insuffisamment développé, ne lui permet pas d'adapter sa température à la température extérieure. Il a ce qu'on appelle une « absence de régulation thermique ».

Sensible au chaud comme au froid, il pourra s'il est peu couvert et s'il fait froid dehors subir un brusque refroidissement. Alors sa température pourra descendre jusqu'à moins de 35°! Car, le saviez-vous? sa perte de chaleur par rayonnement équivaut aux 4/5 de sa dépense totale!

En revanche, couvrez peu votre bébé s'il fait très chaud, il pourrait faire le redoutable « coup de chaleur ». La fièvre monte à 40°, même 41°, l'enfant se déshydrate rapidement et peut faire des convulsions. Soigné à temps, tout s'arrange heureusement rapidement.

L'affectivité de bébé commence aussi à se développer dès le premier mois, il ressent alors ses premières émotions de plaisir ou de déplaisir, il sourit aux anges ou il crie.

Son intestin, qui mesure sept fois la longueur de son corps (pour l'adulte c'est environ quatre fois et demie seulement) est très fragile et vous en ferez vous-même l'expérience! Vous constaterez que la couleur, le nombre, la consistance des selles varient avec son alimentation, et qu'il suffit d'une petite erreur alimentaire pour déclencher la diarrhée. D'où la grande importance d'une alimentation correcte dans les premiers mois, et d'une hygiène rigoureuse. Vous pourrez introduire le jus de fruit en petite quantité, prudemment.

Les rations de laits diététiques

Quantité de lait reconstitué globale quotidienne : 720 ml, soit :

– pour 5 biberons : 4,5 mesurettes de lait et 135 ml d'eau par biberon;

– pour 6 biberons : 4 mesurettes de lait de 120 ml d'eau par biberon;

– pour 7 biberons : 3,5 mesurettes de lait et 105 ml d'eau par biberon.

DE 2 A 3 MOIS

Le bébé pèse maintenant 4,5 kilos environ. Il continue à prendre 25 grammes par jour, soit 700 à 750 grammes par mois. Il commence à sourire et fixer les objets.

Continuez à lui donner des jus de fruits : une demi-cuillerée à café, puis une, puis deux cuillerées à café (tomate, raisin, orange) qu'il boira à la cuiller.

Les rations de laits diététiques

Quantité de lait reconstitué globale quotidienne : 825 ml, soit :

– pour 5 biberons : 5,5 mesurettes de lait et 165 ml d'eau par biberon;

– pour 6 biberons : 4,5 mesurettes de lait et 135 ml d'eau par biberon.

DE 3 A 4 MOIS

L'enfant pèse 5,5 kilos. Il prend environ 600 grammes dans le mois. Il gazouille et suis des yeux un objet qui se déplace. Il va commencer à pouvoir boire à la tasse.

Son alimentation

Bébé rentre dans la période d'alimentation de transition. Il est en général à cinq repas, soit cinq biberons de lait (165 à 180 millilitres). On fait les premiers essais de diversification en introduisant :

– les farines (sans gluten) sous forme de dilutions farineuses (une cuillerée à café le soir d'abord puis ensuite dans tous les autres biberons);

– les légumes et les fruits préparés à la maison cuits et mixés ou les aliments en pots lors du repas de la mi-journée;

– les jus de fruits préparés à la maison ou achetés dans le commerce (la présentation en ampoules est extrêmement pratique).

On épaissira progressivement la farine et on y incorporera progressivement les légumes. Pour qu'elles soient onctueuses, on donnera soit des légumes homogénéisés, soit des légumes frais : carottes et haricots verts passés au mixer. La diversification des repas sera ainsi amorcée et précocement l'enfant sera habitué aux légumes et aux différentes farines.

DE 4 A 5 MOIS

Bébé pèse 6,6 kilos et mesure 60 centimètres. Il reste assis bien calé contre son oreiller. Il connaît son entourage. Il prend 150 grammes par semaine. Il doit être à cinq repas.

Son alimentation

Son régime sera varié. 3 biberons de lait par jour (2e âge) et 2 repas lacto-diversifiés avec à chacun un demi-biberon de lait. Il commencera les purées de légumes; les compotes de fruits (c'est le début des desserts); le yaourt sucré; un peu de fruit très mûr écrasé dans sa bouillie.

La farine (2e âge), plus épaisse, sera donnée à la cuiller. Pour épaissir la soupe de légumes on mettra : 2/3 de pommes de terre; 1/3 de carottes ou de légumes verts.

La soupe peut être faite au lait.

On augmentera la dose de jus de fruit.

DE 5 A 6 MOIS

Il pèse 7,2 kilos; il a doublé son poids de naissance. Il babille, saisit des objets qu'il porte volontiers à la bouche. Certains nourrissons se mettent d'eux-mêmes à 4 repas. Il suffit alors de faire une simple règle de trois et d'augmenter les rations. C'est la période d'alimentation diversifiée.

Introduction de la soupe à la viande, dite « soupe de Marfan », que les enfants aiment beaucoup, ou de la viande homogénéisée à la dose de trois à quatre cuillerées à café.

Introduction du jus de viande cuite (bœuf-mouton) à la ration d'une cuillerée à café dans la purée de légumes. N'oublions pas que le jus de viande est dépourvu de protéines, mais qu'il est riche en sels minéraux; il ne constitue pas un aliment, mais apprend au nourrisson une saveur nouvelle.

On lui donne aussi un peu de gruyère râpé : une demi-cuillerée à café environ dans son potage ou sa purée.

Ses repas

Petit déjeuner

Biberon de lait 2e âge avec 4 cuillerées à soupe de farine (bouillie épaisse).

10 heures

Jus de fruits.

Déjeuner

Légumes en purée.

Viande, poisson ou œuf (jaune) : 10 à 15 grammes.

Compote de fruits *ou* petit-suisse *ou* yaourt *ou* entremets.

Goûter

Biberon de lait 2e âge (200 ml) avec farine ou bien seul avec un biscuit.

Dîner

Potage ou bouillie aux légumes.

DE 6 A 7 MOIS

Bébé pèse 7,5 kilos. Il mesure environ 67 centimètres. Sa capacité gastrique est de 130 à 180 centimètres cubes. Bébé a ses premières dents : deux incisives médianes inférieures, ce qui peut le rendre souvent un peu grognon.

Il fait des progrès : Se tient un peu assis en équilibre. – Ses mains en avant. – Tient sa tête droite. – Saisit les objets entre le pouce et l'index. – Il reconnaît les visages familiers. – Il commence à jouer avec ses pieds. Son appétit augmente. – Ses goûts s'affirment. – Il ne prend plus que 15 grammes de poids par jour soit 500 grammes par mois.

Bébé est à 4 repas :

Il commence à boire après ses repas du midi et du soir, un peu d'eau minérale (Évian, Charrier ou Volvic) avec un peu de jus de fruit s'il préfère, à la timbale ou dans un verre de matière plastique. *Ne jamais donner de lait* comme boisson aux repas.

Il prendra 2 cuillers à café de foie de veau frais, pulpé et bien cuit, une fois par semaine. Il pourra prendre un quart de jaune d'œuf dur une fois par semaine et commencera à goûter les fromages cuits.

Ses repas

Petit déjeuner

Bouillie (lait : 210 ml; céréales : 5 à 6 cuillerées à soupe).

10 heures : un jus de fruit (30 à 40 grammes).

Déjeuner

Purée de légumes (150 grammes de légumes, 30 grammes de lait, 3 grammes de beurre, 1 pincée de sel).

Jus de viande *ou* œuf dur (le quart du jaune) *ou* deux cuillerées à café de gruyère râpé *ou* foie de veau pulpé.

Compote *ou* yaourt *ou* fruit mûr de saison.

Boisson : eau *ou* jus de fruit.

Goûter

Biberon de lait (210 ml) + biscuit.

Dîner

Soupe ou bouillie.
Dessert.

DE 7 A 8 MOIS

Il commence à jaser, à émettre des syllabes : « ba », « pa ».

Il aime le bruit, joue, reconnaît ses proches.

Son appétit augmente. C'est le moment d'en profiter et de l'habituer à la viande, au poisson, à de nouveaux légumes et à de nouveaux fruits.

L'apparition des dents conditionne la mastication. Ayant déjà souvent deux ou trois dents, il commence à mastiquer. Les incisives inférieures servent à couper les aliments.

Son alimentation

On pourra donc introduire, dans la purée, du merlan, de la sole ou de la limande (10 grammes environ), de la noix de côtelette de mouton bien cuite, du filet de bœuf bien cuit (10 grammes), du jambon. Il sera bon au début de passer ces aliments au mixer ou à la moulinette. La consistance du mélange sera déjà différente de celle des purées simples. Les poissons seront pochés, salés, beurrés, citronnés.

On essaiera les choux-fleurs mélangés à la purée de pommes de terre qui font une purée onctueuse et d'un goût peu prononcé si on a pris soin de les cuire dans plusieurs eaux.

DE 8 A 9 MOIS

Il pèse progressivement de 8 à 8,9 kilos, ne prenant plus que 450 grammes par mois.

Après s'être assis de lui-même vers 8 mois, bébé vers 10 mois se tient debout et commence à marcher en prenant appui le long de son parc.

Vers 9 mois il aura quatre dents avec la sortie des deux incisives supérieures.

Il mastiquera à 8 mois et commencera à saisir la cuiller vers 9 mois. C'est à cet âge qu'il commencera à prendre deux plats à midi.

Son alimentation

Il va commencer à goûter et à apprécier les viandes nouvelles : leur ration sera de 10 à 15 grammes par jour. Elles seront grillées et hachées puisqu'il a quatre dents et qu'il mastique. On pourra lui donner du veau et du poulet. Comme légumes : les fonds d'artichaut. Il pourra prendre une vraie purée de pommes de terre sans mélange d'autres légumes.

C'est vers 8 mois aussi qu'on pourra remplacer cette purée par un plat de petites pâtes (alphabet-étoiles) bien cuites et finement écrasées au début (une fois par semaine environ) ou par un plat de riz très cuit. 100 grammes de purée se remplacent par 25 grammes soit une cuillerée à soupe de riz ou de petites pâtes.

Introduction de nouveaux desserts. Vers 9 mois le nourrisson aimera les gâteaux secs à pâte dure, comme les gaufrettes ou les boudoirs. Se méfier des gâteaux à pâte molle (biscuits à la cuiller qui sont pâteux) ou alors les donner, trempés dans le lait chaud, par exemple à 16 heures.

On pourra aussi lui permettre une petite croûte de pain.

Les fromages se diversifieront; donner un peu de hollande ou de Bonbel.

DE 9 A 12 MOIS

Ses repas

Petit déjeuner

Bouillie au lait, 2e âge (biberon ou assiette) avec lait 2e âge (210 à 240 ml) et céréales (5 à 6 cuillerées à soupe).

10 heures

50 grammes de jus de fruit dans la timbale.

Déjeuner

180 grammes de purée de légumes *ou* pâtes, *ou* riz + beurre et sel.

20 à 30 grammes de viande hachée, grillée ou de poisson bouilli *ou* un jaune d'œuf dur, fromage + fruit.

Donner à boire un peu d'eau.

Goûter

180 grammes de lait *ou* yaourt sucré *ou* petit-suisse sucré plus biscuits secs.

Dîner

180-190 grammes de potage épaissi avec légumes *ou* tapioca *ou* semoule (trois fois par semaine) *ou* bouillie une ou deux fois par semaine.

Une fois par semaine : potage vermicelle, *ou* pâtes, au lait.

Dessert (si le potage est aux légumes, ajouter fromage *ou* petit-suisse comme dessert; si le potage est lacté, ajouter fruits cuits *ou* compote).

DE 12 A 15 MOIS

Bébé a triplé son poids de naissance. Il atteint le poids respectable de 9,8 à 10 kilos. Il mesure de 70 à 74 centimètres. Il a de six à huit dents. Il commence à faire ses premiers pas, se baisse pour ramasser son jouet. Il devient adroit, sait se servir de ses petites mains, et essaiera de manger seul, sans succès! Mais laissez-le faire quelques instants. Après « Papa », « Maman », son vocabulaire s'enrichit de quelques mots de son choix. Il prend beaucoup de personnalité. Il aime faire rire.

Il affirme ses tendances gastronomiques. Il a, de façon nette, ses préférences et ses dégoûts.

Son appétit décroît (il ne grossira plus que de 300 grammes par mois). Commençons donc à lui faire apprécier des aliments bien préparés, appétissants, bien présentés. C'est le moment de lui donner des farines cacaotées, qu'il appréciera sûrement. Il les préférera même aux autres.

C'est à cet âge aussi qu'il aura droit à l'œuf entier : à la coque ou en entremets en crème renversée.

Il aimera aussi les fromages fermentés : le roquefort, qu'on pourra lui donner écrasé, ou en petits morceaux. Sa ration alimentaire sera de 200 grammes, car sa capacité gastrique est maintenant de 200 à 300 centimètres cubes.

Ses repas

Petit déjeuner

Bouillie cacaotée (200 grammes) *ou* farine aromatisée.

10 heures

50 grammes de jus de fruits + miel + vitamines (au besoin).

Déjeuner

15 à 25 grammes de viande (deux fois par semaine grillée, une fois par semaine rôtie) *ou* 30 grammes de poisson (une ou deux fois par semaine) *ou* 1 œuf entier (une fois par semaine) *ou* jambon (une fois par semaine).

200 grammes de légumes *ou* purée.

1 fruit.

Donner un peu de boisson : eau *ou* eau + jus de fruit.

Goûter

1 tasse de lait aromatisé : vanille, caramel ou cacao et biscuits ; yaourt *ou* petit-suisse et pain beurré.

Dîner

200 grammes de potage : légumes + semoule *ou* vermicelle *ou* tapioca.

Compote *ou* fruit poché *ou* crème renversée *ou* fromage. Si l'enfant a encore faim, on peut lui donner deux desserts.

DE 15 A 18 MOIS

Bébé marche. Sa fontanelle est fermée, il a de huit à douze dents, pèse de 10 à 10,5 kilos et mesure 76 centimètres environ. Son régime s'enrichit.

Son alimentation

On amènera progressivement bébé aux crudités, en petites quantités, servies en hors-d'œuvre.

Il connaît déjà la tomate crue, on y adjoindra : un peu d'huile (3 à 5 grammes), du citron, des herbes, si riches en vitamine C (persil, estragon, cerfeuil) très finement hachées. On lui donnera aussi des petits radis émincés ; de la salade verte finement hachée ; des carottes crues râpées ; de la betterave rouge (qui n'est pas une crudité, et qui peut, ne l'oublions pas, colorer les urines et même les selles en rouge).

Sa viande sera hachée, il n'est plus question de viande moulinée, cela est très important si vous ne voulez pas donner à bébé de mauvaises habitudes alimentaires.

On commencera à lui donner des farines de légumineuses : lentilles, châtaignes.

A 15 mois l'enfant doit manger trois plats le soir.

Repas du soir

Potage (200 grammes).

Entremets au lait *ou* fromage.

Fruits cuits ou crus.

La répartition des autres repas ne change pas, les quantités sont légèrement augmentées.

DE 18 MOIS A 22 ANS

L'enfant pèse environ 11 kilos. Il a dix dents. Il marche seul. Il découvre avec ravissement le monde extérieur, rit aux éclats. Il prend conscience de sa valeur, entre dans « l'âge d'opposition »; se méfie des visages inconnus; oppose ses « non » perpétuels à nos contraintes. Il se sent un personnage.

Il aspire de plus en plus à manger seul, ne nous y opposons surtout pas. Les débuts sont laborieux, maladroits, accompagnés de petits malheurs mais il faut bien que bébé commence son apprentissage. D'ailleurs son habileté s'épanouira assez rapidement, que les mamans se rassurent. Gourmand, il tend avidement son assiette vide, c'est le moment d'en faire un bon vivant.

Son alimentation

Les délicieuses crudités lui seront servies, harmonieusement arrangées, au début des repas.

Les lentilles en purée lui seront données une fois par quinzaine : une cuillerée dans sa purée de légumes pour commencer. On essayera d'autres légumineuses : les châtaignes, les pois.

DE 2 A 3 ANS

A 2 ans, l'enfant arrive à l'âge du perfectionnement. Il pèse environ 12,5 kilos. Il mesure 86 centimètres. Il a vingt dents, fait de petites phrases, sait jouer seul, monte et descend les escaliers, sait s'installer seul à table où il se servira très bien de sa cuiller, et manifeste déjà parfaitement ses goûts; c'est un gastronome à part entière.

Son alimentation

Ne le forçons pas à manger ce qu'il déteste, tâchons de l'y habituer très progressivement et, en attendant donnons-lui les aliments de remplacement dont nous avons déjà parlé.

Rappelons :

– qu'*un verre de lait* peut être remplacé par 35 grammes de gruyère *ou* deux petits-suisses et demi *ou* un pot et demi de yaourt;

– que 50 grammes *de viande* peuvent être remplacés par 50 grammes de poisson *ou* 40 grammes de fromage *ou* 1 œuf *ou* 40 grammes de jambon;

– que les légumes peuvent être remplacés par les fruits, les pommes de terre par le riz et les pâtes.

Dès l'âge de 2 ans le petit déjeuner doit prendre plus d'importance dans l'alimentation de l'enfant. Il doit continuer à être lacté. On pourra toujours donner 225 grammes de bouillie au lait (les farines d'avoine sont très énergétiques) *ou* du lait aromatisé au café, au chocolat, avec des tartines de miel, de beurre ou de confiture. S'il préfère les biscottes, on pourra lui en donner.

Pour le goûter, qui doit lui aussi être lacté, une tasse de 225 grammes ou son équivalent (fromage *ou* yaourt). On commencera le pain d'épice.

Dès cet âge les enfants savent réclamer s'ils ont soif. Il ne faut pas leur refuser, surtout l'été lorsqu'il fait chaud ou s'ils ont de la fièvre. Il faut alors les laisser boire à volonté.

Les rations quotidiennes moyennes

Pour la viande : 20 à 40 grammes.

Pour le poisson : 20 à 40 grammes.

Pour les légumes : 100 grammes de pommes de terre; *ou* 200 à 250 grammes de légumes verts; *ou* 25 grammes de légumes secs = cuillerée à soupe (une fois tous les quinze jours).

Pour les pâtes et le riz : 25 grammes = une cuillerée à soupe.

Pour le lait : 400 à 450 grammes.

Pour le fromage : 10 grammes.

Pour le pain : 60 grammes environ.

Le régime pour une semaine

Petit déjeuner

Bouillie au lait (200 grammes) (deux fois par semaine).

Lait aromatisé + pain avec du beurre ou de la confiture ou du miel (quatre fois par semaine).

Le lait sera aromatisé au chocolat ou à la vanille.

Petit déjeuner composé (malt, chocolat, œuf).

10 heures

Jus de fruit (50 grammes).

Déjeuner

Crudités de saison avec du citron, de l'huile d'olive, du persil (une cuillerée à soupe.)

TABLEAU

Age mois	Poids	Gain mensuel	Taille	Capacité de l'estomac	Nombre de repas	Ration par repas
1	3,8 kg	700 g	50 cm	30 à 40 cm³	6	100-120 g
2	4,5 kg	700 g		60 à 100 cm³	6	120-130 g
3	5,2 kg	700 g		100 à 140 cm³	6 ou 5	130-140 g
4	6,6 kg	600 g	60 cm		5	170 g
5	7,2 kg	600 g			5 ou 4	180 g
6	7,5 kg	600 g		130 à 200 cm³	5 ou 4	180-190 g
7	7,9 kg	450 g			4	190 g
8	8,3 kg	450 g			4	200 g
9	8,6 kg	450 g			4	210-220 g
10	8,8 kg	300 g			4	220 g
11	9 kg	300 g			4	225 g
12	9,3 kg	300 g	70 cm à 74 cm	200 à 300 cm³	4	225 g
15	10 kg				4	
18	10,5 kg				4	
24	12 kg		80 cm		4	
36			88 cm		4	

Viande : grillée (deux fois par semaine) ou rôtie (une fois par semaine).

Poisson maigre (une ou deux fois par semaine).

Œuf (une fois par semaine).

Abats (foie ou cervelle) (une fois par semaine).

Jambon.

Volaille *ou* lapin (une fois tous les quinze jours).

Légumes :

100 grammes de pommes de terre (une ou deux fois par semaine).

250 grammes de légumes frais (deux fois par semaine).

250 grammes de pommes de terre + légumes frais (deux fois par semaine).

25 grammes pâtes *ou* riz (une fois par semaine).

RÉCAPITULATIF

Régime introduction d'aliments	Dents	Progrès
lait		absorbe par succion
jus de fruits		
soupe de légumes yaourt-bananes		commence à manger à la cuiller, boit à la tasse
soupe à la viande purée de légumes yaourt-compote		ouvre et tend la bouche à l'approche de la cuiller
jus de viande jaune d'œuf gruyère râpé	incisives médianes inf.	préhension orale parfaite
pulpe foie de veau fruits frais		mâchonne
poisson maigre viande pulpée		mastique
pâte-tapioca 2 plats à midi	2 incisives sup. et inf.	saisit la cuiller
3 plats à midi		préhension digitale saisit biberon et cuiller saisit les aliments avec les doigts
2 plats le soir	2 incisives lat. et inf.	essaie de manger seul
3 plats le soir	2 prémolaires inf. et sup.	
légumes secs		mange seul
	4 prémolaires 2 inf., 2 sup.	

25 grammes de légumes secs (une fois tous les quinze jours).

Fruits et fromage :

1 agrume (pamplemousse, mandarine, orange) (deux fois par semaine).

1 fruit de saison (quatre fois par semaine).

1 banane (une fois par semaine).

Fromage : fromage blanc *ou* petit-suisse *ou* un peu de fromage en pâte ou fermenté.

Croûte de pain *ou* biscotte.

Eau naturelle ou fruitée.

Goûter

1 tasse de lait aromatisé *ou* 1 yaourt ; biscuits *ou* tartines *ou* pain d'épice *ou* préparation du type Bischer Muesli avec fruits de saison.

Dîner

Potage aux légumes et herbes (une fois par semaine) ; potage légumes frais et pommes de terre (deux fois par semaine) ; potage légumes + tapioca, semoule, Floraline, petites pâtes ou vermicelle (au choix).

Entremets : gâteau de semoule *ou* gâteau de riz (si le potage a été aux légumes verts),
ou crème à l'œuf *ou* yaourt *ou* fromage si l'enfant n'en a pas eu le matin.

Dessert : fruit *ou* compote *ou* fruits cuits.

Croûte de pain.

Eau naturelle ou fruitée.

CHAPITRE II

De 3 à 10 ans

Nous allons aborder ensemble la question de l'alimentation des enfants de 3 à 10 ans.

Cette question importante n'a jamais été, semble-t-il, traitée de façon satisfaisante dans son ensemble. Elle paraît pourtant d'un intérêt capital, tant au point de vue du développement physique que du comportement psychologique de l'enfant. La croissance continue, le développement psychique s'accélère. Les besoins alimentaires et les progrès du goût suivent la même cadence.

Il faut veiller intelligemment à l'alimentation de l'enfant pour en faire un être harmonieusement développé. Les bonnes habitudes se prennent jeune, dès l'enfance; il faut acquérir pour l'avenir des habitudes alimentaires saines et raffinées.

L'enfant doit apprendre à savoir que bien manger fait partie de la joie de vivre, et que l'alimentation, au même titre que le sport et la gymnastique, modèle notre corps.

Une bonne alimentation, sans erreur ni caprice, évitera presque à coup sûr l'anorexie, l'obésité, la maigreur, et permettra l'épanouissement d'un petit être harmonieusement équilibré.

A 4 ans, l'enfant pèse environ 16 kilos et mesure de 1,01 à 1,05 mètre; il a vingt dents.

Il entre à l'école maternelle, devient ainsi un membre autonome de la société. Il se trouve peut-être pour la première fois sous une autorité différente de l'autorité des parents. Il prendra peut-être son repas à l'école. Il lui faudra manger comme les autres et avec les autres. Certains, cependant, continueront à prendre leur repas de midi à la maison.

En tout cas, le repas du soir restera familial et c'est un point très important, car, ainsi que l'écrit si justement le docteur Trémollières : « C'est dans des rites très simples autour de la table familiale que se dessinent ces deux images, sans lesquelles il n'y a pas eu de civilisation, et sans lesquelles la psychanalyse nous apprend qu'il n'est guère possible d'avoir un équilibre personnel (la Mère, le Père). »

Les aliments prennent une valeur symbolique qui mêle leurs qualités propres à celles de ceux qui nous les donnent. Cela explique que malgré leurs incontestables qualités les aliments industrialisés, surgelés, en paquets ne pourront jamais remplacer les mets confectionnés avec amour dont, adultes, nous garderons une secrète nostalgie.

Le choix des aliments

Les enfants doivent consommer en quantités assez strictement définies :

– *des aliments de construction* (protidiques) : viande, poissons, œufs .... 12 % de l'apport calorique;

BESOINS CALORIQUES JOURNALIERS DE L'ENFANT	
• de 4 à 6 ans	1 600
• de 7 à 9 ans	1 900
• de 10 à 12 ans	2 300

– *des aliments énergétiques* (glucidiques) : féculents et aliments sucrés : pommes de terre, riz, pâtes, féculents, pain .... 50 à 55 % de l'apport calorique;

– *des aliments de sécurité :* produits laitiers et matières grasses ...... 30 à 35 % de l'apport calorique;

– *des aliments riches en vitamine C :* légumes verts, fruits frais, jus de fruit.

La répartition de ces différents aliments doit obéir aux lois de l'équilibre alimentaire.

Les protides (lait, viande, œuf ou poisson)

La ration doit être de 2 à 5 grammes par kilo et par jour. Ce qui fait environ 10 grammes de viande ou de poisson par année d'âge jusqu'à 6 ans et par jour.

De 6 à 10 ans la ration s'élèvera à 105 grammes environ; peu importe que cette quantité soit répartie en un seul repas ou en plusieurs repas.

Les viandes rouges et les viandes blanches ont la même valeur nutritive. La viande doit toujours être bien cuite. Se méfier des viandes saignantes et ne jamais donner de viandes crues aux enfants.

On a souvent tendance, en France, à donner de grosses quantités de viande aux enfants, jugeant cet aliment très nourrissant; on croit bien faire, mais il n'en est rien : un excès d'aliments protidiques peut fatiguer le foie.

Parlons un peu de la viande de cheval; certains la croient très riche, alors que c'est la viande qui fournit le moins de calories. 100 calories aux 100 grammes alors que les viandes de bœuf et de mouton en fournissent 250 en moyenne et le veau 150. C'est donc une viande légère mais qui peut être allergisante. Elle donne parfois de l'urticaire.

Le porc n'est pas à conseiller, c'est une viande grasse et indigeste.

Rappelons les équivalences :

50 grammes de poisson peuvent remplacer 50 grammes de viande. Le poisson est très utile aux enfants. Il est très riche en phosphore et en calcium et on devrait en donner plusieurs fois par semaine.

0,250 litre de lait équivaut à 50 grammes de viande; il est très riche en acides aminés indispensables à la croissance et à l'entretien de l'organisme.

Un œuf équivaut lui aussi à 50 grammes de viande. Il est riche en phosphore, en lécithine, en vitamines B et A. L'œuf mollet ou à la coque est plus digeste que l'omelette ou l'œuf sur le plat.

En entremets il enrichit le repas du soir. On peut donner aux enfants deux ou trois œufs par semaine. Les intolérances vraies aux œufs sont assez rares. Chez les enfants ayant un foie délicat, il vaut mieux en réduire l'emploi.

Les glucides

Les plus utilisés dans les menus de l'enfant sont les féculents et les aliments sucrés, et surtout les pommes de terre, le riz, les pâtes, le pain, les biscuits, les céréales.

La pomme de terre, bien qu'elle soit un légume frais, gorgé d'amidon, apporte plus de calories que les autres légumes frais : 95 kilocalories aux 100 grammes lorsqu'elle est bouillie, 250 kilocalories aux 100 grammes lorsqu'elle est frite!

Elle se prête à tant d'accommodements que, donnée presque quotidiennement aux enfants, elle reste leur légume préféré.

De 3 à 5 ans les enfants peuvent consommer de 100 à 200 grammes de pommes de terre par jour.

De 6 à 9 ans, ils en prennent de 200 à 300 grammes.

Rappelons que le pain rassis est plus digeste que le pain frais. Que le pain blanc bluté à 50 % est pauvre en protides. Que les biscottes sont plus digestes que le pain.

Valeur calorique de :

100 grammes de biscottes :	400 kilocalories
100 grammes de pain grillé :	300 kilocalories
100 grammes de pain frais :	260 kilocalories
100 grammes de pain rassis :	275 kilocalories

De 3 à 6 ans la ration de pain quotidienne doit être environ de 150 à 200 grammes.

De 7 à 9 ans : de 200 à 300 grammes environ.

100 grammes de pain (260 kilocalories) égalent 300 grammes de pommes de terre bouillies

ou 70 grammes de biscottes (4,5),

ou 50 grammes de biscuits (5),

ou 25 grammes de légumes secs (1 cuillerée à soupe),

ou 25 grammes de riz ou de pâtes (1 cuillerée à soupe).

Valeur calorique de :

100 grammes de biscuits :	350 kilocalories
100 grammes de pommes de terre :	95 kilocalories
100 grammes de légumes secs :	350 kilocalories
100 grammes de pâtes :	350 kilocalories
100 grammes de riz :	350 kilocalories

Les pâtes constituent elles aussi une bonne base de repas; les enfants les aiment en général beaucoup et elles s'accommodent de très nombreuses façons : au fromage, avec des restes de viande, de poisson.

Elles peuvent remplacer le riz, les farines, les pommes de terre et le pain.

Leur valeur nutritive est très élevée : 340 kilocalories aux 100 grammes.

Les pâtes aux œufs contiennent trois œufs par kilo de pâtes.

Vite préparées, vite cuites, très digestibles, elles peuvent figurer en bonne place dans l'alimentation des enfants. Par exemple, légumes verts à midi, pâtes le soir.

Il en est de même pour le riz et la semoule. Cuits au lait, ils constituent d'excellents desserts.

Les biscuits secs ont une très grande valeur nutritive sous un petit volume, c'est un véritable suraliment; très digestibles, surtout ceux qui renferment peu de graisses (biscuits à tremper, biscuits à la cuiller, biscuits de champagne), ils peuvent être donnés à la fin d'un repas léger, au goûter, en en-cas à 11 heures.

N'oublions pas les confitures, le miel, les fruits secs : dattes, figues, abricots, pruneaux, etc., très riches en glucides. Ils contiennent environ 70 à 75 grammes de glucides pour 100 grammes et ils enrichissent très agréablement le dessert des enfants sous un petit volume.

Les lipides

Ils peuvent être d'origine :

– animale : beurre, lait, crème;

– végétale : huile, margarine.

Nous ne saurions trop insister sur l'importance du lait chez l'enfant d'âge scolaire. On a trop tendance en France à ne pas donner, ou à donner trop peu de lait aux jeunes.

Outre ses protides, son sucre, le lactose, son calcium, ses sels minéraux, il leur apporte des graisses indispensables. Les enfants devraient quotidiennement en boire au minimum un quart de litre. Répartie au petit déjeuner, au goûter et dans des entremets, cette quantité peut être augmentée jusqu'à 400 ou 500 grammes par jour.

Certains enfants supportent assez mal le lait ou ne l'aiment plus, on pourra alors le remplacer par ses équivalents : yaourt ou fromage.

Un quart de litre de lait peut être remplacé par 30 grammes de lait en poudre *ou* 125 grammes de fromage blanc *ou* 1 pot et demi à 2 pots de yaourt *ou* 4 petits-suisses *ou* 1 demi-sel *ou* 30 à 40 grammes de fromage.

Le beurre sera de préférence donné cru dans les légumes ou sur la grillade. Le beurre cuit est beaucoup moins digeste.

Un enfant de 5 à 6 ans en prendra chaque jour environ 10 grammes; ceux de 6 à 10 ans de 15 à 20 grammes.

L'huile servira pour assaisonner les crudités, pour confectionner des sauces d'accompagnement, pour le poisson.

Les aliments frits à l'huile, les frites sont autorisés à partir de 3 ans et demi, 4 ans, mais les enfants ne doivent pas en abuser.

Nous avons déjà vu l'intérêt de donner du fromage aux enfants. Ils en prendront de 12 à 20 grammes chaque jour entre 4 et 10 ans. Chaque fromage a ses amateurs. Les enfants ont déjà des goûts très précis.

Il peut être pris à la fin de l'un ou de l'autre repas, soit sous forme de gruyère râpé incorporé aux aliments, soit en tartine au goûter.

Les aliments riches en vitamine C

Ce sont avant tout les légumes frais et les fruits. Riches en cellulose tendre, ils régularisent le transit intestinal et luttent contre la constipation.

Les légumes très verts sont les plus riches en vitamines C.

Le persil et l'estragon, le cresson, la mâche, le fenouil cru sont particulièrement riches en vitamine C.

Le persil devrait accompagner les crudités et les poissons aussi souvent que possible.

Il va de soi que les enfants doivent manger des fruits chaque jour; d'ailleurs très rares sont ceux qui ne les aiment pas.

Le pamplemousse est fréquemment donné en entrée. Habitué dès son plus jeune âge au jus de pamplemousse l'enfant l'aime beaucoup servi avec du sucre, ou en salade de fruit.

Les agrumes sont les fruits les plus riches en vitamine C, à l'exception du cassis dont l'usage est trop peu répandu.

Les légumes frais, à partir de 2 à 3 ans, se donnent à raison de 250 à 300 grammes par jour.

Les fruits frais, à partir de 2 à 3 ans, se donnent à raison de 100 à 150 grammes.

Riches aussi en calcium, très appréciés, les fruits sont bien le dessert idéal des enfants. Donnés crus de préférence, ils peuvent aussi être servis en compote.

Les fruits au sirop, de conserve, agréables au goût et d'un emploi pratique, sont parfois très utiles à défaut de fruits frais, mais il est alors préférable de ne pas donner, ou de donner peu, de sirop, trop riche en sucre.

La confiserie

Un mot, maintenant, du *chocolat.* Il vaut mieux en limiter la consommation : de 2 à 3 ans, 15 grammes par semaine, soit un bâton et demi. La dose du chocolat dit « de régime » doit être à peu près la même que pour le chocolat ordinaire. La tablette quotidienne est excessive. Et, surtout, jamais de chocolat à la liqueur!

On ne peut pas non plus priver entièrement les enfants de bonbons; mais il ne faut jamais leur en donner le soir au lit, c'est le plus sûr moyen d'accélérer l'apparition des caries.

Mieux vaut ne pas donner fréquemment des bonbons aux enfants et ne pas les laisser en acheter eux-mêmes! Fréquemment les parents doivent essayer de leur expliquer qu'ils coupent l'appétit, favorisent les maux de dents; essayer, en un mot d'en restreindre l'usage.

Les boissons

La boisson pour les enfants doit accompagner les repas; jusqu'à 4 ans, uniquement de l'eau naturelle ou minérale, des jus de fruits et des infusions.

Le vin, la bière, le cidre (boissons alcoolisées), *le Coca-cola, les boissons trop gazeuses (eau minérale, soda) ne doivent pas être donnés aux jeunes enfants.*

L'alcool peut être mortel. Il n'est d'année que les faits-divers ne relatent la mort d'enfants après l'absorption excessive de vin, de bière ou de cidre!

L'enfant doit donc boire aux repas, mais sans excès. La quantité d'eau nécessaire à l'enfant varie chaque jour, selon son activité et la température extérieure; s'il fait chaud, si l'enfant se dépense physiquement, s'il transpire, il devra évidemment boire beaucoup pour compenser ses importantes pertes hydriques.

LES RATIONS QUOTIDIENNES MOYENNES

Pour la viande ou le poisson : de 30 à 80 grammes.

Pour les légumes : 150 à 200 grammes de pommes de terre; *ou* 200 à 250 grammes de légumes verts; *ou* 25 à 50 grammes de légumes secs (une fois tous les quinze jours).

Pour le lait : 400 grammes.

Pour le beurre : 20 à 25 grammes.

Pour le fromage : 10 à 25 grammes.

Pour le pain : 150 à 200 grammes.

L'enfant doit recevoir 90 calories environ par kilo de poids et par jour.

Les glucides entreront à raison de 7 à 10 grammes par kilo et par jour; les protides entreront à raison de 2,50 grammes par kilo et par jour; les lipides entreront à raison de 40 grammes environ. Soit (ration alimentaire normale) :

protides :	13 à 15 % des calories totales
lipides :	20 à 30 % des calories totales
glucides :	50 à 60 % des calories totales

LE RÉGIME POUR UNE SEMAINE

Petit déjeuner :

Il doit prendre de l'importance dès l'âge scolaire : la matinée est longue; l'enfant sort tôt, le matin; il se dépense en classe, aux récréations; il fait des efforts d'attention.

En aucun cas, il ne se contentera d'une tasse de thé léger ou d'un simple jus de fruit. Vers 11 heures, il se sentirait fatigué, incapable de fixer son attention.

Lui servir un petit verre de jus de fruit; 250 grammes de lait.

Le lait sera aromatisé au café, au chocolat, au Tonimalt ou au thé.

Un petit déjeuner composé lacté (flocons d'avoine, porridge, corn-flakes) peut remplacer le pain beurré avec miel ou confiture.

Déjeuner :

Crudités de saison avec citron, huile d'olive, persil (deux cuillerées à soupe);

ou hors-d'œuvre : sardine + tomate.

Viande grillée ou rôtie (30 à 80 grammes) : deux fois par semaine.

Poisson maigre : une ou deux fois par semaine.

Abats : une fois par semaine.

Volaille ou lapin : une fois par semaine.

Légumes :

200 grammes de pommes de terre (deux fois par semaine);

ou 250 grammes à 300 grammes de légumes verts (deux fois par semaine);

ou 250 grammes de pommes de terre + légumes frais (une fois par semaine);

ou 30 à 50 grammes de pâtes *ou* riz (une à deux fois par semaine);

ou 25 à 50 grammes de légumes secs (une fois tous les quinze jours).

Fruits : agrumes, fruits de saison, banane, fruits secs.

Pain.

Eau naturelle ou minérale.

Goûter :

Pain d'épice, pain au lait, tartines, café au lait *ou* chocolat au lait *ou* yaourt et gâteaux secs *ou* préparation type Bischer Muesli.

Dîner :

Potages divers.

Un œuf (une fois par semaine).

Un légume (vert si farineux à midi);
ou pâtes ou riz (si légumes frais à midi).

Le riz pourra être fait en croquette avec un reste de viande (une fois par semaine).

Entremets.

Fruits.

CHAPITRE III

De 10 à 15 ans

Les taux caloriques recommandés sont en général de 90 kilocalories par kilo.

Ce qui fait :

de 10 à 12 ans : 1 800 à 2 300 kilocalories (2 000 en moyenne);
de 12 à 15 ans : 2 300 à 3 400 kilocalories.

LES RATIONS QUOTIDIENNES MOYENNES

Les rations protidiques (viande, poisson, œuf) sont de 2 à 3 grammes par kilo, ce qui fait environ 100 à 140 grammes.

Les rations glucidiques sont de 7 à 10 grammes par kilo, ce qui fait environ :

de 10 à 12 ans : 350 à 400 grammes.
de 12 à 15 ans : 400 à 580 grammes.

Pour les matières grasses (beurre, huile), les rations lipidiques sont :

de 10 à 12 ans : 50 grammes.
de 12 à 15 ans : 50 à 75 grammes.

A 12 ans un enfant doit manger autant que son père ou à peu près. Dans la période prépubertaire, la croissance staturo-pondérale s'accentue rapidement et les besoins de l'enfant augmentent en conséquence.

La viande

La viande, aliment noble, est très nécessaire à l'enfant. Sa richesse en protides, ses acides aminés sont indispensables à son organisme en croissance, mais on a tendance, actuellement, à donner des quantités excessives de viande aux enfants.

10 à 20 grammes par année d'âge est une quantité raisonnable et suffisante, mais cette dose est presque toujours dépassée.

Les rations de viande doivent être :
de 10 à 12 ans : de 100 à 130 grammes;
de 12 à 15 ans : de 130 à 140 grammes.

Le lait

Si la tendance actuelle est de donner trop de viande, elle est aussi de donner trop peu de lait.

Bien souvent on se contente de donner à 16 heures un jus de fruit et des biscuits ou tartines. Cette carence lactée prive l'enfant de calcium, de phosphore, de vitamines A et D.

Aliment presque complet, aliment protecteur, le lait doit avoir une place importante dans le régime de l'enfant. Il faut le consommer nature mais bouilli.

L'enfant a besoin de 0,4 à 0,5 litre de lait par jour au minimum.

Une partie sera donnée au petit déjeuner qui doit rester lacté, l'autre sera donnée au goûter.

Une petite quantité sera réservée pour les desserts et les purées.

Le petit déjeuner lacté consistant a beaucoup d'importance pour l'enfant d'âge scolaire; s'il est trop léger, trop peu nourrissant, l'enfant se fatiguera et vers 11 heures il deviendra inattentif à l'école.

La ration de lait quotidienne sera, de 10 à 15 ans, de 0,5 litre.

Le fromage doit aussi jouer un rôle important dans l'alimentation des enfants. La ration quotidienne de fromage sera de 30 grammes par jour.

Si la ration de lait n'est pas consommée, il faut augmenter la ration de fromage quotidienne en se basant sur l'équivalence suivante : 100 grammes de lait peuvent être remplacés par 25 grammes de fromage *ou* un yaourt *ou* deux petits-suisses pour assurer la ration calcique nécessaire.

Il est bien évident que la ration totale de lait ne peut être remplacée par du fromage. Ce procédé amènerait à des consommations trop importantes.

Exemple de l'enfant qui ne boirait pas de lait : $25 \times 5 = 125$ grammes + 25 grammes de la ration quotidienne, soit une consommation de 150 grammes de fromage par jour!

L'enfant doit boire à sa soif, sans excès.

La consommation quotidienne		
	de 10 *à* 13 *ans*	*de* 13 *à* 15 *ans*
Pain	300 g	400 g
Légumes frais	200 à 300 g	300 à 400 g
Légumes cuits	200 à 300 g	300 à 400 g
Pommes de terre	200 à 300 g	300 à 400 g
Céréales :	40 g	50 g
Dérivés de céréales	70 g par sem.	100 à 140 g
Légumes secs	150 g	200 g

LA RÉPARTITION QUOTIDIENNE

Les jus de fruits, les crudités en hors-d'œuvre et les fruits resteront toujours indispensables.

Comme on le voit, l'adolescent doit prendre chaque soir un plat protidique, soit : œuf, viande, jambon ou poisson.

Son organisme en croissance a un grand besoin de protides.

Déjeuner :

Hors-d'œuvre
- cinq fois par semaine : crudités.
- une fois par semaine : charcuterie.
- une fois par semaine : poisson en conserve (sardine ou thon).

Plats
- quatre fois par semaine : viande grillée, braisée ou rôtie.
- une fois par semaine : abats.
- deux fois par semaine : poisson.

Dîner :

Plats : un œuf *ou* reste de viande *ou* jambon *ou* poisson.

Troisième partie

LA SEMAINE TYPE D'UN ENFANT GASTRONOME

Une véritable gastronomie, même à l'intention des enfants, implique une forme de « planning familial ». Il ne suffit pas de réaliser au hasard, une ou deux fois par semaine, un plat un peu plus compliqué, ou sortant de l'ordinaire. Encore faut-il trouver le rythme propre à éveiller l'intérêt de l'enfant, à tenir cet intérêt en éveil, et s'efforcer de ne pas créer de déception.

C'est pourquoi nous vous proposons une série de menus « gastronomiques » pour enfants de différents âges. Il ne s'agit pas de suivre ce programme à la lettre, mais de s'en inspirer, de l'adapter à ses moyens et à sa fantaisie.

CHAPITRE PREMIER

De 6 mois à 3 ans

DE 6 A 7 MOIS

LUNDI

Petit déjeuner
Bouillie au lait

10 heures
Jus d'orange et citron

Déjeuner
Purée de pommes de terre et tomates mimosa (un quart de jaune d'œuf dur)
Compote de pommes vanillée

Goûter
Tasse de lait sucré au miel

Dîner
Bouillie à la purée d'endives

MARDI

Petit déjeuner
Bouillie au lait

10 heures
Jus d'ananas

Déjeuner
Purée de haricots verts, pommes de terre + 1 cm^3 de foie de veau poché et pulpé
Yaourt

Goûter
Tasse de lait parfumé au caramel

Dîner
Bouillie-potage au tapioca et à la tomate

MERCREDI

Petit déjeuner
Bouillie au lait

10 heures
Jus de raisin et mandarine

Déjeuner
Soupe de viande (soupe de marfan, voir recette)
Pomme râpée et sucrée

Goûter
Tasse de lait

Dîner
Soupe de légumes et de farines

JEUDI

Petit déjeuner
Bouillie au lait

10 heures
Jus de carotte et citron

Déjeuner
Purée de pommes de terre et salade cuite avec gruyère
Compote de poires passée

Goûter
Tasse de lait

Dîner
Bouillie à la semoule et à la gelée de pomme

VENDREDI

Petit déjeuner
Bouillie au lait

10 heures
Jus de tomate et citron

Déjeuner
Purée de carottes et de pommes de terre
Petit-suisse à la gelée de fruit

Goûter
Tasse de lait

Dîner
Bouillie au jus de viande

SAMEDI

Petit déjeuner
Bouillie au lait

10 heures
Jus d'orange et ananas

Déjeuner
Purée d'artichauts et pommes de terre avec 1 cm^3 de foie de veau pulpé
Banane écrasée avec du lait et du sucre

Goûter
Tasse de lait sucré au miel

Dîner
Délice au tapioca

DIMANCHE

Petit déjeuner
Bouillie au lait

10 heures
Jus de pamplemousse et orange

Déjeuner
Purée de pommes de terre et d'endives avec gruyère râpé
Yaourt avec compote de pommes

Goûter
Tasse de lait parfumé à la vanille

Dîner
Bouillie au lait

DE 7 A 8 MOIS

LUNDI

Petit déjeuner
Bouillie au lait

10 heures
Jus de carotte et citron

Déjeuner
Purée de pommes de terre et de choux-fleurs avec jambon passé à la moulinette
Petit-suisse à la gelée de pomme

Goûter
Biberon ou tasse de lait sucré

Dîner
Soupe de légumes enrichie
Banane battue au lait

MARDI

Petit déjeuner
Bouillie au lait

10 heures
Jus de tomate et citron

Déjeuner
Purée de pommes de terre et épinards
Filet de bœuf bien cuit passé à la moulinette
Purée de pommes citronnée

Goûter
Biberon de lait sucré
Petit biscuit sec

Dîner
Velours de légumes verts au tapioca (cresson)
Yaourt au jus de fruit frais

MERCREDI

Petit déjeuner
Bouillie au lait

10 heures
Jus d'orange et pamplemousse

Déjeuner
Purée de pommes de terre et fenouil persillée avec une cuillerée à café de gruyère râpé
Noix de côtelette de mouton bien cuite, passée à la moulinette
Purée de poires cuites

Goûter
Biberon ou tasse de lait parfumé à la vanille

Dîner
Potage de froment grillé au lait
Fruits de saison très mûrs écrasés ou passés à la moulinette

JEUDI

Petit déjeuner
Bouillie au lait

10 heures
Jus de raisin et orange

Déjeuner
Purée de tomates persillée et riz passé finement à la moulinette avec un jaune d'œuf dur écrasé à la fourchette

Yaourt *ou* fromage blanc battu au lait sucré à la gelée de pomme ou de coing

Goûter
Biberon ou tasse de lait sucré au miel

Dîner
Bouillie-potage à la semoule
Fruits de saison pochés et écrasés

VENDREDI

Petit déjeuner
Bouillie au lait

10 heures
Jus de carotte

Déjeuner
Purée de pommes de terre et d'endives ou laitues
Filet de merlan poché et citronné passé à la moulinette
Fruits de saison mûrs, écrasés et sucrés

Goûter
Yaourt parfumé à la vanille

Dîner
Crème de riz à la compote de pommes

SAMEDI

Petit déjeuner
Bouillie au lait

10 heures
Jus d'ananas

Déjeuner
Soupe de marfan au bœuf
Banane écrasée battue avec du lait

Goûter
Biberon ou tasse de lait sucré au miel

Dîner

Potage « Quaker Oats » rose (voir recette)
Demi-sel battu avec un peu de lait

DIMANCHE

Petit déjeuner

Bouillie au lait

10 heures

Jus de raisin et orange

Déjeuner

Purée de pommes de terre persillée et purée de fonds d'artichaut
Filet de limande ou de sole poché et citronné passé à la moulinette

Goûter

Biberon ou tasse de lait parfumé à la vanille

Dîner

Bouillon de légumes aux petites pâtes avec gruyère râpé
Pomme crue râpée à la confiture

DE 8 A 9 MOIS

LUNDI

Petit déjeuner

Bouillie au lait (semoule)

10 heures

Jus de tomate et citron

Déjeuner

Purée de pommes de terre et de carottes persillée
Rôti de veau haché
Petit-suisse battu avec du lait

Goûter
Tasse de lait sucré
Petites gaufrettes

Dîner
Potage à la purée de carottes et de tomates
Fruits de saison très mûrs et sucrés
Petit biscuit sec

MARDI

Petit déjeuner
Bouillie de lait (Floraline)

10 heures
Jus de pamplemousse et raisin

Déjeuner
Purée de pommes de terre persillée
Noisette de mouton haché
Fromage blanc, battu avec un peu de lait et sucré

Goûter
Tasse de lait au miel, avec boudoir écrasé

Dîner
Potage de froment grillé
Compote de pommes neige

MERCREDI

Petit déjeuner
Bouillie au lait (Maïzena) vanillée

10 heures
Jus d'ananas

Déjeuner
Tomates à la provençale avec purée de pommes de terre
Filet de merlan poché avec beurre et jus de citron
Yaourt à la gelée de groseille

Goûter
Tasse de lait parfumé à la vanille
Petit biscuit sec

Dîner
Potage au lait et aux petites pâtes
Compote de poires

JEUDI

Petit déjeuner
Bouillie au lait

10 heures
Jus de mandarine

Déjeuner
Purée de pommes de terre et salade cuite
Foie de veau grillé, citronné et haché
En été, compote de pêches
En hiver, une banane écrasée et sucrée

Goûter
Tasse de lait sucré au miel

Dîner
Soupe de légumes enrichie
Fromage blanc battu au lait et sucré
Petite gaufrette

VENDREDI

Petit déjeuner
Bouillie au lait

10 heures
Jus d'orange et citron

Déjeuner
Purée de pommes de terre et endives
Filet de sole poché avec beurre et jus de citron
Yaourt à la compote de pommes

Goûter
Tasse de lait sucré au sirop de fruit

Dîner
Bouillon de volaille à la semoule
Compote de fruits de saison
Petite gaufrette

SAMEDI

Petit déjeuner
Bouillie au lait

10 heures
Jus d'ananas

Déjeuner
Un jaune d'œuf dur
Chou-fleur à la tomate avec une cuillerée à café de gruyère râpé
Fruits de saison très mûrs

Goûter
Tasse de lait sucré au miel

Dîner
Crème de haricots verts
Semoule et tapioca au lait

DIMANCHE

Petit déjeuner
Bouillie au lait parfumée à la fleur d'oranger

10 heures
Jus de persil et pomme

Déjeuner
Bœuf haché
Purée d'épinards au gruyère
Salade sucrée

Goûter
Tasse de lait sucré au sirop de fruit

Dîner
Potage express à la semoule
Purée de bananes et de pommes

DE 10 A 12 MOIS

LUNDI

Petit déjeuner
Bouillie au lait

10 heures
Jus d'orange

Déjeuner
Purée de pommes de terre et d'épinards
Bœuf haché
Banane en robe des champs

Goûter
Tasse de lait sucré au miel
Biscuit sec

Dîner
Potage de cresson velours vert
Petit-suisse à la confiture

MARDI

Petit déjeuner
Bouillie lactée aromatisée à la vanille

10 heures
Jus d'ananas et raisin

Déjeuner
Petites pâtes au gruyère
Un demi-filet de limande bouillie
Mandarine ou fruit de saison

Goûter
Tasse de lait aromatisé au cacao

Dîner

Bouillie-potage au tapioca et à la tomate
Yaourt
Fruit frais

MERCREDI

Petit déjeuner

Bouillie lactée

10 heures

Jus de pamplemousse et orange

Déjeuner

Purée de carottes mimosa (mettre un jaune d'œuf entier)
Compote de pommes

Goûter

Tasse de lait aromatisé à la vanille

Dîner

Soupe de légumes enrichie
Petit-suisse à la gelée de groseille

JEUDI

Petit déjeuner

Bouillie lactée à la pomme

10 heures

Jus de tomate et citron

Déjeuner

Purée mixte : pommes de terre et choux-fleurs
Boulette de veau haché
Compote de fruits de saison

Goûter

Yaourt
Gâteaux secs

Dîner

Potage au lait et petites pâtes
Crème renversée

VENDREDI

Petit déjeuner
Bouillie lactée sucrée au miel

10 heures
Jus de pomme et orange

Déjeuner
Purée verte (cresson et laitue)
Purée de colin gratinée au gruyère
Salade d'orange avec gelée de groseille

Goûter
Lait parfumé au cacao

Dîner
Soupe de légumes variés
Tapioca au lait avec ananas

SAMEDI

Petit déjeuner
Bouillie lactée à la pomme

10 heures
Jus de carottes et citron

Déjeuner
Purée de pommes de terre et céleri
Mouton grillé
Gruyère

Goûter
Yaourt à la vanille

Dîner
Potage express au tapioca
Compote de poires meringuée

DIMANCHE

Petit déjeuner
Bouillie lactée au caramel

10 heures
Jus de pamplemousse et ananas

Déjeuner
Poulet rôti
Haricots verts au lait concentré
Œuf au lait

Goûter
Yaourt

Dîner
Bouillie aux cinq céréales et à la carotte
Compote de fruits de saison
Biscuit sec

DE 12 A 18 MOIS

LUNDI

Petit déjeuner
Bouillie cacaotée

10 heures
Jus d'orange ou de citron sucré au miel

Déjeuner
Cervelle pochée
Purée de fonds d'artichaut
Port-Salut
Mandarine

Goûter
Tasse de lait aromatisé au caramel
Biscuit sec

Dîner
Potage « Quaker Oats » rose
Œufs au lait
Compote de fruits

MARDI

Petit déjeuner
Bouillie aux flocons d'avoine

10 heures
Jus de pamplemousse

Déjeuner
Bœuf grillé
Chou-fleur à la tomate
Yaourt à la banane

Goûter
Tasse de lait aromatisé à la vanille
Biscuit sec

Dîner
Potage « velours légumes » au tapioca
Fromage
Compote de pommes meringuée

MERCREDI

Petit déjeuner
Bouillie au lait

10 heures
Jus de carottes et citron

Déjeuner
Œuf poché et jardinière de légumes
Pomme à la confiture
Yaourt

Goûter
Tasse de lait au miel
Pain beurré

Dîner
Potage « velours corail à la tomate »
Semoule au lait

JEUDI

Petit déjeuner
Bouillie au lait

10 heures
Jus d'orange et pamplemousse

Déjeuner
Veau rôti
Purée de céleri rose
Pomme râpée sucrée au miel

Goûter
Tasse de lait aromatisé à la vanille
Biscuit sec

Dîner
Potage « Quaker Oats » au miel doré
Petit-suisse à la gelée de myrtille
Poire pochée

VENDREDI

Petit déjeuner
Bouillie au lait

10 heures
Jus d'ananas

Déjeuner
Purée de cabillaud
Haricots verts au lait concentré
Banane en robe des champs

Goûter
Yaourt à la gelée de pomme
Biscuit sec

Dîner
Soupe de légumes
Fromage blanc + une cuillerée à café de lait concentré
Gâteau de semoule avec miel

SAMEDI

Petit déjeuner
Bouillie au lait

10 heures
Jus d'orange et citron

Déjeuner
Tomates et carottes persillées
Coquilles de veau
Fromage (roquefort ou camembert)

Goûter
Tasse de lait aromatisé à la confiture
Pain d'épice

Dîner
Bouillon de jarret de veau aux petites pâtes
Yaourt avec de la compote de pruneaux ou d'abricots

DIMANCHE

Petit déjeuner
Flocons d'avoine au lait

10 heures
Jus d'ananas

Déjeuner
Rosbif *ou* gigot, *ou* poulet
Pommes de terre sautées *ou* légumes verts
Pâtisserie maison (tarte)

Goûter
Verre de lait
Biscuit

Dîner
Potage de légumes en dés
Nouilles au jus, gruyère
Pomme *ou* mandarine

DE 18 MOIS A 3 ANS

LUNDI

Petit déjeuner
Bouillie au lait
Tartine de pain beurré avec miel

10 heures
Jus de carotte ou de tomate

Déjeuner
1 cuillerée à soupe de betterave avec des fines herbes
Bifteck grillé
Pommes de terre en purée
Mandarine

Goûter
Tasse de lait chaud aromatisé au chocolat
Biscuit

Dîner
Potage « velours corail »
Yaourt sucré
Pomme au four

MARDI

Petit déjeuner
Lait aromatisé au chocolat
Tartine beurrée au miel

10 heures
Jus d'orange et ananas

Déjeuner
Céleri rémoulade blanchi
Œuf poché sur épinards au parmesan
Banane en robe des champs

Goûter
Petit-suisse à la pomme
Petite tartine

Dîner
Potage aux légumes enrichi
Pudding semoule et tapioca avec compote de cerises

MERCREDI

Petit déjeuner
Lait aromatisé au café
Biscotte beurrée avec confiture

10 heures
Jus de pamplemousse et orange sucré au miel

Déjeuner
Carottes râpées persillées et citronnées
Petits cubes de foie au riz
Salade

Goûter
Bischer Muesli à la pomme

Dîner
Potage « Quaker Oats » rose
Fromage (hollande ou gruyère)
Pêche

JEUDI

Petit déjeuner
Bouillie au lait

10 heures
Jus d'orange

Déjeuner
Salade d'endives persillées citronnées
Rôti de veau
Purée de poireaux et pommes de terre
Pomme *ou* Poire

Goûter
Lait aromatisé à la banane
Petites tartines *ou* biscuits

Dîner
Potage aux lentilles dorées
Roquefort *ou* camembert
Pomme au sirop

VENDREDI

Petit déjeuner
Petit déjeuner à base de chocolat, de malt
Tartine beurrée avec miel

10 heures
Jus d'ananas

Déjeuner
Pamplemousse
Croquettes de merlan à la tunisienne
Salade de pâtes à la tomate
Petit-suisse au jus de fruit *ou* fromage blanc

Goûter
Bischer Muesli aux fruits frais

Dîner
Velours de légumes à la semoule
Petit pot de crème avec un biscuit

SAMEDI

Petit déjeuner
Bouillie au lait

10 heures
Jus de pomme et raisin

Déjeuner
Betterave persillée
Tranche de jambon sur purée d'épinards au gruyère
Salade de fruits de saison

Goûter
Tasse de lait aromatisé au cacao
Petite tartine de pain beurré

Dîner
Bouillon de poule au vermicelle
Gruyère
Petit gâteau sec avec de la confiture

DIMANCHE

Petit déjeuner
Bouillie au lait

10 heures
Jus de pamplemousse et mandarine

Déjeuner

Tomate persillée
Mouton *ou* poulet (rôti)
Haricots verts *ou* purée
Crème anglaise *ou* fruit

Goûter

Tasse de lait
Biscuit sec

Dîner

Potage express au tapioca
Fromage (cantal ou emmenthal)
Fruit de saison

CHAPITRE II

De 3 à 6 ans

EN HIVER

LUNDI

Petit déjeuner
Bol de lait aromatisé avec café, thé ou chocolat
Verre de jus d'orange et citron
Tartine de pain beurré avec miel

Déjeuner
Betteraves en dés et céleris blanchis
Œuf à l'italienne
Petit-suisse
Confiture
Mandarine

Goûter
Verre de jus d'orange
Corn-flakes au lait

Dîner
Bouillon de poule au tapioca
Choux-fleurs à la tomate
Compote de pommes meringuée

MARDI

Petit déjeuner
Jus de mandarine
Flocons d'avoine au lait

Déjeuner

Sardine au citron et tomate
Endives au jambon
Petit-suisse avec une demi-banane en rondelles

Goûter

Lait aromatisé au caramel
Pain d'épice avec beurre

Dîner

Potage au fromage
Purée de pommes de terre à la savoyarde
Macédoine de fruits d'hiver

MERCREDI

Petit déjeuner

Jus de tomate et citron
Porridge au lait
Tartine de pain beurré avec miel

Déjeuner

Salade d'endives et de carottes râpées
Foie de veau et épinards
Compote de bananes

Goûter

Yaourt et biscuits

Dîner

Soupe de carottes et pommes de terre
Nouilles aux restes de viande
Fruit de saison

JEUDI

Petit déjeuner

Préparation du type Bischer Muesli à la banane
Jus d'ananas

Déjeuner

Salade de cresson et de betterave
Escalope de veau
Lentilles au citron
Pomme *ou* poire

Goûter

Jus d'orange

Pain au lait et barre de chocolat

Dîner

Soupe de légumes et tapioca + 1 cuillerée à dessert de lait concentré

Poireaux en salade

Port-Salut

Riz au lait avec miel ou confiture

VENDREDI

Petit déjeuner

Jus de pomme ou de raisin

Déjeuner

Filet de dorade à la grenobloise

Pommes de terre au four

Salade verte citronnette + radis en rondelles

Camembert *ou* roquefort

Goûter

Yaourt

Biscuits

Dîner

Potage vert au lait

Carottes persillées

Pudding semoule et tapioca à la compote ou à la confiture

SAMEDI

Petit déjeuner

Jus de carotte et citron

Tasse de lait au malt cacaoté

Pain beurré avec miel

Déjeuner

Salade verte, tomate

Bifteck au fromage

Purée de céleri

Compote de poires

Goûter
Pain d'épice, lait

Dîner
Soupe de légumes frais
Macaroni gratiné avec des dés de jambon
Œuf au lait

DIMANCHE

Petit déjeuner
Jus de pomme
Lait au cacao
Tartine beurrée au miel

Déjeuner
Pamplemousse
Blanc de poulet
Pommes de terre frites
Salade verte
Tarte aux fruits faite à la maison, *ou* pâtisserie

Goûter
Tasse de lait *ou* yaourt
Pain d'épice

Dîner
Potage express au tapioca
Épinards *ou* salade cuite
Gruyère *ou* cantal
Fruit

EN ÉTÉ

LUNDI

Petit déjeuner
Jus de pamplemousse
Tasse de lait malté chocolaté avec biscotte beurrée + miel

Déjeuner
Radis-beurre
Tranche de jambon
Petits pois
Petit-suisse avec pêche

Goûter
Milk-shake à la vanille
Biscuits

Dîner
Potage de froment grillé au gruyère
Haricots verts avec lait concentré
Flan aux cerises

MARDI

Petit déjeuner
Jus de raisin et citron
Flocons d'avoine

Déjeuner
Bifteck grillé
Petits pois aux fines herbes
Laitue à la citronnette verte
Yaourt aux fruits de saison

Goûter
Milk-shake à la vanille ou au chocolat

Dîner
Potage de légumes enrichi
Nouilles gratinées au gruyère, avec 10 grammes de jambon
Compote de pêches fraîches

MERCREDI

Petit déjeuner
Jus d'ananas
Tasse de lait aromatisé au café
Tartine beurrée à la confiture

Déjeuner
Laitue et tomates à la citronnette verte
Darne de colin
Pommes de terre au beurre, persillées
Compote de fruits rouges

Goûter
Yaourt
Biscuits

Dîner

Potage aux légumes enrichis

Nouilles aurore au jambon

Fruits de saison au choix : prunes, mirabelles, reines-claudes

JEUDI

Petit déjeuner

Jus de pomme et pêche

Flocons d'avoine au lait

Déjeuner

Salade de laitue

Veau *ou* bœuf grillé ou rôti

Carottes Vichy

Fruits de saison au choix

Fromage

Goûter

Milk-shake aux fruits rouges (cassis, framboise, groseilles rouges)

Biscuits

Dîner

Potage express au tapioca

Haricots verts au lait concentré

Gâteau de riz

VENDREDI

Petit déjeuner

Jus de carotte

Lait malté

Pain beurré avec confiture

Déjeuner

Crudités variées

Merlan vert pré

Pommes de terre au four

Yaourt avec fruits frais (pêches, abricots) *ou* petit-suisse

Goûter

Milk-shake aux fruits

Dîner

Bouillon de légumes tapioca
Pain de chou-fleur
Fromage
Compote de fruits de saison

SAMEDI

Petit déjeuner

Jus de tomate et citron
Lait aromatisé au café
Pain beurré et miel

Déjeuner

Carottes râpées à la citronnette verte
Œuf milanaise à la purée de tomates
Fromage
Fruit de saison au choix

Goûter

Milk-shake à la vanille
Tranche de pain d'épice

Dîner

Potage de légumes frais
Purée d'artichauts et de pommes de terre
Mousse à la framboise

DIMANCHE

Petit déjeuner

Jus de raisin et pêche
Lait aromatisé à la vanille
Pain d'épice

Déjeuner

Crudités variées : carottes, radis
Rosbif *ou* poulet *ou* gigot
Pommes de terre chips au four
Crème anglaise aux pêches

Goûter

Muesli aux fruits de saison
Biscuits

Dîner

Bouillon de légumes enrichi
Aubergines farcies
Yaourt ou fromage
Fruit

Quatrième partie

CONSEILS PRATIQUES

La maman du bébé gastronome peut se trouver placée en face de nombreux problèmes. Bébé voyage. Il est en vacances, au restaurant, une vague de chaleur survient, un autre enfant avec des habitudes différentes est confié à la maman. Il a une poussée de fièvre.

Que faire, comment se comporter dans ces circonstances particulières de la vie quotidienne ? Quelle attitude adopter pour sauvegarder à la fois l'intérêt primordial de l'enfant (ou des enfants) et rester fidèle à la ligne « gastronomique » que nous nous sommes fixée ?

C'est à ces questions que tentent de répondre les chapitres qui vont suivre. Évidemment, toutes les situations qui peuvent se produire n'y sont pas évoquées. Mais chacun pourra, en différentes circonstances difficiles ou délicates, y puiser des enseignements, sinon y trouver des solutions.

CHAPITRE PREMIER

L'allaitement

COMMENT DONNER LE SEIN?

Avant tout, choisissez la position qui vous semblera la plus confortable. Vous pouvez vous étendre sur le côté, bébé installé sur un coussin tout près de vous, ou bien vous asseoir dans un fauteuil avec accoudoirs, l'enfant dans vos bras.

Ne prenez pas la mauvaise habitude de tenir la tête de l'enfant : il déteste ça! Quand il blottit son petit visage contre le sein, appuyez avec deux doigts autour du mamelon, afin de dégager les narines de bébé et laisser un passage d'air libre.

Exercez avec un doigt une légère pression sur la joue de bébé : par un réflexe bien connu, il tournera automatiquement sa bouche dans la direction d'où est venue la pression. Cela le guidera efficacement.

Si bébé semble paresseux et tète assez difficilement, pressez légèrement sur le sein pour accélérer le débit de lait. Il est assez fréquent, surtout au début, qu'un sein soit moins productif que l'autre : si c'est le cas, donnez d'abord le moins bon et, si l'enfant n'est pas rassasié, terminez par l'autre sein. Inutile de laisser bébé tirer sur un sein vide. Pendant l'allaitement, parlez doucement à bébé. Là encore, sachez humaniser les rapports...

COMMENT DONNER LE BIBERON?

Règle d'hygiène élémentaire : la personne qui donne le biberon doit soigneusement se laver les mains.

Elle doit s'asseoir confortablement, prendre l'enfant dans ses bras, l'asseoir sur les genoux, la tête plus élevée que les pieds et le caler contre un de ses bras.

Le biberon doit être donné incliné, la tétine toujours remplie de lait afin que l'air ne pénètre pas.

Il y a intérêt à interrompre de temps à autre la tétée afin que l'enfant ne boive pas trop vite.

Le biberon terminé, tenez l'enfant quelques minutes sur le bras en position verticale en évitant de le remuer, jusqu'au rot libérateur.

Un conseil : si bébé a tendance à régurgiter un peu de lait après la tétée, évitez de le changer quand il a bu, changez-le avant la tétée.

CHAPITRE II

L'apprentissage manuel

QUAND ET COMMENT APPRENDRE A BÉBÉ A SE SERVIR DE LA CUILLER ?

A 1 mois, bébé commence à faire l'apprentissage de la cuiller, pour ses jus de fruits. Le liquide coule sans effort et en petite quantité dans la gorge de bébé, mais c'est à 4 mois que les difficultés risquent de surgir, quand il faut manger à la cuiller les premières bouillies.

De consistance nouvelle, elles étonnent et, il faut bien le dire, déplaisent souvent au bébé. Plus épaisses que le lait et le jus de fruit, elles ne tombent pas dans la gorge du bébé qui, ne sachant pas se servir de sa langue pour avaler les aliments, les recrache.

Un bon conseil : s'armer de patience, et recommencer l'opération.

Si vraiment l'enfant marque un dégoût très prononcé pour cette « expérience », vous lui faciliterez la tâche en rendant sa bouillie plus fluide. La consistance de sa bouillie ressemblant ainsi plus à celle du lait, il l'acceptera plus volontiers.

Au début, ne mettez que très peu de bouillie dans la cuiller et laissez à l'enfant le temps de respirer entre chaque cuillerée.

A 8 mois, l'enfant acceptera très bien l'alimentation présentée à la cuiller, mais c'est à 1 an qu'il fera la première vraie tentative pour s'emparer de celle-ci. Laissez-le faire, même s'il est maladroit. Il est important que l'enfant considère sa cuiller comme un objet amical et même comme un jouet.

A 2 ans, bébé s'installera seul à table et mangera sans aide. Mais n'oubliez pas qu'il est encore petit et que sa cuiller doit être à sa taille.

Vers 2 ans et demi, on pourra confier sans crainte une petite fourchette à l'enfant. Nous ne donnons pas d'âge pour le dangereux couteau, c'est selon l'adresse de l'enfant.

COMMENT ET QUAND APPRENDRE A BÉBÉ A BOIRE A LA TASSE ?

Dès l'âge de 5 mois, l'enfant peut être habitué progressivement à boire à la tasse.

On lui servira de cette façon une petite partie du lait du biberon ; peu à peu, on augmentera la ration du lait. Et au bout de quelque temps, bébé boira la valeur d'un biberon entier, de cette façon, vers 6-7 mois. L'enfant aime saisir les objets qui l'entourent. C'est le meilleur moment pour l'habituer à tenir sa tasse seul. Choisissez une tasse (de préférence incassable) de petite taille pour qu'il puisse l'avoir bien en main, et de couleur gaie. Mais c'est seulement vers 1 an que bébé sera capable de boire seul.

CHAPITRE III

L'appétit... et les habitudes

QUE DONNER A UN ENFANT S'IL A FAIM ENTRE LES REPAS ?

Contrairement à une idée répandue, il n'est pas nuisible de donner quelque chose à manger à l'enfant entre les principaux repas s'il le réclame de façon insistante : son appétit normal n'en sera pas perturbé à condition que l'aliment intermédiaire soit astucieusement choisi.

A la maison, on lui donnera un jus de fruit, une petite pomme, une mandarine, à l'extérieur, des biscuits [1] ou une tartine – la fameuse tartine des grand-mères. On peut aussi faire face à ces crises soudaines d'appétit avec un petit morceau de fromage (crème de gruyère par exemple).

La règle est d'éviter que ces collations deviennent des habitudes. L'enfant doit manger aux heures régulières des quatre repas (petit déjeuner, déjeuner, goûter, dîner). S'il refuse ce qu'on lui donne à ces occasions et s'il a faim à d'autres moments de la journée, cela signifie que les repas ne sont pas ce qu'ils devraient être, sont mal composés soit du point de vue diététique, soit du point de vue gastronomique !

1. Citons les biscuits pour bébé, tels les Babiscuits Guigoz, spécialement conçus pour bébé.

QUE DONNER A DÉJEUNER A L'ENFANT LES JOURS DE GRANDE CHALEUR ?

L'enfant est accablé par la chaleur, son appétit sera sûrement moindre que d'habitude. C'est bien normal. Préparez-lui des plats frais et légers : crudités, salades, fruits frais, sorbets, glaces, etc.

Et surtout, faites-le boire à sa soif. Au besoin, si, trop petit, il ne réclame pas de boisson, proposez-lui-en plusieurs fois par jour. Donnez des boissons fraîches : jus de fruits, lait froid aromatisé aux fruits, etc.

En règle générale, sachez qu'un enfant qui réclame à boire a soif et doit boire.

DÉJEUNER POUR VAGUE DE CHALEUR

A partir de 13 mois

Eau à volonté
Tranche de veau froid hachée
Carottes crues râpées avec citronnette verte
Salade verte coupée en fines lanières
Compote de pêches fraîches

A partir de 18 mois

Eau à volonté
Salade composée avec du colin
Yaourt avec fraises, framboises ou cassis
Petit biscuit sec

Eau à volonté
Jambon blanc coupé en julienne
Tomate creusée à l'américaine (voir recette)
Coupe pamplemousse aux groseilles

A partir de 2 ans

Eau à volonté
Pomme fourrée aux crudités
Blanc de poulet froid
Pêche melba

A partir de 2 ans et demi

Eau à volonté
Salade de raie
Salade blanche (céleri-carottes)
Fruits crus au choix

A partir de 3 ans

Eau à volonté
Salade de riz à la tomate avec citronnette et herbes hachées
Tranche de viande froide
Mousse de fraise ou framboise *ou* yaourt aux fraises ou aux framboises

A partir de 4 ans

Eau à volonté
Salade de thon (avec tomates et salade)
Yaourt au jus de fruit ou aux fruits
Biscuit sec

COMMENT SE COMPORTER PENDANT LA PERTE D'APPÉTIT NORMALE DU 12e MOIS?

D'abord ne pas s'étonner, ni s'effrayer. Cette baisse d'appétit est normale. Bébé cesse de grossir et de grandir au rythme précipité de la prime enfance. Il perd l'élan puissant vers la nourriture qui était la marque des premières semaines. Il ne pleure plus pour son biberon. Il supporte mieux les retards éventuels dans l'horaire de ses repas.

Une autre explication : bébé, vers 12 ou 13 mois, perce ses molaires (cela peut se produire plus tard sans qu'il y ait lieu de s'inquiéter). Cette percée est très douloureuse. Bébé est nerveux, souffre, s'indigne. Il pense moins à se nourrir.

En général, ne forcez pas un enfant qui souffre. Servez-lui des aliments qui n'exigent pas de mastication et qui sont de digestion facile (il a parfois alors des petits troubles digestifs). Les purées de légumes et de fruits, la viande et le poisson passés à la moulinette, le yaourt n'irriteront pas ses gencives. La nuit, s'il pleure, une tasse de lait peut l'aider à se rendormir.

Il existe aussi, pour expliquer cette baisse d'appétit du début de la seconde année, un facteur psychologique. Bébé est en train d'acquérir sa véritable personnalité. Il prend conscience du monde extérieur, réagit aux visages et aux décors, commence à savoir ce qu'il veut. Il opère une première sélection dans les aliments qu'on lui offre.

Il est très important de tenir compte de ses goûts naissants et de s'adapter – dans la mesure du raisonnable – à son choix personnel. Surtout pas d'épreuve de force avec l'enfant, car les conséquences peuvent être graves.

Considérez que le dégoût de bébé pour un aliment peut être passager et qu'un peu de patience peut venir à bout des refus les plus énergiques. Souvent un changement dans la présentation des mets suffit à faire changer bébé d'avis. Bébé, entre 1 ou 2 ans, est souvent têtu mais on peut, avec un peu d'imagination et de savoir-faire, avoir facilement raison de cet entêtement.

VOUS DEVEZ PRENDRE SOIN D'ENFANTS AYANT DES HABITUDES ALIMENTAIRES DIFFÉRENTES DES VÔTRES, QUE FAIRE ?

C'est peut-être le fils ou la fille de proches parents, un petit cousin, par exemple, que l'on vous confie avec attendrissement, ou bien le rejeton d'amis subitement appelés en province.

L'arrivée de cet invité pose un certain nombre de problèmes, surtout s'il est très jeune ; un petit enfant est relié au monde extérieur, indéchiffrable et donc hostile, par toute une série d'habitudes impératives. Il peut être dangereux pour lui et pénible pour les autres de bouleverser cette « programmation ».

Première mesure : si l'enfant est en âge de parler, questionnez-le (sinon, faites une enquête auprès des parents et ne vous fiez pas trop à votre mémoire : prenez des notes).

L'enfant est-il victime d'intolérances alimentaires ? A-t-il manifesté des allergies ? Ou des dégoûts puissants ?

Relevez ses horaires habituels de repas. Vous constaterez en passant que, d'une famille à une autre, les choses sont parfois très différentes. L'enfant qu'on vous confie est peut-être habitué à un petit déjeuner important, alors que vos enfants mangent légèrement au réveil. Ou alors, il goûte peu, alors que chez vous, le goûter a l'aspect d'un véritable petit repas.

Il n'est pas question de changer vos propres habitudes, et celles de vos enfants; il suffit parfois d'augmenter sa ration à l'un des repas, et de la diminuer à un autre. Faute de ce petit effort d'adaptation, votre invité peut se sentir mal à son aise, sa timidité s'en trouvera accrue, et il peut garder un mauvais souvenir de son séjour auprès de vous.

N'oubliez pas que cette même timidité l'empêchera de réclamer ce qui lui manque : c'est donc de votre devoir d'aller au-devant de ses désirs et de ses besoins. Rapidement, si vous montrez assez de souplesse et de gentillesse, il s'adaptera, sans s'en rendre compte, au rythme alimentaire de votre maison.

Pendant les repas, la meilleure façon de le mettre à l'aise est de ne pas trop vous occuper de lui. On étourdit facilement les petits par trop de sollicitude. Il faut faire confiance à leur sens de l'imitation. Traitez-le exactement comme l'un de vos propres enfants.

S'il vient d'une famille moins « gastronome » que la vôtre, la variété, la recherche dans les menus peuvent l'étonner, de même que certains goûts, certaines saveurs, voire certaines couleurs inconnues. Ne le brusquez pas. Demandez-lui de goûter en ajoutant toujours : « Si tu n'aimes pas cela, tu n'en mangeras pas! » Vous serez, presque toujours, surpris par le résultat. Les enfants les plus difficiles, les plus exigeants, les plus « rechigneurs » sont en général des enfants dont le goût a été mal éduqué, ou dont la formation précoce a été négligée. Nous avons rencontré, un jour, un petit garçon de 3 ans qui n'avait jamais mangé que des carottes et des macaronis, ses parents, bien que exigeants pour eux-mêmes, estimant qu'il n'y avait pas lieu de varier les menus de leur fils avant qu'il ne « comprît » ce qu'était la cuisine! C'est bien eux, en l'occurrence, qui ne comprenaient rien à la question.

Vous prendrez un grand plaisir à voir s'éveiller sous vos yeux le goût d'un petit ami, ou d'un petit cousin. Dans ce domaine, il n'y a pas d'échec. Vous constaterez que l'intelligence suit le goût, et vous aurez le sentiment d'avoir accompli un devoir. Peut-être même, un jour, en recueillerez-vous les fruits, sous forme d'une vraie reconnaissance! L'écrivain Marcel Proust, qui fut un grand gourmet, n'a-t-il pas rendu hommage à Françoise, la gouvernante de ses premières années, qui avait su, par le choix adroit des menus et le soin apporté à leur préparation, mettre en alerte son goût d'enfant et sa sensibilité, une sensibilité qui devait par la suite se diversifier et atteindre les hautes cimes du talent?

CHAPITRE IV

L'enfant malade

COMMENT ALIMENTER UN ENFANT ATTEINT DE MALADIE INFECTIEUSE ?

Avec la fièvre, l'appétit tombe.

Première règle : ne forcez pas un enfant fiévreux ou malade à manger, s'il n'en a pas envie. En revanche, ne lui refusez pas de nourriture s'il en réclame, sauf diète conseillée médicalement.

Deuxième régle : donnez-lui beaucoup à boire. Il doit boire environ toutes les deux heures de l'eau minérale, des jus de fruits frais (orange, pamplemousse, raisin, citron) qui lui apporteront les vitamines C indispensables. Des jus de légumes (carottes par exemple), des bouillons de légumes, véhicules de sels minéraux, des tisanes tisane des quatre-fleurs, excellente pour les maux de gorge, verveine).

Du thé léger, stimulant, pour les enfants à partir de 6 ans.

Du lait, si l'enfant n'est pas atteint de diarrhée (si c'est le cas, il est à proscrire) ou du lait demi-écrémé, plus facile à digérer.

Le lait sucré au miel est à recommander en cas de rhume ou de grippe.

Une autre règle impérative : ne laissez pas l'enfant à la diète d'aliments solides plus d'un jour ou deux sans consulter le médecin.

Quand la fièvre tombe, comment procéder ?

C'est une période de réalimentation progressive. L'enfant affaibli doit rapidement reprendre des forces. Ce n'est pas une raison pour le suralimenter contre son gré.

Proposez-lui des plats « fortifiants » mais appétissants et faciles à digérer : blanc de poulet, poisson poché, fromage, yaourt, beaucoup d'entremets, des crèmes, des œufs au lait, des gâteaux de semoule, de riz et, bien sûr, des fruits frais. Les aliments lyophilisés sont très pratiques en raison de leur haute valeur protidique sous un très petit volume.

CHAPITRE V

La diététique en pratique

QUEL PETIT DÉJEUNER DONNER A L'ENFANT D'AGE SCOLAIRE QUI RESTE A LA CANTINE A MIDI?

Il doit être d'autant plus copieux que le déjeuner est rapide, et plus ou moins bien équilibré.

Soignez le petit déjeuner. Mettez la table et, si vous en avez le temps et les moyens, soignez un peu le service. Qu'il soit, au début de la journée de l'enfant, une véritable réunion familiale.

Du point de vue diététique, le petit déjeuner doit impérativement comprendre trois sortes d'aliments : ceux qui contiennent des vitamines, ceux qui apportent du calcium, et enfin des aliments dits énergétiques.

Passons-les en revue :

L'apport des vitamines

Servez à l'enfant, pour commencer, un jus de fruit frais ou des agrumes (pamplemousse, orange).

Voici une recette particulièrement appréciée en hiver :

— coupez en deux le pamplemousse; enlevez la pulpe, saupoudrez de sucre blanc ou mieux, de sucre brun; mettez au four quelques minutes;

ou :

— des fruits de saison bien mûrs mangés nature;

ou :

— mélangez en salade des fruits sucrés.

Évitez de donner de la banane le matin.

L'apport en calcium

C'est le lait qui en est le principal responsable.

L'enfant boira un bel de lait aromatisé de café, chocolat, thé, vanille, etc., un milk-shake l'été (voir recette).

Mais pour varier le menu du petit déjeuner, on peut mélanger la ration de lait à d'autres aliments :

— flocons d'avoine;
— semoule;
— riz;
— préparation du type Bischer Muesli;
— porridge (voir recette)

ou remplacer le bol de lait par d'autres produits laitiers :

— yaourt sucré au miel ou parfumé aux fruits;
— petit-suisse battu dans un lait parfumé (voir recette);
— fromage : 30 grammes environ.

Les aliments énergétiques (féculents), plus le beurre cru (vitamine D)

En vedette : le pain, tartine beurrée avec du miel ou de la confiture.

N'oubliez pas qu'il y a de nombreuses façons de varier la présentation du pain et de le rendre appétissant : toast, pain grillé, pain perdu (voir recette), biscottes, biscuit (spécialement réservé au petit déjeuner, vendu dans le commerce).

Mais pour varier le menu, on peut remplacer le pain par bien d'autres aliments : riz, semoule, tapioca (préparation du type Bischer Muesli, bouillie (voir recettes).

Si, un matin, l'enfant n'a pas d'appétit, et c'est son droit, diminuez la ration d'aliments énergétiques, mais préservez le précieux apport en vitamines des fruits et l'apport en calcium du lait.

QUELQUES CONSEILS A METTRE EN PRATIQUE POUR ÉVITER DE DANGEREUSES ERREURS ALIMENTAIRES

Lait

Ne jamais donner de lait cru au nourrisson et à l'enfant sans le faire bouillir longuement, même si le lait est pasteurisé.

Qu'il s'agisse de lait sec ou de lait concentré, ne pas se servir d'une boîte entamée depuis plus de quelques jours : vous éviterez ainsi les troubles intestinaux, les diarrhées.

Ne pas prolonger le régime lacté exclusif au-delà de 3 mois sans avis médical très strict.

Ne pas diminuer la ration lactée des enfants âgés de plus de 1 an au-dessous de 400 grammes sans avis médical.

VIANDE

Ne jamais donner de viande crue aux enfants : bœuf, mouton, porc ou jambon cru.

La viande doit toujours être bien cuite, vous éviterez le ver solitaire (bœuf et porc), les toxoplasmoses (mouton).

Ne pas donner de viande hachée depuis plusieurs heures. La viande doit être consommée sitôt hachée à la maison, vous éviterez de graves toxi-infections.

LÉGUMES

Ne pas donner de crudités sans les avoir bien lavées, grattées ou épluchées (5 % des denrées alimentaires contiennent une dose de pesticide supérieure au seuil de tolérance).

FRUITS

Ne jamais donner de fruits aux jeunes enfants sans les peler, vous éviterez allergies et intoxications (produits chimiques utilisés pour leur culture ou leur conservation). Se méfier des produits soi-disant naturels et non traités. La bonne foi n'est pas toujours de rigueur.

PATISSERIES ET SUCRERIES

Ne jamais donner de crème fraîche ou de gâteaux à la crème sans être sûr de leur fraîcheur. Vous éviterez des intoxications alimentaires graves.

Ne jamais donner de bonbons entre les repas, ni au lit avant que l'enfant ne s'endorme. Pour éviter les caries dentaires, n'oubliez pas le brossage transversal des dents après chaque repas.

BOISSONS

Ne jamais donner, même en très faible quantité, de boissons alcoolisées (vin, bière, cidre, alcool) aux jeunes enfants. Ces boissons, à hautes doses, peuvent les tuer, les rendre alcooliques. En tout cas, elles provoquent des troubles hépatiques, rendent l'enfant nerveux, irritable, et entravent son développement physique et intellectuel, même à petite dose.

Éviter les boissons gazeuses pour les tout-petits et, bien entendu, le café, le thé fort...

QUE DONNER A BOIRE A UN ENFANT

Vos enfants boivent beaucoup, pensez-vous peut-être trop.

En fait, êtes-vous sûr de leur donner suffisamment à boire ?

– Proposez-vous à boire à votre tout-petit quand il crie ?

– Augmentez-vous les doses de liquide quand il fait chaud ou sec (température extérieure ou intérieure) ?

– N'avez-vous jamais refusé à boire à un enfant la nuit (sous prétexte de ne pas lui faire prendre de mauvaises habitudes) ?

– Ne dites-vous pas « cela suffit » après le deuxième verre de limonade quand vos écoliers rentrent en nage de l'école ou après tout exercice physique ?

– Et, en général, n'essayez-vous pas de l'empêcher de boire, parce que, pensez-vous, « cela lui coupe l'appétit » ?

– Quand l'enfant a de la fièvre, lui proposez-vous à boire, sans qu'il le réclame ?

Sachez que la quantité de liquide nécessaire à un enfant en bonne santé est celle qui lui permet de ne plus avoir soif. La ration quotidienne indispensable est de 150 grammes par kilo de poids.

Un enfant peut être privé de nourriture pendant 48 heures mais ne peut en aucun cas être privé d'eau.

Et c'est la soif qui nous avertit que les réserves d'eau doivent être renouvelées.

Car l'eau est indispensable au corps :

– chez le nourrisson 77 %,

– et les 2/3 du poids du corps chez l'enfant sont composés d'eau.

Elle est le véhicule des sels minéraux (sodium, magnésium, phosphates...) indispensables à son bon fonctionnement.

Elle maintient l'équilibre hydrique entre les réserves d'eau et ses éliminations principalement par les urines.

Le mécanisme de la soif est un véritable mécanisme d'horlogerie, parfait mais délicat. Dès qu'il y a perte d'eau, un mécanisme neuro-hormonal entre en jeu. Il se passe en partie dans le lobe postérieur de l'hypophyse qui sécrète une hormone antidiurétique et freine momentanément l'élimination d'urine.

Cette hormone agit sur les tubes rénaux et favorise la réabsorption d'une partie de l'eau par le corps.

Les pertes en eau

Les enfants comme les adultes ont des pertes d'eau importantes.

- la peau respire constamment et même transpire quand l'enfant a chaud;
- les poumons exhalent des vapeurs d'eau (cela se voit l'hiver);
- et bien sûr, il y a l'élimination par les urines.

Le nourrisson et la soif

Très tôt, bébé fait la différence entre la faim et la soif. Tentez cette petite expérience : proposez à un bébé qui a soif un biberon de lait : il le recrachera rapidement; en revanche, quand il a faim il refusera l'eau.

Bébé n'a que ses cris et ses pleurs pour s'exprimer, sachez reconnaître ceux qui expriment la soif et, dans le doute, proposez-lui un peu d'eau. S'il n'a pas soif, il ne la boira pas.

Si bébé pleure régulièrement entre ses repas, il y a de bonnes chances pour qu'il ait soif :

- son biberon est peut-être trop pauvre en eau. Demandez à votre médecin de vérifier les coupages;
- il a trop chaud et transpire. Supprimez-lui un vêtement, vérifiez la température ambiante;
- faites doublement attention si bébé a de la fièvre, des vomissements ou de la diarrhée.

Beaucoup de mères croyant bien faire quand bébé a de la fièvre et des vomissements le couvrent beaucoup, le mettent sous de nombreuses couvertures et ne lui donnent pas à boire!

En fait, elles risquent la déshydratation du nourrisson qui peut être mortelle. Signes caractéristiques : la fontanelle s'affaisse, la langue est sèche et râpeuse.

Que donner à boire à bébé entre ses repas?

• *De l'eau minérale,* bien sûr (Évian, Volvic, Charrier);

• *Des jus de fruits ou de légumes* (carotte ou raisin) vers la fin du premier mois; vers 3 mois, bébé appréciera le jus d'orange, de pamplemousse, de tomate.

Et si bébé n'est pas bien

• Il a une diarrhée aiguë : attention à la déshydratation. Le meilleur remède : la diète hydrique. On remplace les biberons de lait ou les bouillies par des biberons d'eau d'Évian légèrement sucrée en quantité équivalente.

Bébé n'acceptera sûrement que peu d'eau à la fois, il faut donc s'armer de patience et lui représenter souvent le biberon en attendant le médecin.

La diète hydrique ne peut dépasser une demi-journée pendant les premières semaines, mais peut durer quarante-huit heures après 6 mois.

• Il a des vomissements répétés. Bébé doit boire par très petite quantité à la fois de l'eau sucrée (cuillerée à café par cuillerée à café).

• Il a de la fièvre. Faites-le boire souvent. S'il est trop abattu pour réclamer, proposez-lui de vous-même eau sucrée, citronnade, bouillon de légumes.

Les plus grands et la soif

Savez-vous que l'activité musculaire quintuple la production de chaleur et augmente d'autant la soif?

Ce que vous devez leur donner à boire :

Les mêmes boissons qu'aux tout-petits :

• eau minérale plate;

• eau naturelle (à partir de 2 ans) si vous êtes sûr de sa pureté. Pour donner meilleur goût à l'eau, additionnez-la de sirop de fruits sans colorants;

• Jus de fruits :

— jus de raisin pour les plus maigres (76 calories contre 42 en moyenne).

— jus de pomme pour les enfants qui ont la diarrhée,

— jus de cassis, véritable mine de vitamine C (360 milligrammes au demi-verre contre 45 à l'ananas),

— jus d'ananas, très énergétique;

• du lait froid chocolaté si l'enfant n'absorbe pas sa ration quotidienne.

Et la limonade et les boissons gazeuses ?

Les enfants en raffolent, vous le savez. Elles ont été vivement critiquées, elles semblent désaltérer mieux que les boissons plates et elles ont une petite valeur calorique (45 calories au demi-verre) grâce à leur sucre (11 grammes par 100 grammes).

Prises en quantité modérée par un enfant de 5-6 ans, elles ne peuvent faire aucun mal.

Seule contre-indication : troubles digestifs et aérophagie.

Certains sodas sont plus gazéifiés que d'autres. C'est à vous de les goûter et de sélectionner les plus appropriés.

Un bon truc : si votre enfant réclame un quatrième verre de limonade, parce que, dit-il, il meurt encore de soif, donnez-lui donc un verre d'eau naturelle. S'il a vraiment soif, il le boira, sans cela il y a de fortes chances qu'il oublie sa soif.

Mais bien sûr, attention aux excès (ventre ballonné, troubles digestifs, diarrhée).

Certains enfants sont *potomanes* (comme d'autres sont boulimiques). Ce sont généralement des enfants frustrés, troublés dans leur relation affective.

Il faut déconditionner l'enfant et au besoin faire appel à un psychothérapeute.

La soif intense et anormale peut aussi être le signal d'alarme de troubles graves que seul un spécialiste peut déceler et soigner.

CHAPITRE VI

L'enfant en voyage

QUE FAIRE SI VOUS EMMENEZ BÉBÉ EN VOYAGE ?

C'est, pour lui, un événement considérable, un bouleversement en profondeur. La première règle est d'essayer de ne pas trop perturber ses habitudes : sommeil, horaires des repas, toilette.

En voiture, en avion ou dans un train, le bébé s'inquiète et s'ennuie. Le monde file autour de lui. Faites en sorte que ses repas lui rappellent l'existence de règles qui résistent au déplacement. S'il a moins d'appétit que d'habitude ce n'est pas grave. Sans vous affoler, diminuez la quantité et augmentez la fréquence des repas. Donnez à bébé les aliments qu'il préfère, ceux qu'il digère le mieux. Et, surtout, qu'il boive à sa soif!

N'oubliez pas son jouet favori!

L'ENFANT AU BIBERON

Ce qu'il faut emporter pour les biberons

1 ou plusieurs biberons incassables; des tétines stérilisées; un entonnoir; une mesurette graduée; un ouvre-boîte; de l'eau minérale (Évian – Volvic – Charrier); le lait sec habituel; un chauffe-biberon (facultatif); le nécessaire pour nettoyer les biberons.

PRÉPARATION DES BIBERONS

Au moment des repas, ajoutez le lait en poudre dans l'eau minérale.

On réchauffe le biberon dans un chauffe-biberon ou dans de l'eau chaude. L'été on peut donner les biberons froids.

Si les biberons ne peuvent être stérilisés, lavez-les avec beaucoup de soin, ainsi que les tétines après le repas. Très pratique en voyage, la stérilisation à froid : un seul comprimé dissout dans 2 litres d'eau froide permet la stérilisation des biberons et des tétines de toute une journée.

LES FARINES

Les farines les plus pratiques sont les instantanées qui se diluent dans le lait, le bouillon de légumes ou l'eau à 50°. Il est inutile de les faire cuire. Il suffit de les agiter avant l'emploi.

Il existe des farines instantanées pour tous les âges (voir Première partie, chapitre V).

Les petits pots

Naturellement, en voyage, bébé ne se contente pas de lait et de bouillie.

S'il n'est pas encore assez grand pour prendre son repas au restaurant, ou partager le pique-nique familial, il y a une solution simple et pratique : les boîtes homogénéisées du commerce; il suffit de les ouvrir, de les faire réchauffer au bain-marie. Elles sont alors prêtes à être consommées.

Il en existe pour chaque catégorie d'aliments : légumes en purée pour tout-petits ou en morceaux pour les plus grands; légumes et viande mélangés; viandes seules; compote de fruits et même entremets (gâteau de riz, etc.).

Donnez à bébé un fruit qui se conserve bien, propre et facile à manger : la banane ou une pomme qu'il grignotera.

Il appréciera certainement un peu de fromage. Les crèmes de gruyère servies en portions sont très pratiques.

Donnez-lui un petit gâteau sec entre les repas, cela le distraira, mais pas de pâtisserie à la crème achetée n'importe où.

Il peut manger, à partir de 6 mois, du jaune d'œuf dur. Vers 10 mois, du poulet froid...

Vers 2 ans, il grignotera des petits sandwiches au jambon, au fromage blanc, aux fruits confits...

La boisson

Ne privez surtout pas bébé de boisson. Faites-lui boire de l'eau minérale légère, des jus de fruits spéciaux pour enfant, que l'on achète dans le commerce (voir Première partie, chapitre VI).

En été, pensez à prendre une Thermos dans vos bagages; les enfants comme les adultes apprécient les boissons fraîches.

CHAPITRE VII

L'enfant reçoit

COMMENT PRÉPARER UNE RÉUNION D'ENFANTS?

Des « amis de classe » viennent cet après-midi et vous devez leur préparer un goûter. C'est une fête et elle doit être traitée comme telle.

Ayez soin de tout organiser d'avance; vous éviterez ainsi la précipitation et l'embarras de travailler au milieu de l'agitation et des cris!

Disposez le goûter dans une pièce où les enfants n'ont pas accès ou sur une table que vous amènerez dans la pièce au moment voulu. L'effet de surprise en sera plus grand!

Soignez la présentation du goûter : même très jeunes, les enfants sont sensibles à l'apparence, à l'aspect de la table dressée. Pensez aux fleurs en papier, aux petits jouets très simples, découpages, boules de couleur, etc.

La composition du goûter variera selon les saisons : il sera à base de gâteaux en hiver, d'aliments plus frais en été : fruits, salades de fruits, sorbets.

Les boissons

En hiver, chocolat chaud, lait chaud parfumé au miel ou à la vanille.

En été, jus de fruit, lait froid aromatisé aux fruits. Pour les plus grands, thé à l'orange, punch-surprise (voir recette).

Faites des gâteaux simples, dont l'allure amusante et variée a autant (sinon plus) d'importance que la saveur. Utilisez des petits moules individuels identifiables, décorez les gâteaux à l'aide d'un cornet à crème, de sucre glace de couleur.

Pour ceux qui n'aiment ni les gâteaux ni les sucreries, préparez des petits sandwiches salés : aux œufs, au fromage, au fromage blanc, aux crudités, etc. (voir recettes de sandwiches).

S'il s'agit d'une célébration d'anniversaire, apportez un grand soin au gâteau, qui sera choisi de couleurs attirantes, et garni naturellement du nombre requis de bougies.

• Menu de fête d'enfants

Punch-surprise (voir recette)
Quartiers d'oranges glacées au sucre (voir recette)
Gâteau de biscuits à la cuiller
Petits cubes de gruyère, petits dés de jambon
Petits dés de carottes piqués sur des bâtonnets de plastique de couleur ayant pour socle un pamplemousse

Café au lait, ou chocolat au lait
Gâteau de riz au lait, en couronne, décoré et garni de fruits confits hachés (voir recette)
Petits sandwiches (pain de mie beurré au jambon, pain de mie beurré au gruyère en forme d'étoile, de cœur, etc.)

• Menu de goûter d'anniversaire

Chocolat au lait ou café au lait
Pomme-candy (voir recette)
Gâteau d'anniversaire
Petits canapés au fromage blanc et aux carottes râpées
Petits canapés, beurrés au beurre au citron, au roquefort
Petits canapés beurrés au beurre aux herbes, au jambon

CHAPITRE VIII

L'intendance

COMMENT NOURRIR BÉBÉ DE FAÇON GASTRONOMIQUE SANS DÉPENSER TROP D'ARGENT ?

La réponse tient dans une phrase : *tenir compte des saisons.*

Donner au bébé une alimentation basée sur les produits du moment – c'est-à-dire ceux qu'on trouve en abondance sur les marchés.

Ce n'est pas seulement une règle d'économie, c'est aussi un conseil diététique et gastronomique. C'est quand il est le plus répandu que le produit est le meilleur, le plus mûr et le plus sain, le plus frais, car le débit est alors plus important et le réapprovisionnement plus rapide.

Donc pas de primeurs pour bébé !

TABLEAU DES PRODUCTIONS DES LÉGUMES ET DES FRUITS

Mois	*Légumes*	*Fruits*
Décembre	Marrons	Dattes
	Céleri	Bananes
Janvier	Carottes	Noix
	Endives	Oranges
Février	Poireaux	Mandarines
	Potiron	Pommes
	Mâche	Citrons

Mois	*Légumes*	*Fruits*
Mars Avril Mai	Choux-fleurs Épinards Laitue Romaine Pommes de terre nouvelles Légumes nouveaux Radis Petits pois Cresson	Ananas Poires
Juin Juillet Août	Tomates Concombres Aubergines Haricots verts Artichauts	Cerises Fraises Abricots Framboises Groseilles Pêches
Septembre Octobre Novembre	Haricots-beurre Choux-fleurs Lentilles Chicorées	Mûres Reines-claudes Poires Raisins Coings Pommes

COMMENT COMPOSER LA PANOPLIE PARFAITE DU BÉBÉ GASTRONOME ?

Les biberons les plus pratiques [1] sont en Macidon cristal, rigides, incassables et stérilisables, ou en Pyrex avec pas de vis solide (auquel on adapte le fixe-tétine), gradués et stérilisables. Il en faut sept. La large ouverture du biberon permet un nettoyage commode. Le biberon complet se compose d'une tétine, d'un fixe-tétine, d'un protège-tétine (qui peut parfois servir de gobelet).

Grâce à ce système de fixation, les biberons peuvent être préparés longtemps à l'avance, de deux manières, la tétine rentrée pour les déplacements, la tétine sortie pour la maison.

La tétine en gomme pure avec aération réglable est

1. Notons les biberons « Tout prêts » Mauget que l'on jette après usage.

facile à poser sur les biberons à large ouverture, si elle est choisie avec languette.

Il en faut environ une dizaine. Grâce au perce-tétine avec aiguilles de différentes grosseurs, la maman perce sans hésitation la tétine. Le trou est plus ou moins important selon que l'enfant boit plus ou moins vite ou selon l'épaisseur du contenu.

Le stérilisateur rationnel est celui en aluminium avec paniers pour sept biberons. On peut aussi stériliser à froid avec des comprimés effervescents.

La pince à biberon permet de prendre hygiéniquement et sans se brûler tout accessoire après stérilisation.

Les biberons sont nettoyés à l'aide de deux goupillons, l'un grand pour le biberon, l'autre petit pour la tétine.

Le réchauffe-biberon électrique permet d'obtenir en quelques instants la bonne température (37°).

Pour la promenade, la boîte à biberon en plastique cellulaire garde la chaleur deux ou trois heures. La boîte style thermos avec double paroi de verre et vide garde la chaleur sept à huit heures.

Pour faire boire bébé à la tasse, le gobelet à fond lesté inversible avec régulateur de débit ou la tasse coupée en biseau permettant de boire sans pencher la tête et allongé sont tous deux très pratiques.

L'assiette chauffante (mais fraîche à l'extérieur pour que bébé ne se brûle pas) permet à l'enfant très lent de manger ses dernières cuillerées encore bien chaudes. Une ventouse retient l'assiette à la table.

La cuiller à bouillie et le petit poussoir, très pratiques pour ramener dans la cuiller les petits restes éparpillés dans l'assiette, sont très bien adaptés de forme et de taille à l'enfant.

Bébé doit être confortablement installé avec une petite table et une chaise solide, bien équilibrée et à sa taille. Et n'oubliez pas le précieux bavoir et le tablier de protection.

Bien sûr, bébé peut devenir un parfait gastronome sans cette panoplie. Ayez ce qui vous paraît le plus pratique! Et pensez que pour bébé une cuiller bien à sa taille et avec laquelle il « sympathise » peut être aussi distrayante qu'un hochet!

Cinquième partie

LES SPÉCIALISTES NOUS PARLENT

Dans cette partie du livre, nous avons groupé les réponses que nous ont faites, les avis que nous ont donnés, au cours de nos recherches, des spécialistes de la diététique, de la nutrition et de la gastronomie, professeurs, médecins spécialisés dans les problèmes de l'enfance, directrices de crèches et d'écoles maternelles et chefs de cuisine dignitaires à trois étoiles du *Guide Michelin.*

Tous ont en commun, outre une réputation internationale dans le domaine qui leur est propre, un intérêt singulier pour le problème qui nous préoccupe : définir les limites d'une gastronomie adaptée aux jeunes, l'accorder aux impératifs délicats de la nutrition, et rechercher les plus intéressantes solutions. Ils ont souvent consacré à l'examen des questions que nous leur posions beaucoup plus de patience et de temps que nous n'avions osé l'espérer.

CHAPITRE PREMIER

Les médecins

M. JULIEN MARIE, Professeur retraité de Clinique médicale infantile et de Pédiatrie sociale à l'hôpital des Enfants malades.

QUE FAIRE QUAND APPARAISSENT DES TROUBLES DE L'APPAREIL DIGESTIF

Il ne suffit pas de nourrir l'enfant, de le nourrir mieux, le mieux possible. Encore est-il essentiel que la digestion et les phénomènes complexes qui l'entourent s'accomplissent en toute quiétude. Des incidents peuvent survenir.

Dans cet entretien, le professeur *Julien Marie* avait accepté d'étudier quelques-unes des situations délicates devant lesquelles la maman peut soudain se trouver placée.

Monsieur le Professeur que faire quand un nourrisson présente de la diarrhée ?

Envisageons d'abord la diarrhée commune chez l'enfant conservant un bon état général, sans perte de poids, sans fièvre, mais dont les selles sont fréquentes et liquides. L'affection est habituellement bénigne et guérira rapidement, si les mesures nécessaires sont immédiatement prises.

Supprimer le lait complètement et le remplacer pendant vingt-quatre heures par une diète hydrique.

Chez l'enfant de moins de 5 mois, on utilisera les propriétés antidiarrhéiques des pectines de la carotte ou de la graine de caroube.

La soupe de carottes, dont voici la recette, en est le type :

— carottes pesées, épluchées et coupées en rondelles : 500 grammes;

— eau : 1 litre;

— faire bouillir pendant deux heures;

— passer les carottes au mixer, ou deux fois à la moulinette; les remettre ensuite dans le jus de cuisson qui a été conservé;

— ramener le tout à 1 litre avec une eau faiblement minéralisée;

— ajouter 3 grammes de sel (c'est-à-dire une demi-cuillerée à café).

Insistons sur le fait que le « jus » de carotte seul, encore trop souvent utilisé, n'a aucune valeur antidiarrhéique.

Dans le commerce on trouve des préparations de carottes plus faciles et surtout plus rapides à préparer :

— les carottes en pots de 100 grammes que fabriquent de nombreuses firmes (Fali, Jacquemaire, Guigoz, Gallia, etc.) permettent par adjonction d'un volume égal d'eau (c'est-à-dire 100 grammes d'eau) de reconstituer immédiatement 200 grammes d'une soupe de carottes comparable à celle dont la fabrication domestique a été indiquée;

— des préparations de poudre de carottes qui se dissolvent immédiatement dans l'eau du biberon rendent les mêmes services (Elonac, 4 grammes dans 100 grammes d'eau).

On peut également prescrire une préparation à base de poudre de graine de caroube (Arobon ou Carouba à 3 ou 5 %, Gélopectose à 3 ou 5 %).

Enfin, à partir de 4 mois, on peut employer pour un des repas une bouillie faite à l'eau et à la farine de riz (crème de riz : 1 cuillerée à café rase par mois d'âge).

Quelles quantités donner?

La quantité de liquide prise antérieurement augmentée d'un volume supplémentaire d'au moins 20 % pour compenser les pertes d'eau qu'entraîne la diarrhée (par exemple, à 2 mois : six fois 120 grammes, ration de base + 150 grammes supplémentaires, soit 850 à 900 grammes en tout).

Il est très utile d'augmenter le nombre de repas pour réduire le volume bu à chaque biberon et diminuer ainsi le risque de vomissements (par exemple donner huit repas de 100 grammes à un enfant de 2 mois).

Quand voit-on que la diarrhée est enrayée ?

Après ce régime les selles se normalisent, leur nombre se réduit, elles sont moulées et présentent, suivant le régime prescrit, soit une couleur orangée avec la soupe de carottes, soit une couleur brune avec la poudre de graine de caroube. L'émission des selles consistantes permet de réintroduire le lait dans le régime.

Comment procède-t-on à la réalimentation ?

Le lait sera progressivement réintroduit dans les trois jours suivants.

— Le 1er jour on réintroduira dans chaque biberon de soupe de carottes le tiers de la quantité de lait en poudre antérieurement utilisée (par exemple à 2 mois, 120 grammes de soupe de carottes + une mesure 1/3 de lait en poudre, c'est-à-dire 5 % de lait en poudre par biberon).

— Le 2e jour on mettra dans le biberon de la soupe de carottes les deux tiers de la quantité habituelle de lait.

— Le 3e jour on donnera la quantité normale de poudre de lait, tout en restant sous la protection de la soupe de carottes. Ensuite on remplacera la soupe de carottes par l'eau de coupage normalement employée auparavant.

A partir de 5 mois, la réintroduction du lait dans la bouillie à base de riz sera progressive également : un tiers de lait 2e âge et deux tiers d'eau le 1er jour; deux tiers de lait 2e âge, un tiers d'eau le 2e jour, puis coupage habituel avec 30 grammes d'eau si l'enfant a moins de 7 mois, lait entier s'il a plus de 7 mois; enfin retour à l'emploi des farines habituelles.

A partir de 5 mois également, la diététique antidiarrhéique pourra faire appel à la pomme crue râpée avec la peau; à la gelée de coing et au repas coings-pommes en pots tout préparés; à la banane; la carotte pourra être donnée sous forme de purée.

Le traitement est-il facile à suivre ?

Il demande de la patience mais il est très simple et facile à exécuter.

La prescription du médecin doit être écrite et très explicite.

La diarrhée commune doit cesser en vingt-quatre à quarante-huit heures après l'institution du traitement.

La persistance de la diarrhée ou la coexistence de vomissements imposent un examen médical approfondi, base d'un traitement étiologique approprié.

A quel âge commence l'eczéma chez le nourrisson ?

Avant 2 mois, on observe fréquemment chez le nourrisson des lésions squameuses des sourcils, du cuir chevelu et derrière les oreilles. Les joues et pommettes ne sont pas touchées.

Il ne s'agit là que de lésions de séborrhée, dites séborrhéides, qui ne nécessitent aucun régime.

Il en est autrement après l'âge de 3 mois ; l'eczéma est une dermatose allergique et en plus du traitement local, sur lequel nous ne nous étendrons pas, se pose le problème du régime.

Le nourrisson doit continuer à être nourri au lait. C'est fondamental. La suppression du lait, à cet âge de croissance très active, aboutit au bout de quelques semaines à un état de *carence protéique redoutable,* véritable état de famine. Par ailleurs, cette suppression ne guérit pas l'eczéma, maladie de longue durée peu influencée par les facteurs alimentaires.

Cependant il y a intérêt à employer certains laits de préférence à d'autres. Les laits en poudre sont généralement bien tolérés.

Il existe aussi des laits végétaux à base de farine de soja. Leur emploi peut être prolongé mais ils n'ont pas de supériorité décisive.

Au-delà de l'âge de 6 mois, que faut-il faire ?

Il y a intérêt chez l'eczémateux, plus encore que chez le nourrisson normal, à introduire précocement viande et légumes (légumes vers 3-4 mois, viande vers 5-6 mois). Cela permet de réduire sans inconvénient la ration lactée qui, entre 6 mois et 1 an, ne dépassera pas 400 à 500 grammes par jour, et au-delà de 1 an 200 grammes par jour.

La viande est en règle générale bien tolérée et permet un apport de protéines suffisant. Les poissons maigres sont le plus souvent bien tolérés et devront être introduits progressivement, de même que le jaune d'œuf dur. Si l'introduction du poisson ou de l'œuf est régulièrement suivie d'une poussée d'eczéma, ces aliments seront temporairement exclus, mais on ne saurait trop répéter qu'il faut se méfier des coïncidences. L'eczéma est une affection évoluant par poussées dont l'alimentation est rarement responsable. Il convient de ne pas donner trop de farineux, d'éviter l'excès de matières grasses. On ne donnera pas de chocolat, même celui dit de régime.

Ainsi le nourrisson atteint d'eczéma conservera un bon état nutritionnel et une croissance normale.

Monsieur le Professeur, pouvez-vous me dire ce qu'est l'anorexie ?

L'appétit, vous le savez, est sujet à des variations chez l'enfant comme chez l'adulte, et cela dès l'âge de 5 ou 6 mois.

Tous les enfants d'un âge donné n'ont pas non plus le même appétit, cela est essentiel. Certains ont un « petit appétit », mais sont anorexiques ceux qui refusent obstinément toute nourriture, ceux qui vomissent, soit durant, soit après les repas.

L'anorexie est-elle une maladie ?

L'anorexie doit être considérée comme un symptôme, au même titre que la fièvre. C'est capital, car nombre d'affections organiques sont cause d'anorexie.

Pour ne citer que les plus fréquentes :

- les lésions de l'œsophage, de l'estomac et même de l'intestin peuvent être à l'origine de l'anorexie;
- la plupart des maladies infectieuses sont aussi causes d'anorexie transitoire (comme au cours des infections rhinopharyngées aiguës si fréquentes de l'enfance), ou de longue durée (comme lors des infections chroniques des végétations, des otites latentes du nourrisson, de la primo-infection tuberculeuse).

C'est dire que l'enfant anorexique doit être examiné soigneusement par le médecin avec recours, si besoin, à des examens complémentaires et au spécialiste O.R.L.

Mais au cours de cet examen, il faut aussi s'enquérir soigneusement de l'alimentation de l'enfant : les divers constituants de l'alimentation avec les quantités absorbées par l'enfant, la façon dont cette alimentation est donnée.

Les fautes de régimes sont-elles une cause d'anorexie ?

Certes, et elles sont même une des causes les plus fréquentes. Chez le nourrisson, la suralimentation lactée et la monotonie du régime sont à l'origine d'anorexie. Pour que le bébé grossisse davantage la mère augmente d'elle-même la ration lactée et farineuse. L'enfant, bien entendu, finit par refuser ses biberons.

Le traitement est simple, il faut ou supprimer provisoirement pendant une à deux semaines, ou réduire, la ration lactée et pendant quelques jours déconcentrer le lait des biberons (en ne mettant que la moitié de la quantité de lait en poudre normalement nécessaire) ; très vite l'appétit revient.

Une autre erreur est la prolongation de l'alimentation lacto-farineuse exclusive après 6 mois. Cause d'anorexie, elle est aussi un facteur favorisant de l'hypovitaminose D et ces enfants deviennent mous, apathiques. Il convient d'appliquer un traitement analogue : diminuer la ration lactée, déconcentrer le lait temporairement et profiter de la reprise de l'appétit pour introduire viande, poisson et légumes.

Enfin, il existe aussi une erreur fréquente, c'est l'introduction brusque de quantités importantes d'un aliment nouveau. Fréquemment, le nourrisson le refuse au début et on le lui administre de force. Le repas devient une « bataille » entre mère et enfant. C'est facile à éviter en introduisant précocement les légumes en petites quantités. L'enfant s'habitue progressivement à un goût nouveau et la bouillie au bouillon de légumes devient petit à petit soupe ou purée de légumes.

Rappelons enfin qu'un enfant qui a sommeil mange mal et que l'horaire des siestes et des repas doit être adapté à chaque enfant.

N'existe-t-il pas une anorexie psychique du nourrisson ?

Oui, mais la véritable anorexie psychique du nourrisson est rare. Il faut avant tout s'assurer de l'absence de cause organique, même rare (et on a pu confondre avec une anoxerie mentale une maladie cœliaque, une tumeur du 3e ventricule, une hernie hiatiale, etc.).

L'anorexie mentale se déroule dans un climat très particulier. Il s'agit souvent de mères n'ayant pas désiré l'enfant, très méticuleuses, rigides, appliquant à la lettre des prescriptions alimentaires très standardisées et sans souplesse.

Ce peut être aussi la jalousie de l'enfant pour un second bébé, qui accapare les soins de sa mère. Le second bébé est considéré comme un intrus, l'enfant veut se rendre intéressant et reconquérir l'amour maternel qu'il croit avoir perdu.

Que faut-il faire et ne pas faire ?

En cas de deuxième naissance précoce, le trouble est fréquent mais n'est pas profond; il cède vite en entourant l'aîné d'une affection accrue, en ne le forçant pas, en le laissant un peu participer à l'élevage du dernier-né.

Nombre d'anorexies d'apparence psychique n'en sont pas et cèdent en ne forçant pas l'enfant, en ne faisant pas preuve de sévérité et de rigueur, en laissant l'enfant manger lui-même. Surtout, la mère ne doit pas sembler inquiète et le laisser voir. La sollicitude maternelle ne doit pas devenir une arme pour l'enfant mais une aide.

Enfin, il est nécessaire de ne pas donner d'aliments en dehors des repas normaux.

Il arrive souvent que les choses s'arrangent d'elles-mêmes en confiant le soin de donner les repas à une personne étrangère.

Si ces mesures ont échoué et si le climat familial est perturbé, l'isolement en milieu hospitalier avec recours au psychiatre est nécessaire.

DOCTEUR PHILIPPE SERINGE
Professeur au Collège de médecine des hôpitaux de Paris, Médecin de l'hôpital des Enfants malades.

PAS DE CROISSANCE HARMONIEUSE SANS UNE ALIMENTATION BIEN CONÇUE

Le professeur Seringe examine le rôle essentiel de l'alimentation dans le développement de bébé — et indique les points essentiels sur lesquels la surveillance doit s'exercer constamment.

Pensez-vous, Docteur, que l'alimentation des nourrissons et des enfants ait une influence sur leur morphologie ?

Certainement, Depuis quelques années la diététique infantile a fait de gros progrès et il est incontestable qu'au même âge les enfants sont en moyenne plus grands qu'ils ne l'étaient dans les générations antérieures.

Nos tables de mensuration ont dû être modifiées : à 1 an l'enfant mesure en moyenne 74 centimètres; à 2 ans, 86 centimètres, alors qu'il y a quelques années il ne mesurait que 70 et 80 centimètres; à 5 ans, il mesure en moyenne 1,08 mètre alors qu'il ne toisait que 1,02 mètre environ.

Le bon équilibre alimentaire est-il donc favorable au développement harmonieux de l'enfant ?

Bien sûr. Les carences alimentaires du premier âge peuvent jouer un rôle dans le rachitisme de l'enfant, les déformations étant surtout crâniennes dans le premier semestre et thoraciques dans le second semestre. Le nourrisson a un thorax évasé, un ventre gros, étalé.

Mais c'est entre 12 et 18 mois qu'apparaissent les signes les plus évidents.

Le petit rachitique est souvent un gros enfant, mais mou, ses jambes sont arquées, ses poignets présentent des bourrelets. Sa fontanelle est large. Mais il faut souligner qu'à côté des carences alimentaires la carence solaire joue un rôle prépondérant dans l'apparition du rachitisme.

Il suffit souvent d'une alimentation correcte, d'une dose quotidienne de vitamine D de cinq gouttes, quinze jours par mois (sauf les trois mois d'été où l'ensoleillement est bon), pour l'éviter ou le corriger.

En France, et surtout dans les villes où la fumée fait écran au soleil, les petits Nord-Africains et les enfants de race noire ou à peau très pigmentée y sont particulièrement exposés.

Vous parlez, Docteur, d'alimentation correcte. Pouvez-vous nous dire quelle sont pour les jeunes nourrissons les erreurs alimentaires à éviter ?

Commençons par l'enfant au sein. Il est une erreur regrettable : celle de cesser l'alimentation au sein pour une diarrhée (les selles sont plus fréquentes dans l'allaitement maternel : une à chaque tétée); si la courbe de poids est normale, il n'y a pas lieu de s'inquiéter. Devant une vraie diarrhée, interrogez la maman, vous verrez qu'elle prend des laxatifs, ou qu'elle abuse de crudités, de légumes verts et de fruits. En modifiant un peu le régime de la nourrice, l'allaitement au sein, si précieux dans les premiers mois, se poursuivra sans incident.

Au besoin donner une cuillerée à café d'eau de chaux officinale *avant* chaque tétée. L'interruption brutale de l'allaitement maternel peut provoquer de la diarrhée. Le sevrage doit être progressif.

En France, s'il n'est pas bon de sevrer très tardivement les enfants au sein, il n'en est pas de même dans les pays sous-développés, car, dans ces contrés pauvres, le nourrisson ne recevra pas de protides après le sevrage et on verra se développer des œdèmes et des troubles graves de l'état général.

En France, méfions-nous des régimes exclusivement lactés prolongés jusqu'à 6-8 mois, ou lacto-farineux exclusifs jusqu'à 8-10 mois, qui amènent des dyspepsies aux laits ou aux farines.

Il faut donc introduire rapidement les légumes et les fruits vers 4 mois. Donner du jus de fruit en quantité très faible à 3 mois, puis progressivement à doses croissantes : 30 millilitres suffisent à 6 mois.

Une erreur courante et diamétralement opposée consiste à donner trop précocement légumes et fruits aux nourrissons.

Des jeunes mères modernes, trop modernes, mettent délibérément leur bébé à quatre repas à 2 mois avec des légumes et du jus de fruit en excès. D'où diarrhée, avec ou sans vomissement, qui traduit l'intolérance de l'intestin des tout-petits à la cellulose des légumes verts.

Il faut donc se méfier d'un trop grand modernisme souvent néfaste, et arrêter les légumes verts, ou se contenter de laitues en cas d'intolérance.

Parfois c'est l'excès de farine, avec introduction trop rapide et diminution trop importante de la ration lactée, qui produit des troubles digestifs progressifs avec selles aigrelettes, coliques. Il faut donc être prudent dans l'introduction des farines et savoir diminuer en cas de troubles intestinaux, sinon la croissance pondéro-staturale s'en ressentirait.

Et chez les enfants plus grands ?

Lorsque l'enfant commence à manger de la viande, il est fréquent de voir les mamans augmenter d'elles-mêmes la quantité de viande, ou encore le médecin ne précise pas la quantité à donner et la maman croit bien faire en donnant : 50 grammes à quelques mois; 80 grammes à un an; 100 gramme dans la deuxième année, ce qui est manifestement excessif.

En général, on doit donner de 15 à 20 grammes par année d'âge.

Je vais vous raconter une anecdote personnelle.

J'avais un ami, grand chasseur et éleveur de chiens de chasse, qui, pour obtenir une magnifique race, sélectionnée, pour rendre ses animaux féroces et forts, leur donnait très précocement un régime carné très riche. Hélas, le résultat fut désastreux : chiot rachitiques aux pattes torses !

Ces erreurs alimentaires concernant l'enfant bien portant.

En existe-t-il chez les enfants malades, qui peuvent également retentir sur la croissance harmonieuse de l'enfant ?

Bien sûr, chez les petits eczémateux par exemple. La suppression du lait améliore sans doute l'eczéma mais au prix d'une dystrophie grave et d'un retard pondéral important, parfois marqué par des œdèmes. On peut remplacer une partie de la ration lactée par des végétaux riches en protides et en lipides comme le soja et le tournesol. Mais il ne faut pas supprimer le lait. On doit éviter le régime hypersucré. Mais ce n'est pas le régime qui peut guérir seul l'eczéma.

Et le régime sans sel chez les enfants ayant de l'albumine ?

Ce réflexe de supprimer le sel est néfaste dans nombre d'albuminuries (ou prétendues telles). En particulier dans les albuminuries intermittentes, dites orthostatiques, sans aucun trouble rénal (le diagnostic doit naturellement être posé par le médecin), l'enfant ne doit pas être soumis à un régime sévère, il doit s'alimenter normalement, manger du sel, autrement sa croissance pondérostaturale en souffrirait.

DOCTEUR PÉCHENARD,
Pédiatre. Médecin de la protection de l'enfance.

Et l'enfant qui grossit trop ? Des problèmes de poids peuvent se poser dès la première enfance. Le docteur Marguerite Péchenard, qui est aussi médecin inspecteur des crèches, maternelles, dispensaires et écoles a bien voulu dégager pour nous les grandes lignes de ce problème et proposer des solutions.

LES OBÉSITÉS DE CAUSE ALIMENTAIRE CHEZ L'ENFANT

Que pensez-vous, Docteur, de l'obésité de l'enfant ? Pensez-vous que sa cause puisse être alimentaire, et que le régime puisse y remédier ?

L'obésité chez l'enfant est un vaste problème. Il est bien entendu que, dans le cadre de votre livre de diététique, nous n'envisagerons que les surcharges pondérales des enfants (bien portants par ailleurs) ne provenant que d'erreurs alimentaires ou de suralimentation. L'obésité est la conséquence d'un excès de dépôt graisseux de réserves. C'est d'ailleurs de la presque totalité des obésités des jeunes qu'il s'agira.

Les obésités provenant de troubles hormonaux, rares d'ailleurs, dépassant naturellement le cadre de cet entretien.

Quand peut-on parler d'obésité chez un jeune enfant ?

Un léger embonpoint est admis chez l'enfant et n'impose, cela va de soi, aucun régime particulier. Il n'en va pas de même quand le poids dépasse d'au moins 20 % le poids idéal, c'est-à-dire le poids correspondant à l'âge d'une part, la taille et le sexe de l'enfant d'autre part.

Par exemple : un garçon de 9 ans mesurant 1,30 mètre et pesant 32 kilos, alors qu'il devrait peser 26,5 kilos environ, est trop gros et doit avoir un régime surveillé.

Mais bien souvent le poids dépasse de 30 à 40 % le poids idéal.

Je vais vous indiquer le poids moyen des enfants (*voir*

tableau ci-contre). 3 à 4 % des enfants d'âge scolaire sont trop gros.

Quelle est la cause, ou quelles sont les causes de ces obésités ?

L'obésité est une véritable maladie de l'appétit. Le facteur commun des obésités est toujours la suralimentation et sa cause fondamentale de déséquilibre entre les besoins énergétiques d'une part et les apports alimentaires d'autre part, déséquilibre avec apport excessif des aliments par rapport aux besoins énergétiques, et cet excédent alimentaire est toujours à la base d'hydrates de carbone, ou glucides, et de lipides; or, ces substances peuvent être stockées, mises en réserve dans l'organisme, sous forme de graisse.

Les besoins énergétiques de l'enfant obèse sont peu importants, puisque, par tempérament le plus souvent, c'est un enfant peu actif, économe de ses mouvements, peu sportif, qui ne dépense donc pas beaucoup de calories.

Les petits obèses mangent trop et ne bougent pas assez!

On dit souvent, Docteur, que l'obésité est héréditaire. Est-ce vrai!

Oui et non.

Oui : il est incontestable qu'il y a un terrain, une prédisposition à l'obésité.

Il y a des familles d'obèses. Un enfant replet et joufflu fait tout d'abord la gloire de sa famille.

A quantité égale, un enfant d'une famille d'obèses grossira, et dans une autre famille l'enfant restera normal.

Mais ce sont les habitudes alimentaires familiales qui sont transmissibles.

Il existe des familles de gros mangeurs, où bien manger, manger une nourriture dite riche à base d'hydrates de carbone, de fritures, de sauces, de beurre sur la table, de charcuterie, d'entremets lourds, de plats copieux est une promesse de bonne santé!

Je connais une jeune obèse qui, pour goûter, avait, en supplément de son lait et de ses biscuits, un petit pot de crème fraîche et une banane régulièrement chaque jour! Tel autre, qui prenait, lui, quatre petits-suisses

CROISSANCE DE L'ENFANT NORMAL					
NOURRISSON					
Age	*Poids (kg)*	*Taille (cm)*	*Age*	*Poids (kg)*	*Taille (cm)*
Naissance	3,250	50	8 mois	8,000	
1 mois	3,750		9	8,300	
2 mois	4,500		10	8,600	
3 mois	5,200		11	8,900	70 à 76
4 mois	5,900		12	9,200	
5 mois	6,500		18	10,500	
6 mois	7,000		2 ans	12,000	80 à 85
7 mois	7,500				

ENFANTS				
	GARÇONS		FILLES	
Age	*Taille (cm)*	*Poids (kg)*	*Taille (cm)*	*Poids (kg)*
3 ans	95	14,5	93,2	13,5
4	102,2	16,1	100,5	15,4
5	108,4	17,8	107,3	17,2
6	114,4	19,9	113	19
7	120	21,8	119	21,4
8	124,7	24	124,3	23,6
9	129,7	26,4	129,3	26

et confiture à l'avenant! en plus de l'entremets quotidien!

N'y a-t-il pas d'autres raisons?

A côté de la suralimentation familiale, il y a, dans une famille où la nourriture est bien équilibrée, un seul enfant qui se suralimente. Il y a souvent une motivation, une raison psychologique, alors il convient de la rechercher avec patience à l'interrogatoire.

Cet enfant fait une véritable névrose de la faim.

La gourmandise est son refuge, c'est un insatisfait qui a une pénible sensation d'insécurité; il se croit incompris ou mal aimé, parfois il est jaloux et souffre. Ses résultats scolaires le déçoivent, et déçoivent plus encore ses parents qui le grondent ou le punissent : il a besoin d'une consolation.

C'est souvent entre les repas qu'il mangera avec excès : bonbons, chocolats, gâteaux, croissants, souvent en cachette.

Ne dit-on pas que certains enfants grossissent anormalement après certaines opérations ?

En effet, il arrive parfois qu'une obésité progressive s'installe après une ablation d'amygdales ou d'appendice, par exemple. Mais ici aussi, la suralimentation instituée pour fortifier l'enfant fatigué après l'intervention en est la cause primordiale.

Et ne dit-on pas aussi que la puberté la favorise ?

L'embonpoint prépubertaire est fréquent et a tendance à disparaître après la puberté, il se transforme parfois en obésité qu'il faut traiter par le régime malgré l'opinion familiale contraire.

Que doit-on faire devant un enfant obèse ?

Tout d'abord interroger les parents et l'enfant très soigneusement : poids des parents, des frères et sœurs.

L'enfant mange-t-il beaucoup aux repas ?

Auquel a-t-il le plus gros appétit ?

De quoi est-il gourmand : sucreries, pain, pâtes, pommes de terre ?

Aime-t-il les légumes verts ?

Aime-t-il la viande, les poissons, les œufs ?

Avez-vous remarqué s'il mange plus quand il est désœuvré ou triste ?

Mange-t-il entre les repas ? Le grignotage est-il fréquent ? A-t-il progressivement ou rapidement grossi ?

Vous verrez alors que cet enfant est avide de plats glucidiques : pâtes, pain, riz, sucreries, entremets, et que, en revanche, il boude volontiers la viande et les légumes verts.

Et comme traitement ?

Le régime et toujours le régime !

Mais il est difficile à faire admettre, à la famille d'abord, et à l'enfant surtout, la nécessité absolue et impérative du régime restrictif.

Les parents sont presque toujours persuadés qu'il s'agit de troubles glandulaires et qu'un médicament miracle arrangera tout. Pour eux, il mange bien, il mange à sa faim, il a bon appétit, mais un régime le fatiguera. Pour eux, graisse est synonyme de bonne santé.

Il faut faire comprendre que c'est du superflu, donc du nuisible, et non du nécessaire qu'on privera l'enfant.

Quant aux grands-parents, ils sont effrayés d'avoir à refuser quelque chose à l'enfant. Et, celui-ci se sent frustré. Il faudra donc faire admettre fermement, mais avec compréhension, la nouvelle alimentation.

Une coopération étroite et attentive devra exister entre parents-enfants-médecin pour arriver à un résultat. Beaucoup de patience, aussi, et un climat de confiance pour l'enfant. Il faut une coopération active de sa part.

Ce n'est pas tant contre sa faim qu'il faudra lutter que contre ses envies impérieuses!

Les nourrissons peuvent-ils être obèses?

Un nourrisson peut être trop gros, lui aussi, parce que sa ration lactée est trop importante pour son âge, ou que son alimentation lacto-farineuse exclusive est trop prolongée.

Il suffira d'adapter la ration à l'âge et au poids de l'enfant et de diversifier rapidement le régime pour obtenir un résultat satisfaisant : stopper cette crise de poids excessive et normaliser la courbe pondérale. Il est important de savoir que le régime de la première année a une grande importance. Il existe une relation étroite entre la prise de poids dans la première année et l'obésité constatée vers 7 ans.

Pouvez-vous me parler du régime de l'enfant obèse?

C'est aux parents aussi bien qu'au médecin de prendre garde dès que l'enfant prend un embonpoint excessif.

Votre enfant grossit trop, il mange trop; surveillez son régime et son poids.

Encore faudra-t-il bien expliquer le régime, sa longue durée, le danger des rechutes s'il est trop précocement interrompu; la rapidité de la perte des premiers kilos et la lenteur relative de l'amaigrissement ultérieur.

Que préconisez-vous donc comme régime?

Le principe en est simple : rassasier sans trop nourrir. Il sera donc assez pauvre en calories, on donnera des mets à faible valeur nutritive sous un gros volume.

Nous savons que les aliments les plus riches en calories sont les glucides et les lipides.

Les glucides dans l'organisme se transforment en graisse. Ils n'entreront qu'en faible quantité dans l'alimentation de l'obèse.

Les protides au contraire combleront une partie du déficit calorique et donneront une impression de satiété. Ils seront augmentés dans la ration.

On supprimera donc en grande partie :

les céréales	les jus de fruits sucrés
les biscuits secs	les fruits au sirop
le pain	les confitures
les pâtes	les dattes
le riz	les bananes
les pâtisseries	les ananas en conserve
les légumes secs	les fruits secs
les bonbons	le sucre

La pomme de terre, légume préféré des enfants, et qui ne contient que 20 % de glucides, ne leur sera pas complètement défendue — en robe des champs, à la vapeur, au four, farcie à la viande, en purée.

Elle leur sera donnée deux à trois fois par semaine; mais éviter les pommes de terre frites ou sautées.

Les carottes qui, elles, ne contiennent que 10 % de glucides, ainsi que les betteraves rouges, les céleris-raves, les artichauts, les salsifis, les choux-fleurs, les choux de Bruxelles, les courgettes, le fenouil, les aubergines, les tomates, les haricots verts, les endives, toutes les salades, permettent de varier leur régime à l'infini.

Peut-on les rendre plus appétissants et agréables au goût ?

Farcis au maigre, les légumes, comme la courgette et l'aubergine, les fonds d'artichaut sont en général très appréciés et votre livre doit en donner d'excellentes recettes. C'est le moment de s'en servir.

Et les crudités, les hors-d'œuvre sont-ils autorisés ?

Bien sûr, les enfants ne doivent pas s'apercevoir qu'ils sont au régime.

Que peuvent-ils manger à volonté ?

Radis, concombres, salades, carottes, pamplemousse, céleri, poireaux...

Vous avez toute la gamme des légumes que ces enfants peuvent manger à volonté : haricots, endives, salades cuites, cœurs de céleri, épinards. Je sais que les enfants ne les aiment pas toujours beaucoup.

Les viandes, à volonté, ainsi que les volailles et les poissons.

La ration de leur âge sera un peu dépassée en remplacement. On leur en donnera un peu le soir – ou un œuf.

Et le lait, et les fromages ?

Indispensables aux enfants, le lait et les fromages font partie de leur régime.

On pourra choisir les fromages blancs, yaourt, cantal, gruyère, brie, hollande, camembert.

La mère n'aura que l'embarras du choix et l'enfant pourra indiquer ses préférences.

Et le dessert, toujours si important pour les enfants ?

Mais ils y ont droit comme les autres : un fruit à chaque repas et on peut parfois leur faire une tarte maison aux fruits avec une pâte très mince et un minimum de sucre naturellement : une fois par semaine au maximum. Des petits pots de crème aromatisée mais avec un minimum de sucre.

Par quoi sera enrichi le régime appauvri en glucides ?

Je vous en ai parlé dans le régime. Essentiellement par les protides : viandes, poissons, volailles, dont les acides aminés équilibrés favorisent la croissance de l'organisme et qui seront donnés en quantité plus importante aux repas, pour corriger l'équilibre alimentaire.

On parle pour les adultes de régime avec restriction des boissons. Et le régime désodé, ou sans sel, que faut-il en penser pour les enfants ?

Il ne faut jamais priver un enfant de boisson, mais il sera préférable de le faire boire entre les repas plutôt qu'aux repas.

Ne jamais supprimer le sel, mais il est conseillé de ne pas rajouter de sel à table dans les mets.

Certains enfants, véritables maniaques de la soif, boivent avec excès ; naturellement, il faudra diminuer leur ration d'eau, mais strictement parce qu'elle est excessive.

TENEUR EN GLUCIDES DES ALIMENTS

ALIMENTS CONTENANT AU MINIMUM 15 % :

donc à déconseiller
(Farines, fruits frais, fruits secs)

100 *grammes de partie comestible contiennent :*

	Glucides	*Kilo-calories*
Sucre, Fécule pommes de terre	100 g	400
Farines : blé, seigle, orge, avoine, riz, pâtes, tapioca	75 g	350
Pain, biscotte Pain d'épice, biscuit	75 g	260-400 350
Pois secs, lentilles, haricots secs	58 g	350
Pruneaux Dattes Amandes sèches Noisettes	75 g	285 305 640 283
Confiture Miel	75 g	283 300
Chocolat Cacao	64 g 38 g	500 492
Lait : concentré sucré écrémé entier en poudre	54 g 50 g 37 g	400 362 500
Châtaigne, marron Banane Figue fraîche Figue sèche	40 g 20 g 20 g 62 g	200 100 250 275
Raisin	17 g	80
Pomme de terre	20 g	89

TENEUR EN GLUCIDES DES ALIMENTS

ALIMENTS CONTENANT MOINS DE 15 % :

donc à conseiller
(Légumes verts – Agrumes – Fruits)

100 *grammes de partie comestible contiennent :*

	Glucides	*Kilo-calories*
lait entier Lait évaporé Lait écrémé	4,9 g 10 g 5 g	67 157 36
Légumes : asperge, haricot vert, épinard, poireau, salade, aubergine, concombre	6 g	37
melon, potiron	7 g	34
carotte, artichaut, betterave rouge, radis, céleri-rave, salsifis, chou-fleur, choux de Bruxelles, courgette, fenouil, oignon frais	8 g à 10 g	40
Agrumes Amandes vertes	10 g	45
Fruits acides : fraise, framboise, groseille, mûre, pomme, poire	11 g	46

CHAPITRE II

La diététicienne

Mlle MAIRE,
Diététicienne à l'École de Puériculture de Paris.

L'allaitement mixte

Pouvez-vous, Mademoiselle, m'indiquer les avantages de l'allaitement mixte, c'est-à-dire de la combinaison de l'allaitement au sein et au biberon?

L'allaitement au sein n'étant pas supprimé complètement, les avantages subsistent, en particulier il permet une meilleure digestion du lait des biberons.

D'autre part, et cet avantage psychologique n'est pas le moindre, il permet au nourrisson de garder le contact avec sa mère.

A quel âge le commencer?

On se guidera sur la courbe pondérale du bébé, si la croissance fléchit on introduira, selon son âge, soit un ou plusieurs biberons de lait, soit une bouillie.

Pouvez-vous m'indiquer, Mademoiselle, la meilleure façon de procéder?

Il existe deux méthodes :

- La méthode complémentaire

On complète la tétée insuffisante par un biberon complémentaire de lait (dosé d'après l'âge de l'enfant).

Cette méthode est celle qui entretient le mieux la

sécrétion lactée puisque le nourrisson tète à chaque repas, mais elle est astreignante pour la maman qui doit peser chaque tétée et la compléter.

- La méthode alternative qui consiste à alterner sein et biberon

Elle libère la maman et l'encourage à continuer plus longtemps l'allaitement au sein. Par exemple, la maman qui travaille au-dehors pourra continuer à donner la tétée du matin et du soir.

A quel âge arrête-t-on le plus souvent l'allaitement mixte ?

Rares aujourd'hui sont les mamans qui persistent après 3 à 4 mois. D'ailleurs à cet âge le bébé est habitué aux bouillies, aux légumes et à son lait de complément.

Le sevrage

Qu'entend-on par sevrage ?

Primitivement le sevrage était la séparation du sein de la mère.

Par extension on assimile le mot sevrage à l'introduction d'aliments autres que le lait dans l'alimentation du bébé.

Il faut que l'enfant connaisse des goûts nouveaux. Il faut surtout que des éléments nouveaux riches en fer, en calcium, en phosphore, en vitamines indispensables à la croissance soient introduits dans son régime.

Quels en sont les principes ?

Le sevrage avant tout doit être progressif et prudent pour éviter les troubles digestifs, toujours possible avec les nouveaux aliments que sont les farines ou les légumes.

Le sevrage doit être adapté à chaque enfant.

Il n'y a pas de sevrage standard!

Il ne faut jamais contraindre l'enfant. Il faut incorporer les aliments nouveaux et ne jamais les imposer.

En quoi consiste-t-il ?

Avant tout il ne consiste pas simplement à augmenter les rations de l'enfant, mais surtout à modifier la qualité, la valeur du régime.

Le nombre des repas passera de six à cinq vers 3 mois, puis à quatre vers 4-5 mois.

A quel âge le commencer?

Au sein : on instituera l'allaitement mixte.

Dans l'allaitement artificiel : vers 3 mois la première farine, puis les légumes homogénéisés amorceront le sevrage.

Quels sont les risques du sevrage?

S'il est brutal et mal surveillé on peut voir apparaître de l'anorexie ou des troubles digestifs, c'est donc avec prudence qu'il faut toujours et dans tous les cas procéder au sevrage du bébé.

CHAPITRE III

La psychologue

Mme BOISSELIER,
Psychologue dans un Centre de Protection Maternelle et Infantile.

L'ENFANT QUI NE VEUT PAS MANGER

A quoi sert de présenter à l'enfant des plats mijotés avec amour s'il les repousse, s'il oppose à tous les efforts un refus obstiné ?

C'est à cette question que répond Mme Boisselier qui, à sa consultation d'enfants, est chargée d'étudier l'aspect psychologique des cas qui lui sont confiés.

Il est bien certain que les difficultés alimentaires du jeune enfant n'ont pas toujours des causes diététiques, le manque d'appétence pouvant traduire, en réalité, des difficultés d'ordre psychologique : parmi les divers comportements que l'on observe chez le bébé : alimentation, sommeil, mobilité, propreté, affectivité, sociabilité, etc., l'alimentation est celui qui est fréquemment « choisi » par l'enfant pour traduire ses difficultés.

Ces troubles alimentaires peuvent d'ailleurs revêtir des formes très diverses, allant du refus électif de certains mets (salés, sucrés) au rejet total du repas, en passant par des aspects fort variés : refus de la cuiller, des mets solides, de tel plat, d'un certain repas, les autres étant acceptés aisément.

Mais quelles peuvent être ces difficultés auxquelles vous faites allusion, qui conduisent le nourrisson à refuser de s'alimenter?

Nous ne pouvons analyser ici tous les aspects de l'anorexie mentale du très jeune enfant. Nous nous bornerons à vous signaler, si vous le voulez bien, certains de ses aspects qui apparaissent le plus souvent au cours des entretiens que nous avons avec les mères d'enfants anorexiques.

Il ressort souvent de nos constatations que l'enfant qui mange mal semble le faire pour ne pas se plier aux désirs de sa mère : soit qu'il traverse l'une de ces crises d'opposition qui lui font dire non à tout et à tous – en particulier au repas qu'on lui présente, et à sa mère qui le lui donne; soit qu'il se sente mal aimé ou rejeté : en refusant de s'alimenter, il contraindra sa mère à lui consacrer plus de temps et de soins au moment des repas. Ce comportement apparaît souvent à la suite d'une deuxième naissance, l'aîné souffrant de voir sa mère accaparée par les soins du nouveau-né.

Il peut arriver aussi que la contrainte de la position assise au moment du repas soit mal supportée : c'est le cas pour les sujets de type moteur actif, désignés par leur entourage comme instables, touche-à-tout, toujours en action; ce peut être aussi le cas d'enfants moins turbulents, mais qui traversent une période de leur développement au cours de laquelle le besoin de mouvement est chez eux primordial.

Par ailleurs ces comportements ne peuvent être isolés de la réaction de la mère à leur encontre, la personnalité de cette dernière pesant souvent fortement dans l'installation et l'évolution des difficultés du jeune enfant. Signalons, pour mémoire, le cas, fréquemment observé, d'une mère inquiète au départ, ayant déjà eu à supporter de semblables difficultés avec ses aînés; ou celui de cette autre, plus rigide, exigeant que les rations soient absorbées, intégralement et dans la forme présentée; ou d'une troisième, incohérente, passant d'une sévérité excessive à une indulgence trop permissive.

Vous venez de nous signaler l'importance de la réaction de la mère aux difficultés alimentaires de son enfant. Dans la pratique, que font les mères dans une telle situation ?

Presque toujours, comme vous le pensez, les mères supportent très mal ces refus alimentaires. Elles s'ingénient par tous les moyens à faire absorber à leur enfant les rations qui lui ont été prescrites.

Certaines se fâchent, grondent, donnent des tapes ou des fessées, vont même jusqu'à effrayer leur enfant en le menaçant du « vilain Monsieur qui les emportera » s'il ne mange pas.

D'autres essaient de le forcer, allant du simple et inoffensif « une cuiller pour papa, une cuiller pour maman », jusqu'au gavage pur et simple, l'enfant étant solidement maintenu dans les bras de la nourrice, le nez souvent pincé, les cuillerées enfournées les unes après les autres.

D'autres enfin – ce qui apparaît dans nos consultations comme étant les cas les plus fréquents – songent à amuser leur petit : on montre un jeu, on agite une clochette, on raconte une histoire, et l'on profite de l'instant ou l'enfant, étonné, reste bouche bée, pour y mettre la cuillerée; et ainsi de suite.

Les premiers repas se passent souvent de cette manière assez bien, mais, très vite, l'enfant se lasse, et il faut aux parents inventer d'autres distractions, dont la nouveauté retiendra suffisamment l'attention de l'enfant pour que celui-ci se laisse nourrir sans avoir l'air d'y penser.

Nous avons vu ainsi parfois les parents conduits à jouer de véritables scènes, dans le seul but d'accaparer de plus en plus l'attention de l'enfant, en l'éloignant de ce qui devrait être en fait son seul intérêt présent : la joie du repas.

Souvent aussi les quelques jeux disposés autour de l'enfant lors du repas pour « l'occuper » et « l'intéresser » peuvent être à l'origine d'un véritable ritualisme, dont il aura du mal ensuite à se dégager.

Que peut faire alors la psychologue lorsqu'on lui amène un enfant dont les troubles alimentaires relèvent de données de cet ordre ?

La question que vous me posez là est essentielle. Vous

sentez bien que le refus alimentaire de son enfant touche la mère au plus profond d'elle-même : l'inquiétude qu'elle éprouve en constatant qu'il ne mange pas assez à son gré; le sentiment de culpabilité qui la tourmente, lorsqu'elle s'accuse de le mal nourrir, en font un être vulnérable, qui a besoin avant tout d'être rassuré, encouragé, aidé. On évitera donc de lui indiquer dès le début les erreurs pédagogiques qu'elle commet; encore plus de lui donner des conseils qui, dans un tel contexte, ne pourraient pas être accueillis favorablement.

En revanche, au cours d'un ou plusieurs entretiens, la mère pourra s'exprimer le plus librement possible, aborder divers points de la personnalité de son enfant, de la sienne propre, présenter le contexte familial, socio-économique de leur vie, et prendre ainsi peu à peu conscience des raisons qui amènent son enfant à ne pas s'alimenter.

Lorsque cette prise de conscience a enfin lieu, quels conseils pouvez-vous donner aux mères vis-à-vis d'un tel problème ?

Là encore il n'est pas facile de vous répondre en vous indiquant une série de recettes qui conviendraient idéalement à tous les cas. Les conseils concernant l'horaire des repas, leur nombre, la suppression éventuelle de l'un d'eux; les mets, leur présentation, leur quantité, leur mode d'absorption; le cadre dans lequel se déroule le repas; la présence constante ou épisodique de la mère, du père, des frères et sœurs dépendent de chaque cas particulier.

Bien souvent d'ailleurs la mère, au terme des entretiens qu'elle a eus, trouve d'elle-même la solution à son problème. C'est la meilleure garantie pour que la situation redevienne rapidement normale : l'enfant pourra à nouveau connaître le plaisir de s'alimenter, comme en témoigneront des manifestations d'attente joyeuse et d'impatience au moment des repas, qui seront — soyez-en sûre — la meilleure récompense de la mère à l'effort qu'elle aura pu faire pour comprendre son enfant.

CHAPITRE IV

Les directrices de crèches et de jardins d'enfants

Mme RENAUD,
directrice de crèche.

QUAND LES CANTINES DE CRÈCHES SE PRÉOCCUPENT DE GASTRONOMIE

La crèche de Mme Renaud à Paris dans le 14e regroupe environ 65 enfants.

Ils sont acceptés à la crèche à partir de 2 mois et demi jusqu'à 3 ans mais de plus en plus les bébés sont confiés dès l'âge de 4 mois.

A 2 mois et demi, on leur donne cinq repas par jour, à partir de 4 mois, quatre repas seulement.

Quels sont les laits les plus utilisés ?

Nous gardons pour chaque enfant le lait prescrit par le pédiatre. Nous utilisons surtout les laits maternisés suivants : Nativa 1er et 2e âge, Nido 1er et 2e âge.

A quel âge avez-vous l'habitude de donner du lait entier ?

C'est selon la prescription du pédiatre.

Vers quel âge passez-vous vos nourrissons de six à cinq repas ?

Les bébés arrivant généralement à l'âge de 4 mois sont à cinq repas par jour. Pour les changements de rythme nous n'avons pas de règle précise : c'est le bébé qui, lorsqu'il le désire, change lui-même ses horaires : s'il dort, nous le laissons tranquille et il boit le biberon à son réveil. L'enfant connaît ses besoins, nous sommes attentifs à sa demande.

Quand introduisez-vous les farines dans le régime ?

Nous donnons de moins en moins de farine à la crèche, celle-ci étant souvent gardée pour le biberon du soir à la maison. Vers 3 mois nous introduisons des légumes au repas de midi. Nous avons supprimé le jus de viande car il n'a aucune valeur nutritive. Vers 4-5 mois nous donnons de la viande, du poisson ou du jaune d'œuf avec les légumes du repas de midi et nous complétons avec des fruits mixés.

Vers l'âge de 6 mois, nous rajoutons des crudités mixées (carottes, betterave, céleri, salade, concombre), car les enfants les aiment beaucoup.

A quel âge les enfants commencent-ils à boire à la cuiller ?

Très tôt. Nous essayons vers 4 mois avec le jus de fruits, mais si l'enfant refuse nous reprenons le biberon.

Pour les habituer à prendre le repas de midi à la cuiller, nous commençons avec le dessert (c'est le mets qui plaît le plus en général). Si l'enfant refuse, le repas se poursuit au biberon et nous renouvelons l'expérience quelques jours plus tard. En ne forçant jamais l'enfant, en l'habituant ainsi progressivement, nous n'avons jamais de problème.

Vers 12 mois, les enfants mangent assis sur une petite chaise, devant une table, comme les grands. Ils essaient de se débrouiller seuls, mais l'aide de l'adulte est encore indispensable. Ce n'est que vers 15 mois que l'enfant est assez adroit pour manger d'une façon vraiment autonome.

Les enfants ont-ils des préférences ?

A 15 mois ils aiment beaucoup le hachis parmentier et les pâtes au jambon. A partir de 18 mois nous habituons les enfants à manger des petits morceaux, notamment pour la viande et les fruits. Là aussi, il faut parfois plusieurs tentatives pour que l'enfant s'habitue.

Pour les enfants de 2 à 3 ans, nous varions le plus

possible les légumes et nous évitons de les donner en purée. Nous leur proposons aussi bien du chou-fleur en gratin que des endives, de la ratatouille, des tomates farcies ou du gratin dauphinois. Nous faisons même parfois des pizzas ou des quiches.

Les enfants préfèrent-ils le pain ou les gâteaux secs ?

Nous donnons parfois des tartines de pain, beurre, confiture ou chocolat, mais nous préférons varier en faisant des gâteaux maison : tarte aux pommes, aux poires, biscuits au yaourt, biscuits roulés à la confiture et dès 15 mois les enfants apprécient.

Aiment-ils les fruits ?

Oui, il y a parfois quelques exceptions. Nous avons rarement des problèmes d'alimentation, mais nous tenons à ce que l'enfant goûte ce qu'on lui propose et le plus souvent il en redemande. Le côté positif de la collectivité, c'est que les enfants se stimulent et acceptent ce que nous leur proposons. Les bonnes habitudes alimentaires sont prises dès le départ. Il y a plus de problèmes dans les familles.

Menus d'été

Concombre
Bœuf rôti
Purées de pommes de terre et haricots verts (petits)
Ratatouille (grands)
Cerises

15 heures
Jus de fruits pour tous

16 heures
Tapioca (petits)
Salade d'ananas avec gâteaux secs (grands)

Fonds d'artichaut
Poulet rôti
Gratin dauphinois (grands)
Purée de pommes de terre, tomates, salade (petits)
Pêches

15 heures
Jus de fruits

16 heures
Fromage blanc (petits)
Tarte aux poires (grands)

Tomates
Veau rôti avec purée de pommes de terre et de courgettes (petits)
Lentilles aux saucisses (grands)
Poires

15 heures
Jus de fruits

16 heures
Semoule au lait (petits)
Crème à la vanille et gâteaux secs (grands)

Menus d'hiver

Concombre (petits)
Avocat (grands)
Bœuf rôti avec purée de pommes de terre, de poireaux et de carottes (petits)
Hachis parmentier (grands)
Pommes mixées (petits)
Clémentines (grands)

15 heures
Jus de fruits

16 heures
Bouillie (petits)
Gâteau au yaourt (grands)

Betterave
Rôti de dindonneau avec purée de pommes de terre et de carottes (petits)
Rôti de dindonneau avec macédoine de légumes (grands)
Ananas

15 heures
Jus de fruits

16 heures
Semoule au lait (petits)
Crème au chocolat et gâteaux secs (grands)

Carottes râpées
Filet de merlan avec purée de pommes de terre et de salade (petits)
Filet de merlan avec chou-fleur au gratin (grands)
Pommes et poires mixées (petits)
Pommes au four (grands)

15 heures
Jus de fruits

16 heures
Fromage blanc (petits)
Gâteau roulé à la confiture (grands)

Salade mixée
Épaule de mouton rôtie
Purée de pommes de terre et d'endives (petits)
Pommes de terre et haricots verts (grands)
Raisins et pommes mixés (petits)
Raisins (grands)

15 heures
Jus de fruits

16 heures
Petits-suisses à la confiture (petits)
Tarte aux pommes (grands)

UNE DIRECTRICE DE JARDIN D'ENFANTS

On les habitue à manger de tout en leur faisant goûter

Madame la Directrice, je crois qu'au jardin d'enfants vous avez des petits de 2 ans et demi à 6 ans. Pourriez-vous m'indiquer leur genre d'alimentation ?

Bien sûr, je vais vous donner quelques-uns de nos menus.

Les petits qui sont pour la première année ici ne sont-ils pas trop dépaysés de prendre leur repas en commun ?

Les enfants qui déjeunent ici (25 sur l'effectif total de 65) viennent pour la plupart de la crèche. Ce qui les déroute ce n'est donc pas la collectivité, à laquelle ils sont habitués, mais la nourriture elle-même, qui est différente de celle de la crèche.

Avez-vous, madame la Direcrice, une cuisine à l'école?

Nous avons une cuisine, petite, qui ne nous permet pas de préparer les repas. Ceux-ci sont préparés dans une cuisine centrale et nous sont livrés dans des marmites isothermes. Sur place nous coupons la viande qui arrive en tranches, ou en cubes, ou en petits morceaux, nous pressons les pamplemousses et les oranges prévus en entrées ou en dessert (c'est plus pratique de faire boire des jus), nous épluchons les fruits, etc. Nous faisons quelquefois des gâteaux ou des crêpes avec les enfants.

Les parents sont-ils au courant des menus?

Oui, les menus de la semaine sont toujours affichés. Cela permet aux parents d'équilibrer l'alimentation de la journée. Les enfants sortent à 16 h 15, ils ne prennent pas le goûter ici. En revanche, au début du mois, chaque enfant apporte un paquet de biscuits. Nous les mettons en commun et en donnons un aux enfants le matin à 10 heures au cours d'une petite pause.

Que boivent les enfants au cours du repas?

De l'eau.

Les enfants s'intéressent-ils à leur menu?

Pas les petits mais les plus grands demandent à leurs parents.

Les plats leur plaisent-ils en général?

Oui. On ne les force jamais, mais on les habitue à manger de tout en leur faisant goûter.

Pensez-vous qu'il soit préférable pour les enfants de prendre leur repas chez eux ou à la cantine?

Si l'enfant peut manger chez lui dans de bonnes conditions, c'est idéal, mais s'il est bousculé et pressé par manque de temps, il vaut mieux qu'il déjeune sur place.

D'une part les enfants ici sont peu nombreux; nous les connaissons, ce qui nous permet d'adapter à chacun sa ration. Nous avons le temps de nous occuper d'eux.

Ils ne restent que jusqu'à 16 heures et ne sont donc pas fatigués par une trop longue journée même quand ils réstent pour le déjeuner, d'autant qu'après le repas tous les enfants se reposent dans des petits lits.

D'autre part les repas sont équilibrés et servis en quantités suffisantes, il n'y a donc pas de problème.

Menu d'un jardin d'enfants de Paris

LUNDI

Carottes râpées
Rôti de veau
Riz créole
Compote de pommes
Gâteaux secs

MARDI

1/2 pamplemousse
Jambon
Pâtes au gruyère
Fromage
Fruit

MERCREDI

Salade de mâche
Rôti de veau
Pomme purée
Salade d'endives
Tartelette aux abricots

JEUDI

Carottes râpées
Rosbif
Haricots verts et pommes de terre
Crème de banane
Brioche

VENDREDI

Salade concombres
Poisson vinaigrette
Choux-fleurs et pommes de terre sauce blanche
Yaourt
Gâteaux secs

SAMEDI

Saucisson sec
Rosbif
Pommes de terre et carottes au beurre
Salade
Fruit

Menus d'une école primaire de Paris

LUNDI

Salade d'endives
Cuisseau de veau
Rizotto
Tranche d'ananas

MARDI

Saucisson frais
Carottes râpées
Rosbif
Pommes de terre et haricots verts (surgelés)
Hollande
Pomme

MERCREDI

Salade de laitue
Mouton
Lentiles
Purée
Crème au chocolat
Madeliene

JEUDI

Potage aux légumes
Veau marengo
Jardinière de légumes
Camembert
Banane

VENDREDI

Salade de betteraves
Poisson sauce rémoulade
Pommes de terre maître d'hôtel (beurre, citron, persil)
Demi-sel
Orange

SAMEDI

Choux-fleurs vinaigrette
Hachis parmentier
Salade verte
Quetsches au sirop
Ménélik

CHAPITRE V

Les chefs « trois étoiles »

RAYMOND THUILIER
L'Oustaù de Baumanière, Les Baux-de-Provence

« Même pour un bébé, mettez la table! »

J'ai trois petits-fils. Ce sont les meilleurs clients de Baumanière parce qu'ils vivent ce qu'ils mangent. Les heures qu'ils ont passées dans les cuisines de l'établissement que je dirige leur ont ouvert des horizons, et m'en ont ouvert à moi aussi.

Je croyais avoir tout vu, tout compris de mon métier. Je pensais avoir été mis en présence de toutes les formes de goût.

Mes petits-enfants m'ont démontré que l'on pouvait toujours apprendre. La gastronomie c'est comme la peinture. Il n'y a jamais deux lumières identiques, deux saveurs ne se confondent jamais.

Ainsi, mes petits-enfants m'ont amené à revoir le problème des horaires. Une des questions que les enfants ne posent pas, c'est : « A quelle heure mange-t-on ? » Ils disent : « Si on mangeait ? » Leur appétit, comme leur goût, est impératif.

La gastronomie devrait faire partie d'un programme rationnel d'éducation. Elle est une forme de sensibilité. Un enfant ne doit pas être nourri comme un animal. C'est à table peut-être que la « bête » qui sommeille dans l'homme apparaît le plus facilement. C'est à table que l'enfant doit apprendre à se surveiller.

Contrairement à ce que l'on peut lire dans certains livres démodés, le petit enfant n'est pas un tube digestif. Il naît avec toutes ses papilles du goût et très rapidement, après quelques semaines, je crois, il est capable de différencier les odeurs, les couleurs, les saveurs. C'est à ce moment déjà que les parents doivent surveiller et varier sa nourriture.

Rien ne m'attriste plus que de voir un enfant, même tout petit, nourri en hâte, sans recherche, sans fantaisie, sans goût. Les parents oublient en général que leur bébé mange d'abord avec les yeux. Avant de goûter il regarde. C'est pourquoi, à mon avis, il est si important de créer autour de la nourriture, et le plus tôt possible, un décor agréable, appétissant. Choisissez, même à l'époque des bouillies et des farines, une vaisselle colorée, utilisez des nappes de tissu ou de papier de couleurs gaies, n'hésitez pas à adjoindre une fleur à la table ou un détail amusant. En d'autres termes, même pour un bébé, mettez la table!

Le commerce commence à tenir compte de ce problème visuel et on trouve maintenant des aliments préparés, de couleur agréable.

La maman devra dans la mesure du possible varier la forme des aliments qu'elle donne à son bébé. Évitez dès que possible les purées qui déforment. Gardez aux aliments leur forme naturelle : que les œufs ressemblent à des œufs, les légumes à des légumes. Quand je sers un poulet poché à mes petits-enfants, ils l'apprécient encore plus quand il arrive sur la table dans une cocotte en terre dont le couvercle représente une tête de coq. La présentation décorative parle à l'esprit des enfants même très jeunes.

A Baumanière, nous nous sommes fait une réputation, en partie, grâce à notre service raffiné. Les enfants aussi ont le droit au raffinement. Je dirai même que c'est un de leurs droits imprescriptibles.

Il y a peu de temps, un monsieur d'un certain âge m'a fait cette confidence à l'issue d'un dîner : « Monsieur Thuilier, nous avons dîné merveilleusement, aux chandelles, dans un décor de rêve. Jamais nous n'aurions eu l'idée de faire cette expérience si notre fille ne nous l'avait demandé en récompense d'un succès à un examen. C'est elle, le croiriez-vous, qui nous a convertis à la gastronomie. »

En traversant la salle, je jetai un coup d'œil à la table, la petite fille était là, bien sage, ravie. Elle devait avoir une dizaine d'années.

Savoir apprécier un plat de qualité, en distinguer les saveurs, en apprécier l'équilibre n'est pas une disposition naturelle. C'est le résultat d'une éducation. Plus tôt cette éducation commence – à l'époque des bouillies ou des premiers potages –, mieux cela vaudra. Telle est, depuis longtemps, ma conviction sincère!

ALEX HUMBERT
Maxim's, Paris

« Les enfants nous donnent des leçons de gastronomie »

C'est de ma prime enfance que viennent mes plus grands souvenirs de cuisine. Ma mère, dans ce domaine, était une grande artiste et, si j'ai acquis quelques qualités dans mon métier et quelque notoriété, je ne saurai assez lui rendre hommage. Je n'avais pas encore 3 ans qu'elle s'employait déjà à éveiller mon goût, à créer mon sentiment gastronomique en variant mes menus et en inventant pour moi de nouveaux plats, aussi souvent que possible.

Elle continua d'ailleurs par la suite et je dois dire que ma vocation de cuisinier est née de cette constance : à 18 ans, je n'avais dans ma bibliothèque d'ouvrage plus précieux que le recueil de recettes de ma mère. Je viens d'ailleurs de refuser une nouvelle fois à une maison d'édition le droit de rendre public le contenu de ce livre. J'ai agi avec mes enfants, et aujourd'hui, mes petits-enfants, comme ma mère a agi avec moi.

A l'âge de 5 ans, ma fille, qui est aujourd'hui conseillère ménagère dans une très importante entreprise de fabrication de desserts industriels, épluchait elle-même ses légumes. Je m'étais fait un point d'honneur à Herblay, où je dirigeais alors le restaurant de *Yacht Motor Club de France,* de ne jamais lui servir le même potage deux fois par semaine. Jamais je ne l'ai forcée à manger quelque chose qu'elle n'aimait pas.

Je n'ai jamais compris d'où venait cette habitude d'obliger les enfants à manger tout ce qui arrive sur la table.

Pourquoi n'auraient-ils pas de goût comme les adultes? Ma fille détestait les endives, elle n'en a jamais mangé. Elle les déteste toujours. Elle n'en mange pas.

Le conseil cardinal que je donne aux parents qui comprennent la nécessité de faire de leurs enfants des gastronomes précoces, c'est : « N'abusez pas de votre pouvoir. Tenez compte des goûts des petits comme vous tenez compte des vôtres. »

J'irai même plus loin. Inspirez-vous à table du comportement de vos enfants, voyez quelle extrême importance ils attachent dès le plus jeune âge à ce qu'ils mangent. Regardez leur visage s'assombrir dès qu'arrive sur leur assiette un plat qu'ils n'aiment pas, ou qu'ils aiment moins. Notez comme toute leur journée peut être rendue maussade par un repas hâtif ou par un plat mal réalisé. Et qui a oublié les tragédies qui peuvent déterminer l'obligation de manger des « salsifis » (quand on ne les aime pas) ou de finir du blanc de poulet, quand il a un goût de fiel. Chez l'enfant les réactions gastronomiques existent dans leur complète intensité. A l'état pur.

C'est auprès des enfants que j'ai pris mes plus grandes leçons de gastronomie! Mais s'ils nous apprennent l'importance de manger, c'est à nous de leur apprendre à manger. Comme toutes les sensibilités humaines, celle du goût s'alerte et s'éduque.

Il suffit souvent de bien peu de chose. Un seul plaisir gastronomique, s'il est très vif, peut entraîner tous les mécanismes subtils de l'appréciation.

Certains des meilleurs clients de *Maxim's* l'ont compris. Une fois par semaine, ils m'envoient en cuisine leurs enfants de 4 à 12 ans. J'ai la mission de leur préparer un goûter gastronomique – ce qui ne veut pas dire un goûter compliqué.

« On peut mettre autant de talent dans une tartine beurrée que dans un entremets compliqué, disait ma mère. Il s'agit de bien choisir le pain et le beurre. Et c'est toute une affaire! »

A tout cela, on voit bien que la gastronomie est avant tout un art de l'enfance, dans la mesure où l'on se trouve toujours renvoyé aux souvenirs et aux émotions de l'enfance.

Rien ne peut me faire plus plaisir qu'un coup de téléphone comme celui que j'ai reçu un jour, peu avant les fêtes de Noël, d'un de mes fidèles clients, le célèbre armateur Aristote Onassis : « Alex, pour les fêtes, tu me feras un potage poireaux-pommes de terre. Il n'y a que chez *Maxim's* qu'on le fait aussi bien que le faisait ma mère ! »

LASSERRE
Paris

« La gastronomie ? un retour vers l'éblouissement de l'enfance »

Mon enfance s'est écoulée dans la contemplation de la marmite de mon grand-père. Ce n'est pas une marmite ordinaire : dans la vieille ferme où je passais mes vacances, en Chalosse, entre Dax et Orthez, cette marmite, qui semblait vieille comme le temps, montait et descendait constamment, le long de sa crémaillère. J'aidais mon grand-père à y faire mijoter un pot-au-feu dont le fumet emplit toujours ma mémoire. Avec mon grand-père, j'allais choisir un morceau de bavette de bœuf. La veille, nous épluchions les légumes. Nous choisissions une farce légère à base d'œufs, de petites feuilles de choux cavaliers, d'un peu d'oignons, etc. Le lendemain, toute la famille attendait avec impatience l'arrivée sur la grande table de ce somptueux pot-au-feu. Pour nous, les enfants, il représentait plus qu'un plat savoureux, c'était un symbole, à la fois de la science des adultes et de leur tendresse.

Ce pot-au-feu se chargeait de solennité. Encore aujourd'hui, je ne peux y penser sans une grande émotion, et j'en ai tiré la conclusion que l'on ne se nourrit pas seulement avec le goût mais aussi avec les yeux et avec le cœur.

Je ne suis pas loin de penser que c'est à travers les joies de la table que l'enfant prend conscience du monde extérieur. Devenu adulte, il recherche toujours le souvenir de ses premières émotions gastronomiques.

C'est pourquoi, ici, chez *Lasserre,* nous nous sommes fait une règle de soigner non seulement la qualité des mets, mais aussi tout ce qui les entoure : le couvert, les nappes, le service et même un discret fond musical apte à recréer l'atmosphère propice aux souvenirs.

Le meilleur cuisinier que l'on rencontre dans sa vie est celui qui vous initie aux joies de la gastronomie. Ainsi, je ne pense pas avoir jamais mangé, moi qui ai goûté à toutes les saveurs, un plat meilleur que la « soupe aux herbes » que préparait mon grand-père (voir recette). De temps en temps il y mettait un cou d'oie. Et je ne suis pas sûr encore aujourd'hui, alors que chez *Lasserre* il y a la meilleure brigade de cuisiniers apprentis, de réussir aussi bien que lui les crêpes ou la farce!

Toutes les célébrités du monde ont déjeuné chez *Lasserre*. Ils sont tous membres du « Club de la casserole » dont la réputation internationale est solidement établie. Pour eux, nous avons mis au point une carte variée et somptueuse. Des spécialistes sculptent dans la mie de pain de véritables œuvres d'art qui accompagnent chaque service. Nous présentons des fleurs réalisées dans les différents légumes; quand le canard à l'orange arrive sur la table, il est en général accompagné d'un petit moulin décoré au fer rougi, et la sole agrémentée d'une petite caravelle. Au sommet de ces édifices, nous plaçons une orange évidée et trouée, éclairée de l'intérieur. Cela nous prend beaucoup de patience, beaucoup de soin. Mais, je suis sûr que grâce à cette mise en scène gastronomique, les saveurs raffinées que nous proposons à nos clients, s'enrichissent encore de tout le poids de l'enfance passée.

CLAUDE TERRAIL
La Tour d'Argent, Paris

Naissance d'une vocation

L'étude du soir était à peine commencée chez les pères de l'école Fénelon que le concierge apparut : « Terrail, chez le principal! »

En traversant la cour, grelottant de tous mes membres, je refaisais mon examen de conscience. J'avais 9 ans, c'était le premier jour du trimestre. Quelle faute avais-je commise? Je frappais à la porte. L'ogre m'attendait. Il bondit, m'étreignit et je crus m'évanouir. Mais c'était pour me féliciter. « Ah, que c'est bon! » me dit-il, tendant son index vers la terrine de foie gras que mon père, restaurateur, lui avait fait parvenir.

Telle fut, d'aussi loin que je me souvienne, la première découverte de la gastronomie, car, de ce jour, un univers nouveau me fut révélé : l'univers de la table, l'univers dans lequel « bouffer », cette occupation vulgaire et biquotidienne du réfectoire, devenait un acte quasi religieux. Certes, j'avais entrevu chez mes parents des réceptions magnifiques. Il m'était arrivé, avec mon frère Jean, de plonger à pleines mains dans la gelée diaphane et tremblante dont la consistance nous réjouissait autant que le goût. Mais ce n'étaient que des images disparates. Cette émotion vraie, sans laquelle un restaurateur n'est qu'un marchand de soupe, je venais seulement de l'éprouver. Désormais, l'idée de consacrer ma vie à ce métier ne me quitta plus.

Dès cette époque, avec mon frère, dans notre chambre de garçons, nous avons reçu nos camarades, dressant des buffets avec les restes des banquets de nos parents que nous dérobions avec la complicité des domestiques.

Un ami dont le père était « président du Club des Cent » nous recevait de même chez lui. Nous échangions nos souvenirs, nos impressions, nos idées. Il me souvient même d'avoir, dans le dortoir rose du collège, improvisé en pleine nuit un banquet avec buffet et tenue de soirée (nos chemises de nuit en l'occurrence) et la fête battait son plein, quand une incompréhensive surveillante, Mlle Boulisto, dont le visage ascétique était un défi à la restauration, vint nous rappeler que des enfants ne doivent pas vivre, ni surtout se lever la nuit, pour manger. J'ai raconté dans mon livre *Je suis restaurateur,* paru dans la collection « Mon métier » aux éditions du Conquistador, comment cette pauvre Mlle Boulisto faillit, par une sévère sanction, étouffer ma vocation et compromettre une carrière naissante. Par la suite, mes parents m'envoyèrent en Angleterre, puis en Autriche, compléter une éducation orageuse.

Je n'étais pas admis, même en vacances, aux dîners de la *Tour d'Argent* que dirigeait mon père, mais j'en lisais les menus comme on lit du Jules Verne : avec enchantement, mais sans croire tout à fait que l'on parcourra un jour « 20 000 lieues sous les mers » ni que l'on descendra « au centre de la terre ».

Au fond, en présidant aux destinées de la *Tour d'Argent,* je ne fais que réaliser le rêve de mon enfance.

PAUL BOCUSE
À Collonges-au-Mont-d'Or

Papa revient de la chasse!

L'enfant n'est un enfant que dans l'esprit de ses parents. La gastronomie doit commencer très tôt. Le plus tôt possible. Prenez le gibier, par exemple : le père revient de la chasse, apportant un faisan fraîchement tué. La mère dépèce immédiatement l'oiseau, coupe le blanc du faisan (cru) et ajoute en crème le quart du poids de la viande. Elle forme une côtelette qu'elle pane et fait cuire comme une escalope de veau.

D'après moi, l'enfant peut tâter très tôt de cette gastronomie.

Au printemps, le jeune gastronome appréciera les beignets d'acacia (voir recette). Cette préparation est valable pour les enfants de 2 à 15 ans, et même bien au-delà.

Il est toute une série de saveurs qu'il est bon de faire découvrir très tôt aux enfants, beaucoup plus tôt que le conseillent les usages actuels. Ainsi, courges et potirons (voir recettes) se métamorphosent en soupes et en flans délicieux. Il faut s'en remettre à l'imagination de chaque maman. La seule condition impérieuse, dans la gastronomie pour enfants, comme dans la gastronomie tout court, est de n'utiliser que des produits de qualité irréprochable.

C'est avec le choix de la matière première que commence la gastronomie!

Sixième partie

LES RECETTES

« On parle toujours trop de cuisine, écrit Alexandre Dumas dans son *Grand Dictionnaire.* On devrait se contenter de donner des recettes ! »

Voici les recettes *Trois Étoiles pour Bébés et Juniors.* Certaines d'entre elles ont été conçues, rédigées et communiquées par les chefs Trois Étoiles distingués par le *Guide Michelin.* D'autres par des chefs « Deux » – ou « Une » Étoile. D'autres encore ont été réalisées en collaboration avec les médecins, les diététiciens, les spécialistes qui ont constamment surveillé – et qui ont repris – la rédaction de ce livre. Certaines recettes, enfin, ont été recueillies auprès de directeurs de cantines pour petits enfants, d'éducateurs – ou simplement de mamans averties.

Elles sont classées par groupes d'aliments (bouillies, potages, petites entrées à base de fromage, légumes, poissons, viandes, œufs, crudités, desserts, boissons, sauces, sandwiches). Et, à l'intérieur de chaque chapitre, réparties selon l'âge du bébé gastronome, auquel il ne reste, naturellement, et selon l'usage, qu'à souhaiter un bon appétit. S'il en manque, il vous suffira d'ailleurs de vous reporter au chapitre qui concerne l'appétit (entretien avec une spécialiste). La maman établira les proportions et la quantité des aliments qui composent les plats selon l'âge et l'appétit de l'enfant. Elle peut, en cas d'hésitation, se reporter au chapitre *Répartition des repas.*

Les proportions de certaines recettes sont établies pour la famille.

GUIDE DES MESURES EMPLOYÉES POUR LA CUISINE DE BÉBÉ

1 cuillerée à soupe = 3 cuillerées à café

	Cuillerée à soupe	*Cuillerée à café*
Eau	15 g	5 g
Lait de vache	18	6
Lait concentré sucré	11	4
Lait en poudre	7,5	2,5
Lait concentré	6	2
Sucre	15	5
Sirop	20	6
Farine, cuiller débordante	25	9
Tapioca, cuiller débordante	20	6
Maïzena	12	4
Semoule	12	4
Riz	20	6
Gruyère râpé	12	4
Jaune d'œuf dur	9	3
Miel	30	10
Lentilles	20	6
Haricots secs	30	10
Sel	15	5

	Un verre	*Une tasse à café*	*Un bol*
Eau	170 à 150 g	120 à 100 g	450 à 400 g
Lait de vache	180 à 160	130 à 110	460 à 410

CHAPITRE PREMIER

Les bouillies gastronomiques

A partir de 3 mois

• Crème de riz au jus d'ananas

Dans la bouillie de crème de riz, ajouter quelques gouttes de jus d'ananas.

Si le bébé refuse de boire son jus de fruit, le mettre dans sa bouillie est une bonne solution.

• Bouillie de carottes et de riz

1 l d'eau; 500 g de carottes; 1 cuillerée à soupe de riz; sel.

En fin de cuisson, ajouter le riz. Passer à la moulinette ou au mixer.

On peut donner cette soupe à partir de 3 mois comme aliment exclusif pour traitement de la diarrhée — souveraine pour toutes les diarrhées.

• Bouillie aux 5 céréales et à la pomme

Dans la bouillie aux 5 céréales, ajouter une cuillerée de compote de pommes sucrée très légèrement au miel.

• Crème de riz à la carotte

Dans la bouillie de crème de riz, ajouter une cuillerée de purée de carottes.

Cette bouillie a des qualités astringentes.

• Bouillie aux 5 céréales et à la carotte

Dans une bouillie aux 5 céréales, ajouter deux cuillerées de purée de carottes.

• Crème de riz aux haricots verts

Dans la bouillie de crème de riz, ajouter quelques haricots verts cuits et très finement hachés.

• Crème de riz à la compote de pommes

Dans la bouillie de crème de riz, ajouter une cuillerée à café de compote de pommes.

• Bouillie lactée à la banane

Dans la bouillie de farine lactée faite à l'eau, ajouter un quart de banane tigrée, pochée et écrasée.

• Bouillie lactée à l'ananas

Dans la bouillie de farine lactée faite à l'eau, ajouter deux cuillerées à café de jus d'ananas frais.

• Bouillie lactée à la poire

Dans la bouillie de farine lactée faite à l'eau, ajouter un quart de poire bien mûre ou pochée et écrasée.

• Crème de riz à l'orange

Dans la bouillie de crème de riz, ajouter quelques gouttes de jus d'orange frais.

• Crème de riz au pamplemousse

Dans la bouillie de crème de riz, ajouter quelques gouttes de jus de pamplemousse frais.

A partir de 4 mois

• Bouillie vanillée

Dans la bouillie à la Maïzena faite à moitié au lait, à moitié à l'eau, ajouter une petite pincée de vanille naturelle et un peu de sucre en poudre. (Ne jamais employer de vanille synthetique.)

• Bouillie à l'eau de fleur d'oranger

Même bouillie, mais parfumer avec une cuillerée à café d'eau de fleur d'oranger.

• Bouillie au caramel

Même bouillie, mais parfumer avec une cuillerée à café de caramel.

• Crème de riz à la pêche

Dans une bouillie de crème de riz, ajouter une ou deux cuillerées à café de compote de pêches légèrement sucrée.

• Bouillie lactée à la gelée de pomme

Dans la bouillie à la farine lactée, ajouter une ou deux cuillerées à café de gelée de pomme.

• Bouillie aux 5 céréales à la gelée de pomme

Dans la bouillie aux 5 céréales, ajouter une cuillerée à café de gelée de pomme.

• Bouillie à la Maïzena et au bouillon de légumes

Ajouter à 10 grammes de Maïzena délayée dans un peu d'eau froide un bouillon de légumes et une cuillerée à café de jus de viande.

Tourner et laisser faire quelques bouillons.

Ajouter une petite pincée de sel.

• Crème de riz à la gelée de coing

Dans une bouillie à la crème de riz, ajouter deux cuillerées à café de gelée de coing.

Cette bouillie est conseillée en cas de selles molles.

• Bouillie d'orge au jus de viande

Dans une bouillie de farine d'orge, ajouter deux cuillerées à café de jus de bœuf cuit et un peu de sel.

• Bouillie lactée aromatisée à la vanille

Dans une bouillie de farine lactée, ajouter une demi-banane bien mûre et tigrée et une très légère pincée de vanille.

A partir de 5 mois

• Bouillie à la purée d'endives

Dans une bouillie de farines composées, ajouter deux cuillerées à soupe de purée d'endives cuites à l'eau et une petite pincée de sel.

• Bouillie à la gelée de myrtille

Dans une bouillie de farine lactée, ajouter une ou deux cuillerées à café de gelée de myrtille.

• Bouillie à la tomate

Dans une bouillie de farines composées, ajouter une demi-tomate bien mûre et épépinée.

• Crème de riz à l'œuf

Dans une bouillie de crème de riz, ajouter une noisette de jaune d'œuf dur écrasé et une petite pincée de sel.

On peut réaliser les mêmes recettes avec de la farine d'orge, ou de blé, ou d'avoine.

• Bouillie aux légumes verts

Dans une bouillie de farine d'avoine, ajouter une cuillerée à soupe de haricots verts, une petite pincée de sel et une noisette de beurre.

Dans une bouillie de farines composées, ajouter deux cuillerées à soupe de purée de fonds d'artichaut, une petite noisette de beurre et un peu de seul.

Dans une bouillie de farines composées, ajouter une cuillerée à soupe de purée de cresson, une noisette de beurre et une pincée de sel.

Le cresson est un des légumes les plus riches en vitamine C.

- **Bouillie-potage gastronomique**

Verser en pluie une cuillerée à soupe de Floraline (mélange de semoule de blé dur et de fécule de tapioca) dans un bouillon de légumes. Tourner 3 minutes à feu vif.

Ajouter une pincée de sel et une noisette de beurre.

Pour une cuillerée à soupe de Floraline, préparer environ 150 cm^3 de bouillon de légumes.

A partir de 6 mois

- **Bouillie à la semoule et au miel**

Préparer une semoule au lait : verser en pluie dans 180 grammes de lait bouillant une cuillerée à soupe de semoule; laisser cuire environ 15 minutes le mélange. Au moment de servir, ajouter une cuillerée à café de miel.

- **Bouillie à la semoule et à l'abricot**

Même recette. Ajouter au moment de servir un abricot poché passé en purée et une cuillerée à café de sucre en poudre.

- **Bouillie à la semoule et à la pomme**

Même recette. Ajouter au moment de servir deux cuillerées à soupe de compote de pommes légèrement citronnée. Ajouter une cuillerée à café de sucre en poudre.

- **Bouillie-potage au tapioca et à la tomate**

Verser en pluie dans 180 grammes de bouillon de légumes à ébullition une cuillerée à soupe de tapioca.

Laisser cuire 20 minutes environ.

Tourner le mélange pendant la cuisson.

Ajouter hors du feu, au moment de servir, du sel, une noisette de beurre et la pulpe d'une tomate bien mûre et soigneusement épépinée.

- **Bouillie à la semoule et à la gelée de coing**

Verser en pluie dans 180 grammes de lait bouillant une cuillerée à soupe de semoule de blé. Laisser cuire environ 15 minutes en remuant le mélange.

Ajouter deux cuillerées à café de gelée de coing.

• **Bouillie à la semoule et à la gelée de pommes**

Même recette, mais avec de la gelée de pomme.

• **Bouillie à la semoule et à la gelée de myrtille**

Même recette, mais avec de la gelée de myrtille.
La gelée de myrtille a des propriétés antidiarrhéiques.

• **Bouillie-potage au tapioca**

Verser en pluie dans 180 grammes de lait bouillant une cuillerée à soupe de tapioca. Ajouter une petite gousse de vanille naturelle et une cuillerée à café de sucre. Laisser cuire environ 20 minutes.

Tourner le mélange pendant la cuisson.

• **Bouillie-potage à la semoule**

Verser en pluie dans 180 grammes de bouillon de légumes en ébullition une cuillerée à soupe de semoule de blé dur. Laisser cuire environ 15 minutes en remuant le mélange.

Ajouter, hors du feu, du sel, une noisette de beurre et quelques grammes de carottes passées.

A partir de 14 mois

• **Porridge anglais**

1/3 de l d'eau; 2 cuillerées à café de crème d'avoine; sel; 1 cuillerée à café de lait concentré; sucre.

Préparation : 5 minutes. – *Cuisson :* 15 minutes.

Faire bouillir de l'eau, ajouter le sel. Verser en pluie la farine d'avoine dans l'eau. Remuer jusqu'à faire une bouillie consistante. Laisser à feu doux 15 minutes. Ajouter une cuillerée à café de lait concentré dans l'assiette, et le sucre.

Très bon avec un peu de purée de fruits frais écrasés, pêche très mûre, pomme râpée, etc.

• **Bischer Muesli aux gâteaux vanillés**

1 cuillerée à soupe de flocons d'avoine; 3 cuillerées à soupe d'eau; 1 cuillerée à café de jus d'orange; 1 cuillerée à café de lait concentré sucré; 1 biscuit sec à la vanille.

Trempage : 12 heures. – *Préparation :* 5 minutes.

Mettre à tremper 12 heures les flocons d'avoine dans l'eau.

Avant de servir, ajouter au mélange le jus d'orange, le lait concentré sucré et le biscuit sec parfumé au sucre vanillé et pulvérisé.

• Bischer Muesli à la banane

1 cuillerée à soupe de flocons d'avoine; 3 cuillerées à soupe d'eau; 1/2 banane tigrée bien mûre; 2 cuillerées à café de lait concentré sucré; le jus de 1/4 de citron.

Trempage : 12 heures. – *Préparation :* 5 minutes.

Mettre à tremper 12 heures les flocons d'avoine dans l'eau.

Au moment de servir, mélanger la préparation à une cuillerée à café de jus de citron et 2 cuillerées à café de lait concentré sucré. Couper la demi-banane en rondelles très fines et l'ajouter.

• Bischer Muesli à la gelée de pomme

1 cuillerée à soupe de flocons d'avoine; 3 cuillerées à soupe d'eau; 1 cuillerée à dessert de gelée de pomme; 1 cuillerée à dessert de lait concentré sucré.

Trempage : 12 heures. – *Préparation :* 5 minutes.

Mettre à tremper 12 heures les flocons d'avoine dans l'eau.

Avant de servir, ajouter au mélange le lait concentré sucré et la gelée de pomme.

La même recette est possible avec de la gelée de groseille.

• Bischer Muesli à la pomme

1 cuillerée à soupe de flocons d'avoine; 3 cuillerées à soupe d'eau; 1/2 pomme; 1 cuillerée à café de lait concentré sucré; le jus de 1/4 de citron.

Trempage : 12 heures. – *Préparation :* 5 minutes.

Mettre à tremper 12 heures les flocons d'avoine dans l'eau.

Au moment de servir, mélanger à la préparation le jus de citron et le lait concentré sucré; ajouter la demi-pomme râpée.

La même recette est possible avec de tout petits morceaux de poire.

A partir de 16 mois

• Bischer Muesli aux amandes

1 cuillerée à soupe de flocons d'avoine; 3 cuillerées à soupe d'eau; 4 amandes pilées; 1 cuillerée à café de lait concentré sucré; 1 cuillerée à café de miel.

Trempage : 12 heures. – *Préparation :* 10 minutes.

Mettre à tremper 12 heures les flocons d'avoine dans l'eau.

Au moment de servir, mélanger à la préparation le lait concentré sucré, les amandes pilées et le miel.

A partir de 18 mois

• Bischer Muesli aux fruits rouges

1 cuillerée à soupe de flocons d'avoine; le jus de 1/4 de citron; une cuillerée à café de lait concentré sucré; quelques fruits rouges.

Trempage : 12 heures. – *Préparation :* 10 minutes.

Mettre à tremper 12 heures les flocons d'avoine dans 3 cuillerées à soupe d'eau.

Au moment de servir, ajouter au mélange : le jus de citron, 1 cuillerée à café de lait concentré sucré, des fruits rouges frais : groseilles, framboises, fraises des bois, fraises (si elles sont trop grosses, les couper en morceaux).

A partir de 2 ans

• Bischer Muesli aux agrumes

1 cuillerée à soupe de flocons d'avoine; 3 cuillerées à soupe d'eau; quelques tranches d'agrumes; 2 cuillerées à café de lait concentré sucré; le jus de 1/4 de citron.

Trempage : 12 heures. – *Préparation :* 10 minutes.

Mettre à tremper 12 heures les flocons d'avoine dans l'eau.

Au moment de servir, mélanger à la préparation : 1 cuillerée à café de jus de citron, le lait concentré sucré, des petites tranches d'orange, de mandarine, ou de pamplemousse, débarrassées de leur peau blanche et coupées à vif.

CHAPITRE II

Les potages

A partir de 3 mois

• Bouillon de carottes et de riz

1 l d'eau; 500 g de carottes; 1 cuillerée à soupe de riz; sel.

Préparation : 10 minutes. – *Cuisson :* 2 heures.

En fin de cuisson, ajouter le riz. Passer à la moulinette ou mixer.

On peut donner cette soupe à partir de 3 mois comme aliment exclusif pour traitement de la diarrhée.
Souveraine pour toutes les diarrhées.

A partir de 4 mois

• Potage de cresson velours vert

1 pomme de terre; quelques feuilles de cresson; 1/3 de l d'eau; 1 cuillerée à café de Maïzena; 1 noisette de beurre.

(Augmenter selon l'âge la quantité de cresson.)

Préparation : 10 minutes. – *Cuisson :* 35 minutes.

Éplucher, laver, équeuter le cresson. Le mettre dans de l'eau froide. Laisser cuire 35 minutes. En fin de cuisson, ajouter une cuillerée à café de Maïzena. Passer à la moulinette. Ajouter le beurre. Ajouter deux cuillerées à café de lait concentré, au besoin.

Le cresson est une des principales sources de vitamine C et il est très riche en calcium et en fer.

• Soupe de carottes

4 carottes (environ 350 g); 3/4 de l d'eau; sel; beurre; persil.

Préparation : 5 minutes. – *Cuisson :* 45 minutes.

Peler et couper les carottes en morceaux. Faire bouillir 45 minutes jusqu'à réduction de 1/3 de l'eau (autocuiseur : 10 minutes). Passer les carottes. Mélanger avec l'eau de cuisson. Ajouter le sel, du persil haché très finement et une noisette de beurre.

Astringent pour les bébés ayant des selles molles!

• Soupe de carottes sucrée

Même recette que la soupe de carottes.

Ajouter, en fin de cuisson, 1 sucre, et dans l'assiette, 1 cuillerée à café de lait concentré qui rend le potage très onctueux.

• Soupe au lait

Quelques tranches très fines de pain de mie – ou mieux, 2 biscottes en morceaux; 200 g de lait que l'on fait bouillir avec la gousse de vanille; 1 sucre, ou 1 cuillerée à café de miel.

Préparation : 2 minutes. – *Cuisson :* 2 minutes.

Faire griller le pain au four. Placer dans l'assiette. Verser le lait bouillant sucré avec du miel ou du sucre.

Servir très chaud.

Bébé l'adore!

• Soupe de légumes

1 pomme de terre; 1 carotte; quelques feuilles de laitue; sel; beurre; persil; 1/3 de l d'eau.

Préparation : 10 minutes. – *Cuisson :* 1 heure.

Faire cuire les légumes dans de l'eau salée. Passer ces légumes au mixer (pour rendre le mélange onctueux), les mélanger à 150 g d'eau de cuisson (pour récupérer les sels minéraux qui se dissolvent dans l'eau). Ajouter une noisette de beurre.

• Soupe de légumes et de farine

1 pomme de terre; 1 carotte; quelques feuilles de laitue; sel; beurre; 1/3 de l d'eau; 2 cuillerées à café de farine.

(Augmenter selon l'âge la proportion de légumes)

Préparation : 10 minutes. – *Cuisson :* 40 minutes.

Faire cuire les légumes dans de l'eau salée. Passer les légumes, réincorporer 20 grammes de légumes passés, les mélanger à 150 grammes d'eau de cuisson (toujours pour récupérer les sels minéraux dissous dans l'eau de cuisson). Ajouter deux cuillerées à café de crème de riz, d'avoine ou de froment. Recuire le tout 10 minutes.

Avec la farine instantanée : bien délayer et ne pas faire recuire.

Pour habituer bébé aux légumes – 1er pas vers l'alimentation variée.

A partir de 5 mois

• Soupe de légumes enrichie

1 poireau; 1 pomme de terre; quelques feuilles d'épinards ou de laitue; 1 branche de céleri; sel; beurre; 1/2 l d'eau; 1 biscotte en morceaux; 1 cuillerée à café de lait concentré.

(Augmenter selon l'âge la proportion de légumes)

Préparation : 10 minutes. – *Cuisson :* 30 minutes.

Faire cuire à feu doux les légumes dans de l'eau salée avec la biscotte brisée. Passer. Mélanger 20 grammes de légumes à 150 grammes d'eau de cuisson. Ajouter dans l'assiette le beurre et le lait.

Le goût de la biscotte adoucit celui du poireau et du céleri.

Soupe légèrement laxative.

• Crème Maïzena verdure

1 cuillerée à soupe de Maïzena; 2 cuillerées à soupe de lait; 2 cuillerées à soupe d'eau; 1 sucre en morceau; sel.

Préparation : 5 minutes. – *Cuisson :* 15 minutes.

Mélanger la Maïzena et l'eau. Faire bouillir le lait, ajouter le sucre et le sel. Verser, en remuant, la Maïzena et le lait. Faire bouillir 15 minutes en remuant.

A la dernière minute, mélanger une petite purée d'artichauts ou de haricots verts.

• Potage aux pommes

1 ou 2 pommes; 250 g d'eau; 2 cuillerées à café de tapioca; 1 sucre; 2 cuillerées à café de lait concentré; une noisette de beurre.

Préparation : 5 minutes. – *Cuisson :* 20 minutes.

Faire cuire la pomme non pelée 10 minutes. Écraser, et passer. Remettre sur feu doux avec l'eau de cuisson. Ajouter le tapioca en pluie. Remuer (pendant 8 minutes environ). Puis, ajouter le lait et le beurre, dans l'assiette.

Un potage-dessert avec des vitamines.

• Velours de légumes verts au tapioca

1 pomme de terre; 2 carottes; quelques feuilles de laitue; quelques feuilles de cresson; persil; 1/3 de l d'eau; sel; 1 cuillerée à café de crème de tapioca.

Préparation : 10 minutes. – *Cuisson :* 1 heure.

Faire cuire les légumes à feu doux dans de l'eau salée. Passer les légumes. Mélanger avec 200 grammes d'eau de cuisson. Ajouter une cuillerée à café de crème de tapioca, au préalable dissoute dans une cuillerée à soupe d'eau. Mélanger en tournant. Faire cuire 10 minutes. Ajouter le beurre.

Facile à digérer, onctueux, très nourrissant.

A partir de 6 mois

• Potage de froment grillé au gruyère

20 g de farine de froment grillé; 1 cuillerée à soupe de lait froid; 200 g de lait; 1 cuillerée à café de gruyère râpé; sel.

Préparation : 2 minutes. — *Cuisson :* 15 minutes.

Délayer dans un peu de lait la farine et sel. Verser le lait sur le mélange. Faire cuire 15 minutes. Ajouter en fin de cuisson le fromage râpé.

A partir de 7 mois

• Potage « Quaker Oats » rose

1 cuillerée de flocons d'avoine; 1/4 de l de bouillon de légumes; 1/2 tomate crue pulpée; cerfeuil haché; noisette de beurre.

(Pour les plus grands, mettre une tomate entière)

Préparation : 5 minutes. — *Cuisson :* 30 minutes.

Porter le bouillon à ébullition. Verser en pluie les flocons d'avoine. Faire cuire 30 minutes, doucement, à découvert. Ajouter, après cuisson, sel, cerfeuil haché, tomate pulpée, beurre.

Des vitamines et des protides!

• Velours de légumes à la semoule

1 pomme de terre; 2 carottes; quelques feuilles de cresson; 1/3 de l d'eau; sel; 2 cuillerées à café de lait évaporé; 1/2 tomate pulpée; semoule; 1 cuillerée à café.

Préparation : 10 minutes. — *Cuisson :* 45 minutes.

Faire cuire à feu doux, dans de l'eau salée, les légumes (ou à l'autocuiseur : 10 minutes). Passer, mélanger avec 200 grammes d'eau de cuisson. Ajouter la semoule en pluie. Tourner. Faire cuire 10 minutes. Sortir du feu. Ajouter la tomate pulpée, du beurre.

On peut incorporer, pour rendre le velours plus doux, une cuillerée à café de lait concentré.

A partir de 8 mois

• Potage vert au lait

1/4 de l de lait; quelques feuilles de cresson et de cerfeuil hachées très fin; tartines de pain grillées, ou 2 biscottes; sel; 1 cuillerée à café de lait concentré.

Préparation : 5 minutes. – *Cuisson :* 3 minutes.

Faire griller une ou deux tartines de pain. Placer dans l'assiette. Saupoudrer de cerfeuil et de cresson hachés. Ajouter du sel. Verser le lait bouillant. Ajouter une cuillerée à café de lait concentré (qui rend plus onctueux).

Des vitamines!

• Potage de courgette

Faire cuire une courgette et une pomme de terre dans un quart de litre d'eau bouillante salée pendant 35 minutes. Mixer. Ajouter un peu de lait et de beurre ou de crème pour les plus grands au moment de servir.

A partir de 9 mois

• Crème de haricots verts

20 g de haricots verts; 200 g de lait; 2 cuillerées à café de farine; beurre; sel.

(On augmentera la quantité de haricots verts pour les plus grands)

Préparation : 10 minutes. – *Cuisson :* 10 minutes.

Faire cuire les haricots 10 minutes à l'eau bouillante. Égoutter. Passer finement pour les tout-petits, grossièrement pour les plus grands. Faire une sauce blanche avec le beurre fondu, auquel on mélange la farine, le lait, le sel. Bien remuer avec une cuiller. Faire cuire une minute ou deux. Verser les haricots verts dans la sauce. Réchauffer et servir.

• Soupe au lait et aux petites pâtes

2 cuillerées à café de petites pâtes; 200 g de lait; sel.

(On peut remplacer les petites pâtes par du vermicelle.)

Préparation : 2 minutes. – *Cuisson :* 3 minutes.

Faire chauffer le lait. Verser les petites pâtes en pluie. Tourner. Laisser cuire quelques instants. Saler légèrement.

• Bouillon d'abats de volaille aux petites pâtes

200 g de bouillon d'abats de volaille; 2 cuillerées à café de petites pâtes; sel.

Préparation : 5 minutes. – *Cuisson :* 10 minutes.

Faire cuire les petites pâtes 10 minutes dans le bouillon en ébullition. Saler légèrement. Bien écumer avant de servir.

• Bouillon de poulet à la semoule

Bouillon de poulet; 1 ou 2 cuillerées à soupe de semoule; sel.

Préparation : 10 minutes. – *Cuisson :* 10 minutes.

Préparer un bouillon. Verser en pluie dans le bouillon 2 à 3 cuillerées à soupe de semoule. Laisser bouillir 10 minutes en tournant. Saler.

• Potage express à la semoule

1/4 de l d'eau; 1 cuillerée de semoule; 1/4 de jaune d'œuf; 1 cuillerée à café de lait concentré; 1 noisette de beurre; sel.

Préparation : 2 minutes. – *Cuisson :* 5 minutes.

Faire bouillir l'eau. Verser la semoule en pluie en tournant. Laisser bouillir 5 minutes. Retirer du feu. Délayer le quart de jaune d'œuf avec le lait, dans l'assiette. Ajouter du sel. Verser le potage en ajoutant du beurre et du lait concentré (qui rend le potage plus onctueux).

A partir de 10 mois

• Bouillon de jarret de veau ou d'abattis de poulet

250 g de jarret de veau ou 2 abats de poulet; 1 carotte; 1 petit navet; 1 blanc de poireau; sel; 1 l d'eau.

Cuisson 1/2 heure en autocuiseur. Faire bouillir, passer au chinois.

• Bouillon de poule au tapioca

250 g de bouillon de poule; 2 cuillerées à café de tapioca; beurre; sel.

Préparation : 5 minutes. – *Cuisson :* 10 minutes.

Verser en pluie le tapioca dans le bouillon en ébullition, en tournant continuellement. Cuire 10 minutes, à petit feu. Servir chaud.

• Bouillon de jarret de veau aux petites pâtes

250 g de bouillon de jarret de veau; 1 cuillerée à soupe de petites pâtes.

Préparation : 5 minutes. – *Cuisson :* 10 minutes.

Faire cuire 10 minutes les petites pâtes dans le bouillon en ébullition. Saler légèrement. Bien écumer avant de servir.

• Bouillon de poule au vermicelle

200 g de bouillon de poule; 1 cuillerée à soupe de vermicelle; sel.

Préparation : 5 minutes. – *Cuisson :* 10 minutes.

Faire cuire 10 minutes le vermicelle dans le bouillon en ébullition. Saler légèrement. Bien écumer avant de servir.

• Bouillon de poule à la Maïzena

150 à 200 g de bouillon de poule; 2 cuillerées à café de Maïzena.

Préparation : 10 minutes. – *Cuisson :* 15 minutes.

Délayer dans un bol la Maïzena dans du bouillon froid. Verser le mélange dans le bouillon, en ébullition, en tournant. Laisser cuire 15 minutes environ.

A partir de 11 mois

• Bouillon de jarret de veau à la semoule

150 à 200 g de bouillon de jarret de veau; 2 cuillerées à café de semoule.

Préparation : 5 minutes. – *Cuisson :* 10 minutes.

Verser en pluie la semoule dans le bouillon en ébullition en tournant continuellement. Laisser cuire 10 minutes à petit feu. Servir chaud.

• Potage « Quaker Oats » au miel doré

2 cuillerées à soupe de flocons d'avoine; 1/2 l de lait; 1/2 cuillerée à café de miel; 1 cuillerée à café de lait concentré (facultatif).

Préparation : 5 minutes. – *Cuisson :* 30 minutes.

Porter le lait à ébullition. Y verser en pluie les flocons d'avoine. Laisser cuire 30 minutes doucement, à découvert. Retirer du feu. Ajouter le miel.

Si on veut rendre ce potage plus onctueux, on y verse 1 cuillerée à café de lait concentré.

Potage très nourrissant, à base de flocons d'avoine qui exigent une certaine mastication.

De toutes les céréales, l'avoine est la plus riche en protides.

• Potage express au tapioca

1/4 de l d'eau; 1 cuillerée de tapioca; 1/4 de jaune d'œuf; 1 cuillerée à café de lait; 1 noisette de beurre; sel.

Préparation : 2 minutes. – *Cuisson :* 5 minutes.

Faire bouillir l'eau. Versez-y le tapioca en pluie, et en tournant. Laisser bouillir 5 minutes. Retirer du feu. Délayer le quart de jaune d'œuf avec le lait dans l'assiette. Verser le potage en y ajoutant du beurre.

Pour les mamans pressées!

Le tapioca, qui vient du manioc, facilite la digestion intestinale et a une grande valeur énergétique (359 kilocalories pour 100 grammes).

• Velours Corail

1/4 de l de lait; 1 cuillerée à dessert de crème de riz; 1 cuillerée à soupe de purée de tomates fraîches; 1/2 jaune d'œuf.

Préparation : 5 minutes. – *Cuisson :* 5 minutes.

Dans une tasse, délayer crème de riz et purée de tomates fraîches avec un peu de lait froid. Verser sur le lait bouillant en tournant. Laisser cuire 5 minutes en tournant. Retirer la casserole du feu. Lier le potage avec un demi-jaune d'œuf.

C'est un bon potage du soir, vite fait et nourrissant.

• Potage au chou-fleur

Quelques bouquets de chou-fleur; 15 g de farine; beurre; sel.

Préparation : 10 minutes. – *Cuisson :* 35 minutes.

Laver, couper en bouquets le chou-fleur. Le faire cuire à l'eau bouillante salée. Passer au tamis. Mélanger à la farine. Ajouter l'eau de cuisson nécessaire. Remettre à feu doux, 10 minutes environ. Ajouter du beurre et une cuillerée à café de lait concentré.

Velouté très savoureux et enrichi par le lait concentré!

• Potage de laitue

Quelques feuilles de laitue bien vertes; 1 cuillerée à café de farine; 1 jaune d'œuf; beurre; 1 cuillerée à soupe de lait; sel.

Préparation : 5 minutes. – *Cuisson :* 25 minutes.

Laver et égoutter la laitue. Hacher les feuilles les plus épaisses de la salade. Dans une casserole, mettre une bonne noix de beurre, la farine et du sel. Faire revenir très légèrement les feuilles. Puis, ajouter la quantité d'eau chaude requise par le potage. Laisser cuire 20 minutes environ. Au moment de servir, ajouter un jaune d'œuf délayé dans 1 cuillerée à soupe de lait.

• Soupe de betterave et de pommes de terre

50 g de betterave cuite; 1 ou 2 pommes de terre; 250 g de lait; 1 noix de beurre; sel.

Préparation : 5 minutes. – *Cuisson :* 20 minutes.

Réduire en purée la betterave cuite et la pomme de terre cuite à l'eau, bien épluchées. Délayer avec le lait bouillant. Passer le tout au tamis fin. Ajouter une bonne noix de beurre et du sel.

(On peut mettre plus ou moins de lait selon la consistance désirée).

• Soupe à l'artichaut

200 g de lait; 1 fond d'artichaut; sel.

Pour les plus grands : 1/2 œuf; quelques feuilles d'artichaut.

Préparation : 10 minutes. – *Cuisson :* 10 minutes.

Faire une sauce blanche (selon notre recette) avec 200 grammes de lait. Réduire en purée un fond d'artichaut cuit à l'eau. Saler. Laisser cuire 10 minutes environ. Passer au tamis.

(Pour les plus grands on peut ajouter, au moment de servir, un peu d'œuf battu et un peu de pulpe de feuilles d'artichaut.)

A partir de 15 mois

• Potage parisien *Maxim's,* Paris

150 g de poireaux; 50 g de pommes de terre; beurre; 1/4 de l de lait environ.

Éplucher, laver et couper en dés les légumes. Mettre les poireaux dans l'eau froide salée. Quand l'eau bout, ajouter les pommes de terre. Laisser cuire. Passer au chinois les légumes. Ajouter le lait chaud. Au moment de servir, ajouter une noisette de beurre.

A partir de 16 mois

• Soupe de légumes en dés

100 g de carottes; 100 g de pommes de terre; 100 g de poireaux; 1/2 l d'eau; 1 cueillerée à café de lait condensé; beurre.

Préparation : 5 minutes. – *Cuisson :* 45 minutes.

Laver, éplucher, couper en dés les légumes. Les faire cuire 45 minutes à l'eau bouillante salée. Servir avec une cuillerée à café de lait condensé. Ajouter du beurre.

• Potage de farines variées

1 cuillerée à soupe de farine de haricots ou de lentilles ou de pois ou de fèves; 2 cuillerées à café de farine de crème de riz, ou d'avoine ou d'orge; 150 g de lait; 200 g d'eau; sel; beurre.

Préparation : 5 minutes. – *Cuisson :* 15 minutes.

Diluer, dans une casserole remplie d'eau, les deux variétés de farines. Bien remuer. Ajouter le sel et le lait. Laisser cuire 15 minutes doucement. Ajouter le beurre.

Les légumineuses, très riches, ne se donnent qu'à partir de 18 mois.

• Potage-purée de carottes et de tomates

200 g de bouillon de volaille; 1 petite carotte cuite à l'eau; 25 g de purée de tomates; 1 cuillerée à café de tapioca; sel.

Préparation : 5 minutes. – *Cuisson :* 10 minutes.

Écraser en purée la carotte. Mélanger à la purée de tomates préparée selon notre recette. Faire cuire le tapioca dans le consommé bouillant. Saler. Délayer la purée de légumes dans le consommé bouillant.

• Soupe de poisson

50 g de restes de blanc de poisson poché et épluché; 1 ou 2 pommes de terre; 1 tasse de lait; persil haché; beurre; sel.

Proportions établies pour l'âge de 6 ans, mais (en quantité moindre) peut être donné à partir de 18 mois.

Préparation : 10 minutes. – *Cuisson :* 10 minutes.

Faire cuire les pommes de terre. Les couper en rondelles. Mélanger les pommes de terre et le poisson. Saler. Recouvrir de lait. Faire cuire 10 minutes environ. Au moment de servir ajouter le beurre et le persil haché.

• Potage aux lentilles dorées

100 g de lentilles; 150 g de carottes; beurre; sel; 1 l d'eau.

Préparation : 1 heure. – *Cuisson :* 1 h 30.

Laisser tremper les lentilles. Laver, gratter et couper en morceaux les carottes. Faire cuire les lentilles 1 h 30. Mettre les carottes après 1 heure de cuisson. Ajouter du sel. Réduire en purée. Si la préparation est trop épaisse, ajouter du bouillon. Ajouter du beurre.

Pour les plus grands, on peut varier les proportions et mettre plus de lentilles que de carottes.

La carotte, de digestion facile, équilibre bien les lentilles, de digestion plus difficile.

• Velouté de pois

Faire sauter dans un peu de beurre le quart d'un oignon haché et quelques feuilles de laitue. Ajouter 100 g de petits pois puis 1/3 de littre d'eau. Saler. Quand les pois sont cuits, mixer. Ajouter au moment de servir un peu de lait ou de crème.

• Potage à l'oseille

Hacher quelques feuilles d'oseille et les faire fondre dans le beurre. Ajouter une bonne cuillerée à soupe de riz. Quand ce dernier est cuit, passer au mixer. Ajouter un peu de lait ou de crème au moment de servir.

• Potage à la tomate

Faire fondre deux tomates épluchées et épépinées dans un peu de beurre. Ajouter 1/4 de litre d'eau et une pincée de sel. Faire cuire 20 minutes. Mixer. Ajouter une bonne cuillerée à café de fécule de maïs délayée dans un peu de lait. Au moment de servir, ajouter du gruyère râpé.

A partir de 2 ans

• Potage cyrano

Claude Terrail, *La Tour d'Argent,* Paris

Mélanger un jaune d'œuf avec une cuillerée à soupe de

crème épaisse. Ajouter 250 grammes de consommé bouillant. Saler. Laisser sur le feu jusqu'au premier bouillon.

Peut être servi chaud ou froid.

• Crème vichyssoise Claude Terrail, *La Tour d'Argent*

Hacher finement le blanc d'un poireau de moyenne grosseur avec la moitié d'un oignon. Faire sauter dans le beurre sans laisser prendre trop de couleur. Ajouter une pomme de terre cuite et coupée en tranches. Ajouter 250 grammes de bouillon. Laisser cuire, casserole ouverte, jusqu'à ce que les légumes soient bien mous. Passer à la passoire très fine et remettre à bouillir quelques instants. Ajouter au moment de servir une cuillerée de crème épaisse.

• Potage au potiron

80 g de potiron; 1 pomme de terre; 200 g de lait; sel; beurre.

(La quantité de potiron variera selon l'âge de l'enfant).

Préparation : 10 minutes. – *Cuisson :* 25 minutes.

Éplucher les légumes. Enlever les pépins du potiron. Le couper en dés. Faire cuire à l'eau bouillante salée 15 minutes. Passer au tamis. Remettre sur le feu 10 minutes en ajoutant le lait et le sel. Au moment de servir ajouter une noisette de beurre.

• Bisque de tomate

100 g de tomate; 7 dl de lait; fécule; 1 noisette de beurre; sel.

Préparation : 10 minutes. – *Cuisson :* 15 minutes.

Peler les tomates. Les mettre à cuire dans une casserole à tout petit feu. Faire bouillir le lait salé. Faire cuire dans le lait la fécule délayée auparavant dans un peu d'eau froide (15 minutes) en remuant de temps en temps. Réduire en purée les tomates. Avant de servir, mélanger entièrement tomates et bouillie. Ajouter du beurre.

A partir de 2 ans 1/2

• Potage aux pois cassés

1 l d'eau; 100 g de pois cassés; 2 cuillerées de riz; beurre; sel; cerfeuil.

Préparation : 10 minutes. – *Cuisson :* 2 heures.

Faire tremper les pois, plusieurs heures. Faire cuire doucement à l'eau froide. Passer en purée très fine, ajouter du sel. Remettre dans l'eau de cuisson sur le feu. Laver le riz et le jeter avec les pois. Laisser cuire 15 minutes environ. Au moment de servir, ajouter du beurre et du cerfeuil haché.

A partir de 3 ans

• Potage Tour d'Argent

Claude Terrail, *La Tour d'Argent*

Prendre des haricots blancs de Soissons et la moitié de lentilles; les faire tremper au moins 6 heures; les égoutter. Faire longuement cuire le tout et passer ensuite à l'étamine. Beurrer et assaisonner convenablement. Ajouter une chiffonnade d'oseille et de cerfeuil. Au moment de servir, mettre un morceau de beurre frais.

Préparation de la chiffonnade d'oseille et de cerfeuil.

Faire fondre dans le beurre quelques feuilles d'oseille et de cerfeuil. On ajoutera ces dernières juste au moment de servir.

• Potage Saint-Germain

Lapérouse, Paris

80 g de pois cassés; 1 poireau très tendre; 1 petite carotte; 20 g de petits pois très fins; beurre; sel (une pincée); 1 cuillerée à dessert de crème.

Faire tremper les pois cassés 3 à 4 heures. Faire cuire les pois cassés avec une garniture de carottes et de poireaux, 1 h 30 environ à feu moyen, remuer de temps à autre, saler à mi-cuisson. Passer le tout au chinois.

Préparer le beurre de petits pois comme suit : faire cuire les petits pois à l'eau bouillante salée, 30 minutes. Les égoutter, les piler. Mélanger avec le beurre. Au moment de servir, ajouter une cuillerée de crème.

• Potage au fromage

Noisette de beurre; 1/2 cuillerée à café de crème de riz; 1/4 de l de lait bouilli; 20 grammes de fromage râpé; sel.

Préparation : 5 minutes. – *Cuisson :* 45 minutes.

Faire bouillir le lait. Dans une casserole, mettre le beurre, la crème de riz. Verser le lait tiède. Saler. Faire cuire 45 minutes en remuant à petit feu. Retirer du feu, ajouter le fromage râpé et une noisette de beurre. Servir très chaud.

• Soupe au potiron

Paul Bocuse, Collonges-au-Mont-d'Or

Prendre un potiron. Lever le couvercle en forme de soupière. Enlever les graines et remplacer par une couche de *pain* [1], une couche de gruyère jusqu'à mi-hauteur, puis le remplir de crème fleurette jusqu'aux trois quarts. Mettre dans un four très chaud, le laisser cuire 1 h 30. A la sortie du four, bien le mitonner, le servir tel quel. Le potiron servira de soupière.

A partir de 5 ans

• Soupe aux herbes

Lasserre, Paris

(Recette pour 6 personnes)

1 petit chou vert de 500 g; 200 g d'épinards; 6 paquets de brouttes de rave; 3 paquets de brouttes de colza; 6 poireaux avec du vert; 1 navet; 100 g de petites blettes; 100 g d'oseille; 1 gousse d'ail; 3 cuillerées de concentré de tomate.

Émincer très fin l'ensemble des légumes, et mettre le tout dans l'eau en ébullition d'un grand récipient, dans lequel on aura ainsi fait bouillir 4 litres d'eau.

Ajouter les trois cuillerées de concentré de tomate, et assaisonner de sel et poivre.

Au besoin, prendre un derrière de dinde, décoller la peau des cuisses et la garnir de farce. Recoudre les peaux, et mettre le derrière de dinde dans le récipient. Laisser cuire 2 h 30 environ.

Farce pour la dinde. – Hacher très fin : 1 foie de dinde, 1 morceau de jambon de campagne avec son gras, 1 gousse d'ail, 3 branches de persil.

1. Petits croûtons de pain grillé.

Mettre ce hachis dans une coupe, y émietter de la mie de pain rassis (la valeur d'un demi-poing), et y casser quatre ou cinq œufs.

Ne pas saler, mais poivrer, ajouter une pincée d'épices Rabelais et bien mélanger le tout, pour obtenir une farce très homogène.

Farcir la dinde comme indiqué, avec cette farce qui peut aussi servir pour faire un chou farci.

CHAPITRE III

Les petites entrées à base de fromage

A partir de 2 ans

• Délicieux au fromage

1 œuf; 1/2 l de lait; 30 g de jambon; 30 g de gruyère; beurre; sel.

Préparation : 10 minutes. – *Cuisson :* 20 minutes.

Battre l'œuf en omelette. Ajouter le sel, le jambon coupé en dés. Verser le lait bouillant petit à petit. Remuer. Beurrer des petits moules allant au four. Verser le mélange. Saupoudrer de gruyère râpé. Ajouter une noisette de beurre. Mettre à four doux 20 minutes.

A partir de 3 ans

• Flan au fromage

Un œuf; 1/4 de l de lait; 20 g de gruyère râpé; beurre; sel.

Préparation : 5 minutes. – *Cuisson :* 10 minutes.

Battre l'œuf en omelette. Ajouter le fromage et le sel. Verser le lait chaud. Battre le mélange. Beurrer un moule à four. Mettre à four moyen.

Avec une purée de tomate fraîche, cette entrée est délicieuse et vitaminée.

• Gougère bourguignonne

(pour 4 personnes)

Mettre dans une casserole 125 grammes d'eau, 75 grammes de beurre, 2 grammes de sel et faire bouillir. Verser dans le liquide bouillant 75 grammes de farine et remuer sur le feu jusqu'à ce que le mélange se décolle bien de la casserole. Ensuite, retirer du feu, y incorporer 2 œufs un par un, en remuant vigoureusement, ainsi que 50 grammes de gruyère moitié râpé, moitié en petits dés. Dresser en couronne ou en choux à la cuillère, dorer et cuire à four chaud.

Ce plat se sert chaud ou tiède (au début d'un repas ou après le fromage).

• Pain perdu au gruyère

Quelques tranches de pain rassis; 1/4 de l de lait; 1 œuf; 40 g de gruyère; sel; beurre.

Préparation : 10 minutes. – *Cuisson :* 25 minutes.

Faire bouillir le lait. Battre l'œuf. Mélanger au lait chaud. Couper le pain en lamelles. Beurrer le pain. Faire tremper dans le lait. Mettre dans un plat à four beurré. Disposer les tranches de pain. Saupoudrer de gruyère râpé. Ajouter une noisette de beurre. Faire gratiner à four chaud 20 minutes environ.

• Rissole au fromage

Couper deux tranches de pain de mie d'un demi-centimètre d'épaisseur, les garnir au milieu de quelques lamelles de gruyère pour obtenir un sandwich, le tremper dans un œuf battu et ensuite le colorer au beurre dans une poêle avec une noix de beurre, le retourner et le mettre au four quelques minutes pour que le gruyère soit bien fondu.

Servir très chaud.

• Bâtonnets au roquefort

Quelques branches de céleri; roquefort; beurre; sel.

Préparation : 5 minutes.

Racler les branches pour les rendre bien creuses. Les couper en morceaux de 5 centimètres. Mélanger le roquefort et le beurre, ajouter du sel. Remplir les branches.

Amusant mélange de crudité et de fromage.

A partir de 4 ans

• Croissant au gruyère

Un croissant (il peut être rassis); 20 g de gruyère; beurre; sauce blanche (selon notre recette).

Préparation : 5 minutes. – *Cuisson :* 10 minutes.

Couper le croissant en deux dans l'épaisseur. Creuser chaque moitié. Napper de sauce blanche. Saupoudrer de gruyère. Ajouter une noisette de beurre. Laisser gratiner à four chaud (10 minutes environ).

Penser à cette recette, lorsqu'il reste un croissant du petit déjeuner du dimanche.

• Crêpe au fromage

Sur cette petite crêpe faire fondre de fines lamelles de gruyère ou de fromage à raclette.

A partir de 5 ans

• Fondant au fromage

Une noix de beurre; 80 g de farine; 1/2 jaune d'œuf; 100 g de gruyère râpé; très peu d'eau; sel.

Préparation : 5 minutes. – *Cuisson :* 20 minutes.

Pétrir la farine et le beurre. Ajouter le gruyère râpé, le sel, très peu d'eau froide, 1/2 jaune d'œuf. Diviser en galettes minces (5 environ). Mettre dans un plat beurré à four doux (20 minutes).

Délicieuse entrée avec une sauce béchamel.

CHAPITRE IV

Les légumes

A partir de 5 mois

• Purée verte

Quelques feuilles de cresson; quelques feuilles de laitue; citron; beurre; sel.

Préparation : 5 minutes. – *Cuisson :* 10 minutes.

Faire cuire dans de l'eau bouillante le cresson et la laitue. Égoutter. Hacher. Ajouter sel, beurre et quelques gouttes de citron.

Pour les plus grands, accompagne très bien le jambon, les œufs brouillés.

(Augmenter les quantités de cresson et de laitue pour les enfants plus grands.)

A partir de 6 mois

• Fenouil au citron

1/2 bulbe de fenouil; sel; beurre; citron.

Préparation : 5 minutes. – *Cuisson :* 10 minutes.

Choisir un fenouil petit et très tendre. L'éplucher et le laver. Faire bouillir la moitié du bulbe à l'eau bouillante salée et citronnée, pendant 15 minutes environ. Passer le fenouil à la moulinette. Ajouter une noisette de beurre. Arroser de jus de citron.

Plat très vitaminé!

• Purée de pommes de terre et de salade

Faire cuire deux pommes de terre et quelques feuilles vertes de salade dans de l'eau salée. Égoutter, mixer et ajouter un peu de lait chaud et une noisette de beurre.

• Purée de carottes

Faire cuire une pomme de terre et deux carottes moyennes dans l'eau bouillante salée. Égoutter, mixer et ajouter un peu de lait chaud et une noisette de beurre.

Pour les plus grands on peut faire gratiner cette purée au four avec du gruyère.

A partir de 7 mois

• Carottes et céleri sauce blanche

1/2 tasse de carottes coupées en rondelles; 1/2 tasse de céleri coupé en fines lamelles; 1 cuillerée à soupe de farine; 1/2 tasse de lait; sel.

(Selon l'âge de l'enfant on augmente la quantité de légumes et de sauce.)

Préparation : 10 minutes. – *Cuisson :* 10 minutes.

Faire cuire les légumes à l'eau bouillante salée 10 minutes environ. Faire une sauce blanche avec le beurre fondu auquel on mélange la farine, le lait et le sel. Mélanger la sauce et les légumes.

A partir de 8 mois

• Haricots verts au lait concentré

Haricots verts; 2 cuillerées à café de lait concentré; beurre; persil haché; sel.

Préparation : 5 minutes. – *Cuisson :* 15 minutes.

Faire cuire les haricots verts à l'eau. Les couper en petits morceaux. Ajouter, au moment de servir, beurre, persil haché et lait concentré.

On peut passer les haricots verts pour les plus petits.

• Haricots verts à la tomate

Haricots verts; 1 tomate; sel; persil haché; beurre.

Préparation : 5 minutes. – *Cuisson :* 15 minutes.

Faire cuire les haricots verts à l'eau salée. Épépiner et éplucher la tomate fraîche. Passer les haricots et mélanger à la purée de tomate. Ajouter le persil haché et le beurre.

• Carottes Vichy

Carottes; beurre; persil haché (bonne qualité); sel.

Préparation : 5 minutes. – *Cuisson :* 30 minutes.

Gratter et laver les carottes. Détailler en fines rondelles. Faire blanchir à l'eau salée 20 à 30 minutes. Égoutter. Servir avec du beurre frais et du persil haché.

• Purée mimosa

1 ou 2 pommes de terre; gruyère râpé; 1/2 jaune d'œuf dur; persil; 1 cuillerée à café de lait concentré; 1 cuillerée à café de lait; beurre; sel.

Préparation : 5 minutes. – *Cuisson :* 15 minutes.

Faire cuire, à l'eau salée froide, la pomme de terre. Peler. Écraser et battre avec le lait concentré et le lait. Incorporer le gruyère râpé et le beurre, ainsi que le persil très finement haché. Passer le jaune d'œuf à la moulinette. Décorer dans l'assiette avec le jaune d'œuf.
On peut faire gratiner la purée quelques minutes au four.
Plat complet, très nourrissant.

• Purée de pommes de terre au citron

Quelques pommes de terre; beurre; 2 cuillerées à soupe de lait; 1 cuillerée à dessert de jus de citron.

Préparation : 5 minutes. – *Cuisson :* 20 minutes.

Faire cuire les pommes de terre à l'eau bouillante salée 20 minutes. Éplucher. Réduire en purée en battant avec le lait, du beurre et le jus de citron.

• **Purée de fond d'artichaut et de pommes de terre**

1 ou 2 pommes de terre; 1 petit artichaut tendre; beurre; sel; 2 cuillerées à soupe de lait.

Préparation : 10 minutes. – *Cuisson :* 30 minutes.

Laver et éplucher les légumes. Faire cuire les pommes de terre et l'artichaut séparément à l'eau bouillante salée. Gratter les feuilles de l'artichaut. Passer la chair des feuilles, le fond et les pommes de terre à la moulinette. Ajouter le lait, une noisette de beurre, du sel. Battre énergiquement le mélange.

• **Purée de pommes de terre et de chou-fleur**

Chou-fleur; pommes de terre; sel; beurre; gruyère; 1 cuillerée à café de lait concentré.

Préparation : 10 minutes. – *Cuisson :* 20 minutes.

Faire cuire le chou-fleur à l'eau bouillante salée. Faire cuire les pommes de terre à l'eau bouillante salée. Égoutter. Passer pommes de terre et chou-fleur à la moulinette. Mélanger. Ajouter le beurre et le lait concentré.

Les tout-petits s'habitueront mieux au goût du chou-fleur s'il est d'abord mélangé à de la pomme de terre.

• **Purée mixte émeraude**

1 poignée d'épinards; quelques feuilles de laitue; 2 cuillerées à café de lait concentré; buerre; sel.

Préparation : 10 minutes. – *Cuisson :* 15 minutes.

Laver les légumes à grande eau. Éplucher une poignée d'épinards et les feuilles de laitue. Faire blanchir les deux légumes séparément à l'eau bouillante salée. Égoutter. Passer les deux légumes. Mélanger. Ajouter le lait concentré et une noix de beurre.

A partir de 9 mois

• **Brandade de carottes**

Carottes; beurre; farine; lait; sel.

Préparation : 10 minutes. – *Cuisson :* 30 minutes.

Gratter et laver les carottes, les couper en morceaux. Faire cuire à l'eau bouillante salée, 30 minutes. Passer. Faire une sauce béchamel très épaisse avec du beurre, de la farine, du lait (laisser cuire 10 minutes à feu doux). Mélanger intimement les carottes et la sauce béchamel.

• Purée de chicorée

1 chicorée; beurre; sel; pomme de terre; 1 cuillerée de lait concentré.

Préparation : 5 minutes. – *Cuisson :* 15 minutes.

Éplucher la chicorée, ne laisser que les feuilles tendres. Laver, couper. Faire cuire dans de l'eau bouillante salée 15 minutes. Écraser la pomme de terre cuite à l'eau. Mélanger intimement, ajouter une cuillerée à café de lait concentré, et le beurre.

• Chou-fleur à la tomate

Quelques bouquets de chou-fleur; tomate; sel; beurre.

Préparer. Laver. Faire cuire le chou-fleur 15 minutes à l'eau bouillante salée. Écraser en purée. Préparer une purée de pulpe de tomate fraîche. Mélanger les deux purées. Ajouter le sel et une noisette de beurre.

• Purée d'épinards au gruyère

100 g d'épinards crus; 1 cuillerée à café de lait concentré; gruyère; beurre; sel.

Préparation : 10 minutes. – *Cuisson :* 15 minutes.

Éplucher, laver les épinards. Les faire cuire dans l'eau bouillante salée, casserole découverte, 15 minutes environ. Égoutter. Passer finement en purée. Battre la purée avec le lait. Ajouter le beurre et le sel. Au moment de servir ajouter le gruyère râpé.

• Chou-fleur à la viande

Chou-fleur; restes de viande (bœuf, veau ou mouton); sel; beurre.

Préparation : 10 minutes. – *Cuisson :* 15 minutes.

Préparer le chou-fleur selon la recette du *chou-fleur à la tomate.* Égoutter. Écraser le chou-fleur en purée. Hacher des restes de viande. Mélanger. Ajouter du beurre.

• Pain de chou-fleur

Chou-fleur; mie de pain trempée dans du lait; 1 jaune d'œuf; 1 blanc battu en neige; beurre; sel.

Préparation : 10 minutes. – *Cuisson :* 45 minutes.

Cuire le chou-fleur dans de l'eau bouillante salée. Égoutter. Mélanger avec la mie de pain trempée dans du lait. Ajouter le jaune d'œuf, du sel, et le blanc battu en neige. Faire cuire le mélange au bain-marie, dans un moule beurré, pendant 45 minutes.

La saveur et la consistance de ce plat très onctueux plaisent aux petits.

• Purée d'épinards

Claude Terrail, *La Tour d'Argent*

Laver les épinards dans plusieurs eaux. Faire cuire 10 minutes, à l'eau bouillante salée, casserole découverte. Une fois cuits, passer à l'eau froide. Égoutter soigneusement. Passer les épinards à la moulinette. Préparer une sauce béchamel. Napper les épinards avec la sauce au moment de servir.

• Purée de tomates

Quelques tomates; eau; sel.

Préparation : 2 minutes. – *Cuisson :* 20 minutes.

Couper les tomates en morceaux. Faire cuire à l'eau bouillante 20 minutes environ. Saler. Passer à la moulinette.

A partir de 10 mois

• Chicorée au beurre

1 chicorée; beurre; sel; citron.

Préparation : 5 minutes. – *Cuisson :* 15 minutes.

Éplucher la chicorée, ne laisser que les feuilles tendres. Laver, couper. Faire cuire dans de l'eau bouillante salée 15 minutes. Égoutter. Hacher. Ajouter le beurre et quelques gouttes de citron.

Pour les plus petits, on peut passer la chicorée.

- **Pommes de terre portugaises**

Pommes de terre; tomates; gruyère râpé; sel; huile d'olive; beurre.

Préparation : 10 minutes. – *Cuisson :* 30 minutes.

Peler les pommes de terre. Mettre dans un plat à four. Remplir à demi. A mi-cuisson, achever de remplir avec les tomates pelées. Saupoudrer de fromage râpé. Ajouter du sel, du beurre et quelques gouttes d'huile d'olive.

- **Brandade de chou-fleur**

Faire cuire le chou-fleur à la vapeur. Le mixer et ajouter une béchamel faite avec beurre, farine et lait.

- **Purée d'épinards et de pommes de terre**

2 pommes de terre; 1 poignée d'épinards; 2 cuillerées à soupe de lait; beurre; sel.

Préparation : 10 minutes. – *Cuisson :* 30 minutes.

Laver, éplucher les légumes. Faire cuire séparément épinards et pommes de terre à l'eau bouillante salée (les épinards doivent cuire 10 minutes). Égoutter soigneusement. Passer les légumes. Ajouter lait, une noix de beurre, du sel. Battre énergiquement le mélange.

- **Céleri-rave à la crème**

Céleri-rave; sauce béchamel; sel; beurre; 1 cuillerée de lait concentré.

Préparation : 5 minutes. – *Cuisson :* 30 minutes.

Peler et laver le céleri, le couper en tranches minces. Mettre à l'eau froide salée. Laisser cuire 30 minutes à l'ébullition. Écraser en purée. Ajouter une sauce béchamel et le lait.

Plat onctueux et parfumé.

- **Pommes de terre aux herbes**

100 à 150 g de pommes de terre; citronnette; cerfeuil; persil; une noix de beurre; une pincée de sel.

Préparation : 5 minutes. – *Cuisson :* 30 minutes.

Éplucher les pommes de terre. Les faire cuire à l'eau bouillante salée ou mieux à la vapeur 30 minutes environ.

Égoutter. Mettre une bonne noix de beurre. Saupoudrer avec les herbes hachées.

• Épinards au gratin

150 g d'épinards crus; gruyère râpé; beurre; sel.

Préparation : 10 minutes. – *Cuisson :* 15 minutes.

Éplucher et laver les épinards. Faire cuire dans l'eau bouillante salée, casserole découverte, 15 minutes environ. Égoutter. Hacher les épinards. Verser dans un plat à four beurré les épinards. Saupoudrer de gruyère râpé. Ajouter de petites noix de beurre. Laisser gratiner au four 8 minutes.

A partir de 11 mois

• Purée de céleri

Céleri; pommes de terre; 2 cuillerées à café de lait concentré; beurre; sel.

Préparation : 10 minutes. – *Cuisson :* 40 minutes.

Laver et éplucher céleri et pommes de terre. Faire cuire à l'eau bouillante salée (les pommes de terre cuisant plus rapidement, ne les mettre qu'après 20 minutes). Égoutter. Passer. Battre avec le lait concentré, ajouter le beurre.

Il est possible d'ajouter de la chapelure ou du gruyère râpé.

Le lait concentré rend le mélange plus doux et plus onctueux.

• Purée de céleri rose

Céleri; carottes; beurre; sel.

Préparation : 5 minutes. – *Cuisson :* 40 minutes.

Faire cuire le céleri, selon la recette précédente. Faire cuire les carottes (il faut deux fois moins de carottes que de céleri). Passer ensemble les deux légumes. Ajouter le beurre.

Le céleri est adouci par la carotte.

• Chou-fleur à la sauce béchamel

Chou-fleur; sauce béchamel; gruyère; sel; beurre.

Préparation : 10 minutes. – *Cuisson :* 15 minutes.

Éplucher le chou-fleur en bouquets. Les laver et les faire cuire à l'eau bouillante salée. Égoutter et écraser en purée. Préparer une sauce béchamel selon notre recette. Mélanger la purée de chou-fleur et la béchamel. Ajouter une noisette de beurre. Saupoudrer de gruyère râpé. Laisser dorer quelques minutes à four chaud.

• Pommes de terre au parmesan

Pommes de terre; 1/2 verre de lait; 1 cuillerée de parmesan râpé; beurre; 1/2 œuf; 1 cuillerée de farine; sel.

Préparation : 10 minutes. – *Cuisson :* 35 minutes.

Mettre à cuire les pommes de terre dans un peu d'eau. Réduire en purée. Délayer avec du lait (la purée ne doit pas être molle). Ajouter le sel, le demi-œuf, la farine. Mettre la purée dans un plat à four. Parsemer de noisettes de beurre et saupoudrer de parmesan râpé. Servir très chaud.

Plat principal d'un repas précédé d'une crudité, et accompagné d'un fruit.

• Jardinière de légumes

Faire revenir doucement dans un peu de beurre, carottes, pommes de terre, petits pois et haricots verts en petits morceaux. Cuire à la vapeur avec un peu de thym.

• Conserve de purée de tomate

1 kg de tomates; persil; sucre; sel.

Préparation : 15 minutes. – *Cuisson :* 40 minutes.

Laver et écraser de belles tomates. Mettre dans une casserole avec du persil, une petite pincée de sucre et de sel. Laisser cuire 40 minutes environ (en remuant). Poser les tomates sur un tamis, jeter l'eau jaune qui en sort. Passer finement au moulin à légumes. Remplir de petits flacons que l'on utilise en une seule fois : au contact de l'air la purée se conserve mal. Boucher et stériliser soit avec un stérilisateur, soit en stérilisant 45 minutes dans une bassine au bain-marie.

Bien pratique, quand les tomates sont rares sur le marché.

• Chicorée à la sauce béchamel.

Chicorée; beurre; sel; sauce béchamel.

Préparation : 10 minutes. – *Cuisson :* 15 minutes.

Éplucher la chicorée, ne laisser que les feuilles tendres. Laver, couper. Faire cuire dans de l'eau bouillante salée 15 minutes. Passer. Ajouter le beurre et la sauce béchamel.

• Fenouil à la tomate

1/2 bulbe de fenouil; 1 tomate; beurre; sel.

Préparation : 5 minutes. – *Cuisson :* 10 minutes.

Choisir un bulbe de fenouil très tendre. Le laver, l'éplucher. Faire blanchir le demi-bulbe à l'eau bouillante salée et citronnée, 15 minutes environ. Égoutter, passer le fenouil. Faire pocher une tomate, passer la tomate. Mélanger les deux légumes. Ajouter une noisette de beurre.

• Bettes à la crème

Bettes; sel; 1 cuillerée à café de lait concentré.

Préparation : 10 minutes. – *Cuisson :* 1 heure.

Découper les côtes de bettes en petits morceaux de 2 centimètres. Faire cuire à l'eau bouillante salée 1 heure environ. Égoutter, écraser. Passer, et ajouter le lait.

Mélanger avec de la viande hachée (foie pulpé cuit).

A partir de 13 mois

• Purée de céleri au beurre

Céleri en branche; beurre; sel; 1 cuillerée à café de farine; un peu de jus de citron.

Préparation : 5 minutes. – *Cuisson :* 40 minutes.

Éplucher et gratter le céleri. Couper en morceaux (5 cm). Faire cuire 40 minutes dans de l'eau bouillante, additionnée de jus de citron, ajouter du sel et 1 cuillerée à café de farine diluée dans de l'eau froide. (Les céleris cuits ainsi restent bien blancs). Écraser en purée. Ajouter une noisette de beurre.

• Petits soufflés de légumes

3 carottes; 2 pommes de terre; beurre; sel; 2 cuillerées à café de lait concentré; 1 œuf.

Préparation : 10 minutes. – *Cuisson :* 20 minutes.

Éplucher et couper en morceaux les pommes de terre et les carottes. Les faire cuire. Les passer au presse-purée. Mélanger avec du beurre, du sel, le lait et le jaune d'œuf. Battre le blanc d'œuf, puis le mélanger doucement à la purée. Verser le tout dans de petits moules beurrés. Faire cuire à four doux, 20 minutes environ. (Surveiller la cuisson.)

• Purée d'endive

Faire cuire une endive et deux pommes de terre dans de l'eau bouillante salée. Égoutter, mixer, ajouter un peu de beurre.

• Épinards au gratin

100 à 150 g d'épinards; sauce béchamel; gruyère râpé; beurre; sel.

Préparation : 10 minutes. – *Cuisson :* 30 minutes.

Éplucher, laver à grande eau les épinards. Les faire blanchir à l'eau bouillante salée, 15 minutes environ. Les égoutter. Les passer. Préparer une sauce béchamel selon notre recette. Dans un plat à four beurré, mettre la purée d'épinards. Napper avec la sauce béchamel. Saupoudrer de gruyère râpé. Ajouter des petites noisettes de beurre. Laisser gratiner 8 minutes à four chaud.

• Fenouil au jus de viande

1/2 fenouil; 2 cuillerées à soupe de jus de viande; 1 noisette de beurre; sel.

Préparation : 10 minutes. – *Cuisson :* 15 minutes.

Laver, éplucher et couper la moitié d'un bulbe de fenouil petit et tendre. Faire blanchir à l'eau bouillante salée et citronnée pendant 15 à 20 minutes environ. Égoutter et couper en petits morceaux. Réchauffer un jus de viande léger. Mélanger fenouil et jus de viande. Ajouter une noisette de beurre.

• Purée de pommes de terre savoyarde

200 g de pommes de terre; 1/2 verre de lait chaud; 1 œuf; 1 petite poignée de cerfeuil; beurre.

Préparation : 10 minutes. – *Cuisson :* 20 minutes.

Préparer une purée de pommes de terre avec le lait chaud, du cerfeuil finement haché et du beurre. Battre énergiquement. Ajouter 1 œuf entier. Verser le tout dans un plat et faire cuire à four chaud 20 minutes environ.

A partir de 14 mois

• Pomme de terre garnie

1 pomme de terre; gruyère; 1/2 œuf; sel; beurre.

Préparation : 10 minutes. – *Cuisson :* 35 minutes.

Laver, essuyer la pomme de terre. La faire cuire au four 30 minutes sur tôle bien chauffée. Couper en lamelles fines le gruyère et le demi-œuf dur. Partager la pomme de terre en deux, la creuser. Pétrir avec le beurre la chair de pomme de terre, l'œuf, le gruyère et le sel. Repasser quelques instants au four.

• Pomme de terre en robe des champs garnie de jambon

1 pomme de terre; jambon blanc; persil haché; sel.

Préparation : 5 minutes. – *Cuisson :* 35 minutes.

Laver, essuyer la pomme de terre. La faire cuire au four 30 minutes, sur tôle bien chauffée (la faire cuire avec sa pelure). Couper en lamelles fines le jambon. Après 30 minutes, partager la pomme de terre en deux et la vider. Mélanger le beurre, la chair, le jambon. Ajouter le persil haché. Passer quelques instants au four.

• Pomme de terre à la viande

On remplace le jambon par de la viande hachée cuite.

• Petits pois aux carottes

Petits pois; carotte; eau; beurre; sel.

Préparation : 5 minutes. – *Cuisson :* 35 minutes.

Dans une casserole, couper une carotte en rondelles, ajouter de l'eau, du sel, et quelques cosses de petits pois. Laisser cuire 15 minutes. Puis, incorporer les petits pois, laisser cuire encore 20 minutes environ. Réduire les légumes en purée. Ajouter le beurre au moment de servir.

Pour les plus grands, ne pas passer les légumes.

A partir de 15 mois

• Purée de poireaux citronnette.

Poireaux jeunes et tendres; citronnette.

Préparation : 5 minutes. – *Cuisson :* 30 minutes.

Couper en morceaux les poireaux. Les faire cuire à l'eau bouillante salée 30 minutes. Égoutter, passer les poireaux. Assaisonner avec la citronnette.

Le poireau est légèrement laxatif.

• Purée de poireau et pomme de terre

Poireau jeune et tendre; pomme de terre; lait; lait concentré; beurre; sel.

Préparation : 10 minutes. – *Cuisson :* 35 minutes.

Couper le poireau en morceaux. Le faire cuire à l'eau bouillante salée. Ajouter, au bout de 10 minutes de cuisson, la pomme de terre coupée en morceaux. Laisser cuire 20 minutes. Passer le poireau et la pomme de terre. Ajouter une cuillerée à café de lait, et une cuillerée à café de lait concentré. Tourner, incorporer le beurre.

Le goût un peu fort du poireau est masqué par le lait.

• Soufflé de pommes de terre

Quelques pommes de terre; 1 cuillerée à soupe de lait concentré; beurre; sel; 1 œuf; 20 g de gruyère râpé.

Préparation : 15 minutes. – *Cuisson :* 45 minutes.

Faire cuire les pommes de terre dans de l'eau salée 25 minutes. Passer, ajouter le beurre, le lait, la moitié du gruyère râpé, le jaune d'œuf et le blanc battu en neige. Mettre le tout dans un plat à four beurré. Ajouter une noisette de beurre et le reste du gruyère. Mettre à four moyen 20 minutes.

A partir de 16 mois

• Gâteau de pommes de terre

200 g de pommes de terre; farine; 2 cuillerées à soupe de lait; 1 œuf; noix de beurre; sel.

Préparation : 5 minutes. – *Cuisson :* 15 minutes.

Préparer une purée de pomme de terre. Incorporer à la purée une pincée de farine, le lait et un demi-œuf. Donner une forme de galette au mélange. Dessiner un joli motif au couteau. Dorer au jaune d'œuf. Parsemer de noisettes de beurre. Faire dorer à four chaud 15 minutes.

• Épinards farcis

Épinards; restes de viande; gruyère râpé; beurre; sel.

Préparation : 10 minutes. – *Cuisson :* 20 minutes.

Faire cuire les épinards à l'eau bouillante salée 10 minutes à découvert. Égoutter. Passer à la moulinette séparément les épinards et les restes de viande. Dans un plat à four beurré mettre successivement une couche d'épinards, une couche de viande, une couche d'épinards. Parsemer de gruyère et de noisettes de beurre. Mettre à four chaud 8 minutes.

Pratique : deux plats en un seul (légumes et viande).

• Lentilles au citron

Lentilles; jus de citron; beurre; sel.

Préparation : 5 minutes. – *Cuisson :* 2 heures.

Trier, laver et faire tremper les lentilles quelques heures. Faire cuire dans de l'eau froide, 2 heures environ, ou à l'autocuiseur. Égoutter. Ajouter du beurre et du jus de citron au moment de servir.

• Lentilles à la tomate

Lentilles; tomates, sel; beurre.

Préparation : 5 minutes. – *Cuisson :* 2 heures.

Servir avec les lentilles cuites à l'eau ou à l'autocuiseur une purée de tomates fraîches. Ajouter une noisette de beurre.

Fer et vitamines combinés.

• Lentilles en purée

Lentilles; 1 cuillerée à café de lait concentré; sel; beurre.

Préparation : 5 minutes. – *Cuisson :* 2 heures.

Trier, laver, faire tremper les lentilles. Faire cuire dans de l'eau froide 2 heures environ ou à l'autocuiseur. Égoutter. Passer les lentilles. Battre la purée. Ajouter le lait (cela rend la purée plus douce), une noisette de beurre, et du sel.

Très riche en fer, aussi nourrissant qu'un œuf.
A conseiller une fois tous les 15 jours pour commencer.

• Endives farcies

1 ou 2 endives; jambon; mie de pain trempée dans du lait; sel; beurre; gruyère râpé.

Préparation : 10 minutes. – *Cuisson :* 30 minutes.

Faire cuire les endives 20 minutes dans de l'eau bouillante salée. Les égoutter. Couper le jambon en petits morceaux, ajouter la mie de pain et du sel. Dans un plat à four beurré, mettre les endives, puis le jambon et la mie de pain. Recouvrir de gruyère râpé et de noisettes de beurre. Laisser dorer 10 minutes.

• Bettes à la crème *Maxim's,* Paris

Bettes très tendres; 1 cuillerée à soupe de farine; 1 cuillerée à dessert de jus de citron; sel; sauce béchamel; 1 cuillerée à dessert de crème fraîche.

Préparation : 10 minutes. – *Cuisson :* 45 minutes.

Éplucher les bettes. Enlever les feuilles dures, les nervures centrales. Couper en morceaux de 3 centimètres environ. Préparer un blanc pour légumes, composé d'une cuillerée à soupe de farine, de jus de citron et de sel, le tout délayé à l'eau froide. (Ce blanc conservera bien blanches les bettes.) Porter le blanc à ébullition, y jeter les bettes, laisser cuire 45 minutes environ. Pendant ce temps, préparer une sauce béchamel additionnée d'une cuillerée de crème fraîche.

• Purée de lentilles or

Lentilles, carottes (on mettra moitié lentilles, moitié carottes); sel; beurre.

Préparation : 5 minutes. – *Cuisson :* 2 heures.

Trier et laver, faire tremper les lentilles. Éplucher et laver les carottes. Cuire les lentilles et les carottes à l'eau. Passer ensemble les légumes. Battre quelques instants avec une noix de beurre et, facultativement, une cuillerée à café de lait concentré. Saler.

Cette purée est allégée par les carottes.

• Courgette farcie à la purée

1 courgette; 1/2 pomme de terre; chapelure; beurre.

Préparation : 5 minutes. – *Cuisson :* 15 minutes.

Préparer une courgette en barquette évidée. Faire dorer la chair de la courgette 5 minutes, au beurre. La mélanger avec la demi-pomme de terre, cuite à l'eau, passée. Ajouter de la chapelure et une noisette de beurre.

• Courgette aux herbes

1 courgette; estragon, persil, cerfeuil (haché); beurre.

Préparation : 5 minutes. – *Cuisson :* 15 minutes.

Gratter et enlever les graines de la courgette. La couper en rondelles fines. Faire cuire 15 minutes à l'eau bouillante salée. Ajouter le beurre et les fines herbes hachées.

• Poireau farci

Faire cuire un poireau moyen dans de l'eau bouillante salée. Égoutter. Dans un plat allant au four mettre le poireau coupé, du jambon coupé en petits cubes. Recouvrir d'une béchamel et de gruyère. Faire gratiner.

A partir de 20 mois

• Petits pois cocotte

Petits pois; quelques feuilles de laitue; sel; 1 petite pincée de sucre en poudre; beurre.

Préparation : 10 minutes. – *Cuisson :* 1 h 20.

Faire fondre le beurre. Mettre les pois à l'étuvée (avec couvercle) à feu doux (20 minutes). Ajouter les quelques feuilles de laitue, le sel et le sucre. Humidifier le couvercle. Recouvrir. Laisser à feu doux, 1 heure environ.

• Bettes au gratin *Maxim's,* Paris

Bettes; farine; jus de citron; sel; beurre; chapelure; gruyère.

Préparation : 10 minutes. – *Cuisson :* 50 minutes.

Éplucher les bettes, enlever les feuilles dures et les nervures centrales. Couper en morceaux de 2 centimètres environ. Faire cuire dans un blanc pour légumes, composé de 1 cuillerée à soupe de farine, de jus de citron et de sel, le tout délayé à l'eau froide (le blanc conservera bien blanches les bettes). Porter à ébullition le blanc, y jeter les bettes, laisser cuire 45 minutes environ. Égoutter les bettes. Les disposer dans un plat, saupoudrer de fromage râpé, de chapelure et de noisettes de beurre. Laisser gratiner quelques minutes à four chaud.

• Petits pois aux herbes

Petits pois; menthe; persil; sel; beurre.

Préparation : 10 minutes. – *Cuisson :* 20 minutes.

Écosser les petits pois. Les faire cuire dans de l'eau bouillante salée, 20 minutes. Les égoutter. Hacher la menthe et le persil. Mélanger le tout, ajouter du beurre.

• **Poireaux en salade**

Poireaux; sel; citronnette ou mayonnaise « bébé ».

Préparation : 10 minutes. – *Cuisson :* 30 minutes.

Prendre des poireaux bien blancs, les éplucher et enlever les premières feuilles, laver à plusieurs eaux. Faire cuire à l'eau bouillante salée 30 minutes. Les égoutter et les couper. Servir avec citronnette enrichie de persil haché, ou avec une mayonnaise faite selon notre recette.

• **Tomate au four**

Laver une tomate, la couper en deux, la vider de son jus. Disposer les deux moitiés dans un petit plat allant au four. Saupoudrer d'un peu de sel, de persil haché, de chapelure et de gruyère. Mettre au four chaud pendant 15 minutes.

A partir de 2 ans

• **Bettes au jus de veau** *Maxim's,* Paris

Bettes; farine; jus de citron; sel; beurre; jus de veau.

Préparation : 10 minutes. – *Cuisson :* 45 minutes.

Éplucher les bettes, enlever les feuilles dures, les nervures centrales. Couper en morceaux de 2 centimètres environ. Faire cuire dans un blanc pour légumes, composé d'une cuillerée à soupe de farine, de jus de citron et de sel, le tout délayé à l'eau froide (le blanc conservera bien blanches les bettes). Porter le blanc à ébullition, y jeter les bettes. Laisser cuire 40 minutes environ. Finir de cuire dans du jus de veau.

• **Croquettes de pommes de terre** *Maxim's,* Paris

125 g de purée; 1 œuf entier; chapelure; beurre.

Former des petites boulettes de purée à l'aide d'une cuiller. Passer les boulettes à l'œuf battu puis à la chapelure. Faire chauffer le beurre dans la poêle. Y déposer les boulettes, une à une de préférence. Laisser dorer.

• **Fenouil**

Fenouil; farine; citron; beurre; sel.

Préparation : 2 minutes. – *Cuisson :* 10 minutes.

Couper en morceaux le fenouil. Le cuire 10 minutes dans de l'eau bouillante, additionnée d'une cuillerée à café de farine délayée dans de l'eau, de quelques gouttes de citron et de sel. Égoutter. Servir avec quelques gouttes de citron et du beurre.

• Crêpes Vonnassiennes

Chez la Mère Blanc, Vonnas (Ain)

Cuire 250 grammes de pommes de terre à l'eau salée et faire une purée; la mouiller avec du lait, laisser refroidir. Ensuite, ajouter une cuillerée à soupe de farine, y incorporer, un à un, trois œufs entiers sans les travailler, une cuillerée de crème épaisse, remuer le tout pour que la pâte ait la consistance de la crème ordinaire.

Prendre une poêle bien plate, mettre du beurre fondu comme pour une omelette; lorsqu'il est très chaud, verser trois quarts de cuiller à soupe de votre pâte, les ronds se forment seuls. Retourner, la cuisson est terminée.

• Gratin des Landes

Quelques pommes de terre; 1/4 de l de lait (selon quantité de pommes de terre); 3 cuillerées à café de lait concentré; 1 tranche de jambon; pincée de gruyère râpé; sel; beurre.

Préparation : 10 minutes. – *Cuisson :* 45 minutes.

Dans un plat à four beurré, mettre les pommes de terre coupées en fines rondelles, le jambon coupé en dés, le gruyère râpé et du sel. Arroser avec le lait et le lait concentré. Mettre à four moyen 45 minutes environ.

• Fond d'artichaut farci

1 artichaut; 1 cuillerée à café de jambon; 1/2 œuf dur; estragon, persil haché; sel; beurre.

Préparation : 15 minutes. – *Cuisson :* 35 minutes.

Faire cuire l'artichaut dans de l'eau bouillante pendant 30 minutes, ou à l'autocuiseur, 15 minutes. Enlever la chair de chaque feuille. Couper en lamelles fines le jambon et le demi-œuf dur. Mélanger la chair, le jambon et l'œuf dur. Disposer le tout sur le fond d'artichaut. Ajouter du sel, les herbes hachées, le beurre. Laisser quelques minutes au four.

Grande cuisine diététique.

• Fond d'artichaut aux pommes de terre

1 artichaut; 1 pomme de terre; 1 cuillerée à café de fromage râpé; 1 pincée de sel; 1 noisette de beurre; 1 cuillerée à café de lait concentré.

Préparation : 10 minutes. – *Cuisson :* 20 minutes.

Faire cuire l'artichaut à l'eau bouillante (35 minutes), ou mieux, à l'étuvée, ou à l'autocuiseur (15 minutes). Arracher et gratter les feuilles avec un couteau. Écraser la pomme de terre cuite à l'eau avec le lait, ajouter du sel. Mélanger la chair des feuilles et la purée. Disposer le tout sur le fond d'artichaut. Mettre dans un plat à four avec du beurre et du fromage râpé. Laisser gratiner quelques instants.

Plat de grande cuisine, nourrissant, riche en fer.

• Courgette farcie à la viande

1 courgette; viande hachée; sel; beurre.

Préparation : 5 minutes. – *Cuisson :* 45 minutes.

Laver la courgette, la couper en deux, dans le sens de la longueur. Enlever la chair, la hacher. Mélanger avec la viande hachée (bœuf), ajouter du sel, faire revenir 5 minutes au beurre. Remplir les moitiés de courgettes évidées de ce mélange. Disposer dans un plat à four beurré, ajouter une noisette de beurre. Mettre au four 40 minutes.

• Bettes blanches

Bettes; sauce blanche ou béchamel; gruyère râpé; beurre; sel.

Préparation : 5 minutes. – *Cuisson :* 1 heure.

Découper les bettes en petits morceaux (1 centimètre). Les faire cuire à l'eau bouillante salée (1 heure). Les égoutter. Mélanger avec une sauce blanche ou béchamel. Ajouter du gruyère râpé, et une noisette de beurre. Faire dorer au four.

• Épinards farcis

100 g d'épinards; 30 g de viande; 1 cuillerée à soupe de lait; gruyère râpé; sel; beurre.

Préparation : 10 minutes. – *Cuisson :* 15 minutes.

Laver, éplucher les épinards. Les faire blanchir 10 minutes, dans de l'eau bouillante salée. Hacher finement la viande. La faire cuire à la poêle. Passer les épinards, battre la purée avec le lait et du beurre. Mélanger la viande hachée et la purée d'épinards. Mettre le tout dans un plat à four beurré et saupoudrer de gruyère. Laisser dorer quelques minutes à four chaud.

• Épinards à la sauce béchamel

100 g d'épinards crus; 1/4 de verre de sauce béchamel; sel; beurre.

Préparation : 10 minutes. – *Cuisson :* 15 minutes.

Éplucher, laver les épinards. Les faire cuire à l'eau bouillante salée (casserole découverte), 15 minutes environ. Égoutter, hacher les épinards. Préparer une sauce béchamel (selon notre recette). Mélanger la sauce et les épinards.

A partir de 2 ans 1/2

• Purée de haricots panachés

100 g de haricots verts; 1 poignée de haricots blancs; lait; beurre; sel.

Préparation : 10 minutes. – *Cuisson :* 30 minutes.

Laver les haricots verts et enlever les fils. Écosser les haricots blancs. Faire cuire séparément dans de l'eau bouillante salée. Passer au tamis. Mélanger. Ajouter du lait chaud et du beurre. Battre quelques instants pour rendre la purée plus légère.

• Poireau gratiné

Poireau nouveau tendre; sauce blanche; gruyère râpé; beurre; sel.

Préparation : 10 minutes. – *Cuisson :* 30 minutes.

Faire cuire le poireau à l'eau bouillante salée (30 minutes), ou en autocuiseur (6 minutes). Égoutter. Dans un plat à four beurré, mettre le poireau. Recouvrir de sauce blanche. Ajouter du gruyère râpé et une noisette de beurre. Faire gratiner 15 minutes.

Diurétique et légèrement laxatif.
Les poireaux blancs sont meilleurs.

• Pommes soufflées

Claude Terrail, *La Tour d'Argent*

Choisir des pommes de terre de belle taille (exclure les pommes nouvelles qui ne conviennent pas). Les éplucher très soigneusement de sorte qu'il n'y ait plus trace d'un œil. Les laver soigneusement à l'eau claire. Tailler, dans le sens le plus large, des tranches de 3 millimètres d'épaisseur. Jeter ces tranches une par une dans une friture chaude en augmentant le degré calorique, en remuant sans arrêt. Laisser frire, égoutter. Retremper dans une autre friture encore plus chaude que la première, pour obtenir le gonflement. Égoutter et saler. Servir aussitôt.

• Purée blanche

25 g de haricots blancs; 1 ou 2 pommes de terre; lait; beurre; sel.

Préparation : 10 minutes. – *Cuisson :* 30 minutes.

Préparer et laver les légumes. Les faire cuire à l'eau bouillante et salée, séparément. Passer les légumes. Ajouter du lait chaud, du beurre. Battre quelques instants.

Plat très nourrissant, riche en phosphore et en cellulose.

• Épi de maïs

1 épi de maïs; beurre.

Cuisson : 20 minutes.

Laisser cuire l'épi 20 minutes à l'eau bouillante salée. Égoutter. Servir avec une bonne noix de beurre.

• Galette de maïs

Maxim's, Paris

Pâte à crêpes assez épaisse; maïs; beurre; sel.

Préparation : 15 minutes. – *Cuisson :* 30 minutes.

Préparer une pâte à crêpes assez épaisse. Égoutter une boîte de maïs ou, mieux, cuire le maïs frais à l'eau salée. L'égoutter. Mélanger pâte à crêpes et maïs. Faire fondre du beurre dans la poêle. A l'aide d'un petit cercle (qui maintiendra la pâte) verser une cuillerée du mélange. Laisser prendre la pâte. Retourner la galette. Laisser cuire de l'autre côté.

Ces galettes accompagnent délicieusement le poulet.

• Rissoles d'épinards *Maxim's,* Paris

Pâte brisée; épinards très tendres; eau; beurre; sel; œuf.

Préparer une pâte brisée. Éplucher, laver à plusieurs eaux les épinards. Faire cuire dans une casserole avec un verre d'eau. Égoutter, presser et piler ou passer les épinards avec un morceau de beurre frais. Étendre la pâte à un demi-centimètre d'épaisseur. Découper avec un verre des ronds de 5 centimètres de diamètre. Disposer sur ces ronds une noix de purée d'épinards. Mouiller le tout, replier les bords, pincer les bords. Passer les rissoles à l'œuf battu. Mettre à four chaud 20 minutes.

• Fenouil gratiné

1/2 bulbe de fenouil; 1/2 tasse sauce béchamel; gruyère; sel; beurre.

Préparation : 10 minutes. – *Cuisson :* 20 minutes.

Laver, éplucher, couper la moitié d'un petit fenouil bien tendre. Faire blanchir à l'eau bouillante, salée et citronnée, 15 minutes. Préparer une sauce béchamel (selon notre recette). Verser le tout dans un plat à four beurré. Saupoudrer de gruyère râpé. Garnir de noisettes de beurre. Laisser dorer quelques minutes à four chaud.

Plat nourrissant et plein de vitamines.

• Petits flans de courge

Paul Bocuse, Collonges au Mont-d'Or.

Mettre à cuire dans l'eau bouillante salée des morceaux de courge. Les retirer de l'eau lorsqu'ils sont encore fermes et les laisser sécher au four. Les écraser. Mélanger à raison de 300 grammes de pulpe de courge pour un quart de litre de lait, trois œufs et 150 grammes de sucre. Verser dans de petits moules à flan beurrés et cuire au four.

A partir de 4 ans

• Courgette frite

1 courgette; beurre; estragon, persil et cerfeuil hachés.

Préparation : 5 minutes. – *Cuisson :* 10 minutes.

Gratter et enlever les graines de la courgette. La couper en rondelles fines. Les passer à la farine. Faire dorer 10 minutes au beurre. Servir avec les herbes hachées.

• Aubergines au gratin
Hiely, Avignon.

Peler de belles aubergines violettes, les saler et les faire dégorger pendant 30 minutes. Les laver à grande eau ensuite et les faire frire, comme les pommes de terre frites. Les égoutter, les ranger dans un plat à gratin et les couvrir de sauce béchamel. Parsemer de fromage râpé et gratiner à four chaud.

• Chou au lait
(recette américaine)

Un petit cœur de chou; 1 tasse de lait; sel.

Préparation : 5 minutes. – *Cuisson :* 20 minutes.

Couper le chou en morceaux. Ajouter le lait, le sel. Faire cuire doucement jusqu'à ce que le chou soit tendre et le lait évaporé.

Le chou est peu digeste pour les tout-petits. On donnera ce plat avec une tranche de jambon.

• Hachis parmentier

Hacher des restes de viande ou du jambon avec un oignon, une demi-gousse d'ail, du persil, un croûton de pain trempé dans un bouillon de poule. Saler, lier avec un jaune d'œuf. Préparer une purée de pommes de terre pas trop épaisse. Dans un plat allant au four mettre le hachis, recouvrir de purée et saupoudrer de gruyère râpé. Faire cuire 30 minutes (le dessus doit être doré).

CHAPITRE V

Le riz et les pâtes

A partir de 8 mois

• Semoule aux tomates

2 cuillerées à soupe de semoule; 1 ou 2 tomates; 1/2 verre de lait; sel; beurre.

Préparation : 5 minutes. – *Cuisson :* 10 minutes.

Verser en pluie la semoule dans le lait bouillant. Faire cuire 10 minutes en tournant. Préparer une purée de tomates. Mélanger, saler, ajouter une noisette de beurre.

A partir de 12 mois

• Nouilles au foie

50 g de coquillettes; beurre; gruyère; sel; restes de foie de veau.

Préparation : 5 minutes. – *Cuisson :* 15 minutes.

Hacher les restes de foie. Cuire les coquillettes 15 minutes à l'eau bouillante salée. Égoutter. Ajouter le beurre et le gruyère. Mélanger les coquillettes et le foie.

A cet âge on coupera les coquillettes en fins morceaux.

A partir de 14 mois

• Pavés dorés

50 g de semoule; 1/4 de l de lait; 10 g de gruyère râpé; 1/4 de jaune d'œuf.

Préparation : 5 minutes. – *Cuisson :* 20 minutes.

Verser en pluie la semoule et la faire cuire 10 minutes dans le lait en ajoutant les trois quarts du gruyère râpé. Ajouter le jaune d'œuf. Laisser refroidir. Mettre dans un plat beurré allant au four. Saupoudrer de gruyère râpé. Parsemer de noisettes de beurre. Faire dorer 10 minutes au four.

A partir de 15 mois

• Riz à l'artichaut

Riz; 1 artichaut; fromage râpé; beurre; sel.

Préparation : 10 minutes. – *Cuisson :* 30 minutes.

Faire cuire le riz à l'eau bouillante salée. Faire cuire l'artichaut à l'eau bouillante salée. Enlever les feuilles et le foin. Beurrer très légèrement le fond d'artichaut. Garnir le fond avec le riz cuit à l'eau. Saupoudrer de gruyère râpé ou de parmesan. Ajouter une noisette de beurre. Laisser dorer quelques instants au four.

• Riz à l'indienne

Riz; beurre; sel.

Préparation : 5 minutes. – *Cuisson :* 30 minutes.

Jeter le riz en pluie dans de l'eau bouillante salée. Laisser bouillir 5 minutes (environ). Égoutter. Remettre le riz dans la casserole. Ajouter du beurre. Mélanger doucement. Couvrir la casserole. Laisser cuire à feu doux 25 minutes.

• Riz au foie

Riz; 1 petite tranche de foie; beurre; sel.

Préparation : 10 minutes. – *Cuisson :* 30 minutes.

Faire cuire le riz selon la recette du *Riz à l'indienne.* Faire griller la tranche de foie. La débiter en petits dés et les mélanger au riz. Ajouter une noisette de beurre.

• Riz au poulet

Restes de blanc de poulet; riz; beurre; sel.

Préparation : 10 minutes. – *Cuisson :* 20 minutes.

Hacher du blanc de poulet. Faire cuire le riz à l'eau salée. Faire cuire 20 minutes (sans couvercle). Mélanger le poulet cuit, le riz et le beurre.

• Riz aux courgettes

Disposer dans un plat allant au four des courgettes bouillies égouttées et écrasées. Saupoudrer d'un peu de riz cru. Ajouter beurre et gruyère. Quand le riz est cuit ajouter à nouveau un peu de gruyère et faire gratiner.

• Riz à la reine

Riz; sauce béchamel; restes de volaille; beurre.

Préparation : 10 minutes. – *Cuisson :* 20 minutes.

Cuire le riz selon la recette du riz à l'indienne. Faire une sauce béchamel selon notre recette. Piler les restes de poulet ou de volaille. Mélanger la sauce béchamel et la viande. Mettre dans un plat beurré le riz. Napper avec la sauce béchamel.

Même recette, mais mettre dans un plat à four, saupoudrer la béchamel de chapelure et de fromage râpé. Faire dorer quelques minutes à four chaud.

Le riz, très riche en glucides, très pauvre en graisses, devra être donné précédé d'une crudité pauvre en glucides, comme la tomate, assaisonnée d'huile.

• Riz au fromage

Riz; fromage râpé; sel; beurre.

Préparation : 5 minutes. – *Cuisson :* 30 minutes.

Verser le riz en pluie dans de l'eau bouillante salée. Laisser bouillir 5 minutes environ. Égoutter. Remettre dans la casserole. Ajouter du beurre, mélanger doucement. Couvrir la casserole. Laisser cuire à feu doux 25 minutes. Ajouter au moment de servir du beurre et du gruyère ou du parmesan râpé.

Le fromage riche en lipides (22 % aux 100 grammes) enrichira le riz qui en est dépourvu (0,5 aux 100 grammes).

• Riz à la tomate

Préparer le riz comme ci-dessus. Ajouter une purée de tomate fraîche.

• Riz gratiné à la tomate

Même recette que ci-dessus. Mettre la préparation dans un plat à four. Parsemer de noisettes de beurre. Faire gratiner quelques minutes à four chaud.

• Riz au veau

Restes de veau; riz; beurre; sel.

Préparation : 10 minutes. – *Cuisson :* 20 minutes.

Hacher du veau cuit. Faire cuire du riz à l'eau salée. Faire cuire 20 minutes (sans couvercle). Mélanger veau cuit, riz et beurre.

• Macaronis au fromage

40 g de macaronis; beurre; sel; gruyère râpé.

Préparation : 5 minutes. – *Cuisson :* 14 minutes.

Cuire les macaronis à l'eau bouillante salée (14 minutes environ), casserole découverte. Égoutter. Ajouter une bonne noix de beurre, du sel, du gruyère râpé.

• Nouilles aurore au jambon

40 g de nouilles; 1 ou 1/2 petite tranche de jambon; 1 tomate; beurre; sel.

Préparation : 10 minutes. – *Cuisson :* 10 minutes.

Faire cuire les nouilles 10 minutes à l'eau bouillante salée, casserole découverte. Égoutter. Couper le jambon en petits dés. Mélanger. Ajouter du beurre, du sel, une purée de pulpe de tomate fraîche.

• Nouilles à l'œuf dur

40 g de nouilles; 1 œuf; beurre; sel.

Préparation : 5 minutes. – *Cuisson :* 10 minutes.

Faire durcir un œuf 10 minutes à l'eau bouillante. Le laisser refroidir. L'écaler. Faire cuire les nouilles 10 minutes à l'eau bouillante salée, casserole découverte. Les égoutter. Ajouter du beurre. Décorer le dessus du plat avec des rondelles d'œuf dur.

• Nouilles au jus

40 g de nouilles; beurre; sel; jus de viande non gras.

Préparation : 5 minutes. – *Cuisson :* 10 minutes.

Cuire les nouilles dans l'eau bouillante salée, 10 minutes environ. Égoutter. Ajouter le beurre. Au moment de servir, arroser de jus de viande.

• Macaronis au jus

40 g de macaronis; beurre; sel; jus de viande non gras.

Préparation : 5 minutes. – *Cuisson :* 15 minutes.

Faire cuire les macaronis à l'eau bouillante salée 15 minutes, casserole découverte. Les égoutter. Ajouter une noisette de beurre. Au moment de servir arroser de jus de viande non gras.

• Nouilles au fromage

25 g de nouilles; parmesan et gruyère; sel; beurre.

Préparation : 5 minutes. – *Cuisson :* 10 minutes.

Cuire les nouilles dans l'eau bouillante salée 10 minutes environ. Égoutter. Râper le parmesan et le gruyère. Mélanger les nouilles et les fromages râpés. Ajouter une noix de beurre.

A partir de 18 mois

• Riz au chou-fleur

Riz; chou-fleur; gruyère; sel; beurre.

Préparation : 10 minutes. – *Cuisson :* 25 minutes.

Laver le riz. Le faire cuire à l'eau bouillante. Couper le chou-fleur en bouquets, les laver. Les faire cuire à l'eau bouillante salée 15 minutes. Écraser le chou-fleur en purée. Mélanger au riz. Mettre dans un plat à four. Saupoudrer de gruyère. Ajouter une noisette de beurre. Faire gratiner 10 minutes à four chaud.

• Nouilles gratinées au blanc de volaille

50 g de nouilles; gruyère râpé; sel; beurre; restes de blanc de volaille.

Préparation : 5 minutes. – *Cuisson :* 20 minutes.

Cuire les nouilles à l'eau bouillante salée, 10 minutes environ, casserole découverte. Égoutter. Dans un plat à four beurré mettre les nouilles mélangées au blanc de volaille haché grossièrement. Saupoudrer de gruyère râpé. Ajouter le beurre coupé en petits morceaux. Laisser gratiner 10 minutes à four chaud.

• Riz au blanc nature

Raymond Thuilier, *L'Oustaù de Baumanière*

Laver le riz à l'eau tiède. Verser le riz en pluie dans du lait bouillant salé à raison de 125 grammes de riz pour un quart de litre de lait. La cuisson doit se faire casserole couverte. Le temps de cuisson dépend de la qualité du riz. Quand le riz est cuit l'égoutter rapidement. Étaler en mince couche le riz dans un plat allant au four. Ajouter du beurre frais et laisser sécher au four quelques instants.

Servir avec un peu de beurre fondu.

(proportions établies pour 3 personnes)

• Riz au blanc au gruyère

Raymond Thuilier, *L'Oustaù de Baumanière*

Laver le riz à l'eau tiède. Verser le riz en pluie dans du lait bouillant salé à raison de 125 grammes de riz pour un quart de litre de lait. Le temps de cuisson dépend de la qualité du riz. Quand le riz est cuit l'égoutter rapidement. Étaler en mince couche le riz dans un plat allant au four. Ajouter du beurre frais et laisser sécher au four quelques instants.

Servir avec du gruyère râpé.

(proportions établies pour 3 personnes)

• Spaghettis au vert

20 g de spaghettis; 30 g d'épinards; parmesan; sel; beurre.

Préparation : 10 minutes. – *Cuisson :* 15 minutes.

Faire cuire à l'eau bouillante salée séparément les épinards et les spaghettis. Égoutter les épinards. Égoutter les spaghettis. Hacher les épinards. Mélanger épinards et spaghettis. Au moment de servir ajouter le parmesan râpé et une noisette de beurre.

Bien sûr les proportions varieront avec l'âge de l'enfant.

• Nouilles à la viande et aux épinards

20 g de nouilles; quelques feuilles d'épinards; un petit reste de viande; gruyère; sel; beurre.

Préparation : 10 minutes. – *Cuisson :* 15 minutes.

Faire cuire les nouilles 10 minutes à l'eau bouillante salée, casserole découverte. Faire pocher quelques feuilles d'épinards. Les passer. Hacher des restes de veau ou de bœuf cuit. Égoutter les nouilles. Mélanger tous les ingrédients. Ajouter le beurre.

Plat complet. On servira comme dessert un yaourt et un fruit.

• Nouilles aux herbes

20 g de nouilles; fines herbes; sel; beurre.

Préparation : 5 minutes. – *Cuisson :* 10 minutes.

Faire cuire les nouilles à l'eau bouillante salée. Hacher un petit bouquet de fines herbes. Égoutter les nouilles. Ajouter les herbes hachées et une noix de beurre.

• Macaronis gratinés

40 g de macaronis; restes de veau; jus de veau; gruyère râpé; beurre; sel.

Préparation : 10 minutes. – *Cuisson :* 20 minutes.

Faire cuire les macaronis à l'eau bouillante salée, casserole découverte, 15 minutes environ. Hacher des restes de veau cuit. Mettre dans un plat à four beurré les macaronis mélangés au hachis de veau. Arroser avec le jus de veau. Saupoudrer de gruyère râpé. Parsemer de noisettes de beurre. Laisser gratiner quelques minutes à four chaud.

• Salade de coquillettes

50 g de coquillettes; 1 tomate; persil, estragon; sel; citronnette.

Préparation : 5 minutes. – *Cuisson :* 15 minutes.

Faire cuire les coquillettes à l'eau bouillante salée, 15 minutes environ. Égoutter. Laisser refroidir. Hacher persil et estragon. Préparer une citronnette. Couper une tomate en rondelles. Mélanger.

Bonne idée de hors-d'œuvre ou de salade pour un repas un peu léger.

A partir de 2 ans

• Soufflé de macaronis

Faire blanchir à l'eau bouillante 125 grammes de macaronis coupés. Retirer du feu et égoutter, passer dessus un peu d'eau fraîche. Ajouter après refroidissement deux jaunes d'œuf, du gruyère râpé, du sel, du poivre. Battre les blancs en neige. Les mélanger à la crème fraîche (un petit bol) et mélanger doucement aux macaronis. Verser le tout dans un plat creux beurré. Faire cuire au four pendant 20 minutes. Quand le soufflé est doré et monté, il est prêt à servir.

Faire une sauce blanche bien beurrée et citronnée, avec du persil et des fines herbes... Et arroser au moment de servir chaque part avec cette excellente sauce.

• Coquillettes à la mayonnaise

Coquillettes; mayonnaise; estragon; salade verte; sel.

Préparation : 10 minutes. – *Cuisson :* 15 minutes.

Faire cuire les coquillettes à l'eau bouillante salée. Les égoutter. Laisser refroidir. Préparer une mayonnaise selon notre recette. Couper en lanières de la salade verte de saison. Hacher l'estragon. Mélanger le tout.

• Nouilles aux lentilles

30 g de lentilles cuites; 20 g de nouilles; beurre; sel.

Préparation : 5 minutes. – *Cuisson :* 10 minutes.

Faire cuire à l'eau bouillante salée les nouilles, casserole découverte. Réchauffer au beurre les lentilles. Mélanger nouilles et lentilles. Ajouter une noisette de beurre.

A partir de 2 ans 1/2

• Puits de riz

Riz; 1 œuf; fromage râpé; beurre; sel.

Faire cuire le riz à l'eau. Faire durcir un œuf. Dans un plat à four beurré, mettre le riz. Creuser au centre un puits, y mettre l'œuf dur. Recouvrir le tout de fromage râpé. Ajouter du beurre. Laisser dorer quelques instants.

A partir de 3 ans

• Gnocchis

Dans un quart de litre de lait bouillant, verser en pluie deux cuillerées à soupe bombées de semoule très fine. Remuer sans cesse jusqu'à cuisson complète de la semoule. Ajouter une poignée de gruyère râpé. Étaler dans un plat et confectionner des petits pavés. Faire gratiner.

On peut servir ces gnocchis avec du jus de viande.

• Riz à la Mornay

Raymond Thuilier, *L'Oustaù de Baumanière*

125 g de riz; 1/4 l de lait; sel; beurre.

Pour la sauce Mornay :
25 g de beurre; 25 g de farine; 1/3 de l de lait; 50 g de gruyère râpé; sel.

Laver le riz à l'eau tiède. Verser le riz en pluie dans du lait bouillant salé à raison de 125 grammes de riz pour un quart de litre de lait. La cuisson doit se faire casserole couverte. Le temps de cuisson dépend de la qualité du riz. Quand le riz est cuit, l'égoutter rapidement. Étaler en mince couche le riz dans un plat. Ajouter du beurre frais et laisser sécher au four quelques instants.

Préparer la sauce Mornay comme suit : dans une casserole, faire fondre, à feu doux, le beurre sans le laisser dorer. Verser la farine. Remuer avec une cuiller de bois (ne pas laisser colorer le mélange). Verser peu à peu le lait chaud en tournant. Saler très légèrement. Ajouter progressivement le gruyère sans cesser de tourner. Laisser fondre le fromage.

Au moment de servir le riz, napper avec la sauce Mornay.

(Proportions établies pour 3 personnes)

• Nouilles fourrées au colin

75 g de nouilles; 100 g de colin; 1 cuillerée à café de farine; 20 g de gruyère râpé; 2 cuillerées à café de lait concentré; sel; beurre.

Préparation : 10 minutes. – *Cuisson :* 20 minutes.

Faire pocher les nouilles dans l'eau salée. Laisser gonfler. Ajouter du beurre. Effeuiller le colin (bouilli et refroidi). Préparer une sauce avec une noix de beurre fondu, la farine, le lait, ajouter du sel. Dans un plat à four beurré mettre une couche de nouilles, une couche de colin. Recouvrir avec la sauce et le fromage râpé. Laisser dorer 10 minutes.

CHAPITRE VI

Le poisson

A partir de 6 mois

• Purée de merlan

1 filet de merlan; citron; sel; beurre.

Préparation : 5 minutes. – *Cuisson :* 10 minutes.

Faire pocher le filet au court-bouillon citronné et salé. Égoutter. Passer à la moulinette. Ajouter un peu de beurre et du jus de citron.

A partir de 7 mois

• Filet de merlan à la purée d'artichaut

1 artichaut très tendre; filet de merlan; sel; citron; beurre.

Préparation : 10 minutes. – *Cuisson :* 45 minutes.

Faire cuire l'artichaut à l'eau bouillante. Faire pocher le filet de merlan au court-bouillon salé et citronné. Égoutter. Passer à la moulinette le cœur d'artichaut, puis le poisson. Mélanger. Ajouter une noisette de beurre.

Saveurs très raffinées!

• Filet de merlan au chou-fleur

Quelques bouquets de chou-fleur; filet de merlan; sel; citron; beurre ou 1 cuillerée à café de lait concentré.

Préparation : 10 minutes. — *Cuisson :* 15 minutes.

Faire cuire le chou-fleur dans l'eau bouillante salée. Faire pocher le filet de merlan au court-bouillon salé et citronné. Égoutter. Passer à la moulinette chou-fleur et merlan. Mélanger, ajouter le lait concentré ou une noisette de beurre.

Plat très onctueux, apprécié des tout-petits.

• Limande aurore

1 filet de limande (petit); 1 petite pomme de terre; 1/2 tomate; sel; beurre.

Préparation : 5 minutes. — *Cuisson :* 10 minutes.

Faire cuire le filet de limande au court-bouillon salé et citronné. Faire cuire à l'eau la pomme de terre. Éplucher la tomate et la mixer pour obtenir une purée de tomate fraîche. Piler intimement les légumes et le poisson. — Ajouter une noisette de beurre.

Très appétissant, très léger, fait un excellent repas en un plat.

A partir de 8 mois

• Sole pochée au lait

1 filet de sole; lait; citron; beurre; sel.

Préparation : 5 minutes. — *Cuisson :* 3 minutes.

Préparer un court-bouillon citronné et salé, additionné d'une cuillerée à soupe de lait. Faire pocher le filet quelques instants. Servir avec une noisette de beurre et arroser de jus de citron.

• Purée de colin

1 tranche de colin; 1 pomme de terre; 1 cuillerée à café de lait concentré; citron; sel; beurre; persil haché.

Préparation : 5 minutes. — *Cuisson :* 10 minutes.

Faire cuire à l'eau la pomme de terre. L'écraser avec du lait concentré (ce qui la rend très onctueuse). Faire cuire la tranche de colin au court-bouillon. Mélanger et piler, ajouter du beurre, du sel, du citron.

Ajouter deux cuillerées à café de lait concentré, si on veut rendre le plat plus savoureux.

Plat très onctueux et léger.

A partir de 9 mois

• Merlan poché

1 merlan; citron; sel; beurre.

Préparation : 5 minutes. *Cuisson :* 10 minutes.

Préparer un court-bouillon citronné et salé. Faire pocher le merlan 10 minutes environ. Égoutter. Servir avec 1 noisette de beurre et du jus de citron.

Quelques carottes coupées en rondelles améliorent le court-bouillon.

• Carrelet à la tomate

1 petit carrelet; 2 tomates; beurre; sel.

Préparation : 10 minutes. – *Cuisson :* 10 minutes.

Préparer le carrelet. Le faire cuire au court-bouillon salé et citronné. L'éplucher. Battre la chair avec du beurre. Préparer une purée de tomates fraîches. Mélanger le tout. Ajouter une noisette de beurre.

• Purée de carrelet et de pommes de terre

1 petit carrelet; 2 pommes de terre; beurre; sel.

Préparation : 10 minutes. – *Cuisson :* 25 minutes.

Préparer le carrelet. Le faire pocher au court-bouillon salé et citronné. L'éplucher. Battre la chair avec du beurre. Préparer une purée de pommes de terre épaisse. Mélanger poisson et purée.

Le carrelet est un poisson très digeste.

A partir de 10 mois

• Filet de merlan meunière

Filet de merlan; œuf battu; farine; sel; beurre; citron.

Préparation : 5 minutes. — *Cuisson :* 8 minutes.

Passer le filet à l'œuf battu et à la farine. Saler. Faire cuire à la poêle au beurre chaud. Bien égoutter (jeter le beurre de cuisson). Arroser de jus de citron.

• Merlan à l'américaine

1 filet de merlan; 1/4 de verre de lait; 1 pincée de sel; beurre.

Préparation : 5 minutes. — *Cuisson :* 20 minutes.

Étaler le filet dans un plat à four. Ajouter le sel. Verser le lait pour mouiller. Cuire 20 minutes à four moyen. Mettre une noisette de beurre.

Onctueux et très apprécié des tout-petits. Il s'accompagne de purée de légumes. Bien écrasé en purée, il convient dès l'âge de 9 mois. Couper en morceaux à partir de 18 mois.

• Purée de cabillaud

1/2 filet de cabillaud; 1 pomme de terre; 1/2 verre de lait; sel; beurre; chapelure; citron.

Préparation : 10 minutes. — *Cuisson :* 20 minutes.

Faire cuire au court-bouillon le filet (8 à 10 minutes). Faire cuire la pomme de terre à l'eau. Éplucher et piler le cabillaud. Passer la pomme de terre à la moulinette, y ajouter le lait. Mélanger intimement avec sel et beurre. Verser dans un plat à four. Dorer au four quelques instants.

Bon marché, nourrissant : du phosphore et du calcium.

• Sole meunière

Lasserre, Paris

1 sole; farine; lait; beurre; sel; persil haché.

Préparation : 5 minutes. — *Cuisson :* 5 minutes.

Passer la sole assaisonnée au lait et à la farine. Faire cuire le poisson des deux côtés à la poêle au beurre chaud. Égoutter. Dresser le poisson sur le plat de service bien chaud. Arroser de beurre fondu et saupoudrer d'un peu de persil finement haché.

Le beurre de cuisson ne doit jamais être utilisé pour arroser le poisson, il doit être jeté.

A partir de 11 mois

• Colin corail

1 petite tranche de colin; 1 tomate moyenne; sel; beurre.

Préparation : 5 minutes. – *Cuisson :* 10 minutes.

Faire cuire la tranche de colin au court-bouillon. Pulper la tomate cuite à l'eau. Mélanger le poisson et la tomate (passer à la moulinette). Ajouter du beurre et du sel.

• Purée de colin gratiné

1 tranche de colin; 1 pomme de terre; 1 pincée de gruyère râpé; beurre; citron; sel; 1 cuillerée à café de lait concentré.

Préparation : 5 minutes. – *Cuisson :* 15 minutes.

Faire cuire la tranche de colin au court-bouillon citronné. Écraser la pomme de terre cuite à l'eau, la mélanger avec du lait concentré. Mélanger et piler le tout, disposer dans un plat à four beurré, ajouter du sel, puis le fromage râpé. Passer quelques minutes au four.

Cette purée est enrichie en matières grasses par le gruyère.

A partir de 13 mois

• Croquettes de merlan à la tunisienne

1 filet de merlan; 2 pommes de terre; 1/2 œuf; beurre; sel; persil haché.

Préparation : 10 minutes. – *Cuisson :* 10 minutes.

Faire bouillir les pommes de terre dans de l'eau salée. Passer la chair crue du merlan à la moulinette. Éplucher et écraser les pommes de terre. Mélanger merlan et pommes de terre, ajouter du persil, du sel, et le demi-œuf. Former des croquettes. Mettre dans un plat à four avec une noisette de beurre. Laisser dorer quelques minutes.

A partir de 15 mois

• Morue pochée

Filet de morue; beurre; persil haché; citron; quelques rondelles de carotte.

Préparation : 10 minutes. – *Cuisson :* 20 minutes.

Faire dessaler la morue. Mettre la morue dans une casserole remplie d'eau froide avec quelques rondelles de carotte, du jus de citron, à feu moyen. Laisser frémir 20 minutes environ. Égoutter.

Servir avec du persil haché, du beurre frais, du jus de citron.

Attention! la morue ne doit jamais bouillir.

• Merlan vert pré

1 filet de merlan; cerfeuil; persil; épinard; estragon; citron; 1 pincée de sel; 1 noisette de beurre; chapelure.

Préparation : 10 minutes. – *Cuisson :* 10 minutes.

Hacher menu les herbes fines variées. Mettre au court-bouillon le filet de merlan : 3 minutes. Disposer dans un plat à four herbes et merlan. Arroser du jus d'un demi-citron. Saler. Ajouter beurre et chapelure. Mettre au four quelques minutes.

Phosphore et vitamines.

• Filet de merlan aurore

1 filet de merlan; 1 tomate; persil; estragon; beurre; sel.

Préparation : 5 minutes. – *Cuisson :* 8 minutes.

Faire cuire le filet de merlan dans l'eau : 3 minutes (l'eau doit frissonner). Dans un plat allant au four disposer le filet de merlan égoutté. Saler, ajouter une noisette de beurre. Laisser cuire 5 minutes. Puis, recouvrir de la pulpe de tomate fraîche. Saupoudrer de persil haché et d'estragon.

A partir de 16 mois

• Filet de sole au gratin

Filet de sole; sel; sauce béchamel; chapelure; beurre.

Préparation : 10 minutes. — *Cuisson :* 15 minutes.

Faire pocher la sole dans très peu d'eau salée et bouillante. Égoutter. Mettre dans un plat à four bien beurré. Masquer par une petite sauce béchamel. Parsemer de chapelure et de noisettes de beurre. Laisser dorer à four chaud.

A partir de 18 mois

• Filet de merlan sauce béchamel

Filet de merlan; sauce béchamel (faite selon notre recette); gruyère râpé; beurre; sel; citron.

Préparation : 10 minutes. — *Cuisson :* 20 minutes.

Faire pocher le filet au court-bouillon citronné et salé. Passer le filet à la moulinette. Préparer une sauce béchamel. Mélanger. Mettre dans un plat à four beurré. Saupoudrer de gruyère râpé. Laisser dorer à four chaud.

• Sole meunière à l'orange

1 sole; 1/2 orange; farine; lait; sel; beurre.

Préparation : 10 minutes. — *Cuisson :* 5 minutes.

Peler une demi-orange à vif en rondelles fines. Enlever les pépins. Passer la sole salée au lait et à la farine. Faire cuire la sole à la poêle au beurre chaud. Égoutter soigneusement. Recouvrir la sole avec les rondelles. Arroser d'un peu de beurre que l'on fait chauffer à la poêle.

• Filet de barbue meunière *Maxim's*, Paris

1 filet de barbue; sel; farine; beurre; persil haché.

Préparation : 2 minutes. — *Cuisson :* 5 minutes.

Saler le filet, le rouler dans la farine. Faire chauffer le beurre dans la poêle. Y déposer le filet, faire dorer à feu doux. Saupoudrer de persil haché et servir avec du beurre fondu.

• Salade de cabillaud tricolore

1/2 filet de cabillaud; quelques rondelles de betterave rouge, coupées en très petits morceaux; quelques feuilles de mâche, ou autre salade; persil haché; huile; citron; sel.

Préparation : 5 minutes. – *Cuisson :* 8 minutes.

Faire cuire au court-bouillon le filet. L'éplucher en lamelles. Laisser refroidir. Ajouter la betterave, puis la salade coupée en fines lanières. Mélanger le tout avec de la citronnette et du persil.

Du poisson sous une forme colorée et amusante. Apporte vitamines et phosphore.

• Colin à la semoule

1 tranche de colin ou reste de colin bouilli; 20 à 25 g de semoule; 1/2 verre de lait; beurre; huile d'olive; 1 tomate; sel.

Préparation : 10 minutes. – *Cuisson :* 10 minutes.

Utiliser des restes de colin bouilli, ou faire pocher au court-bouillon citronné une petite tranche de colin. Éplucher en lamelles. Faire cuire la semoule 10 minutes, dans le lait. Saler. Ajouter du beurre et quelques gouttes d'huile d'olive. Préparer une purée de tomates. Mélanger le tout.

La quantité de semoule dépendra de l'importance du plat que l'on veut réaliser.

• Filets de sole Crécy

Pocher une sole dans de l'eau légèrement salée (5 minutes environ). Lever les filets, les tenir au chaud. Émincer très finement des carottes, les faire cuire à l'eau environ 20 minutes, les égoutter, ajouter une noix de beurre frais, poser dessus les filets de sole. Une petite sauce aux tomates fraîches nappera avec bonheur les filets de sole.

• Carrelet à la meunière

1 carrelet; beurre; persil; farine; citron.

Préparation : 5 minutes. – *Cuisson :* 10 minutes.

Préparer le poisson. Le rouler dans la farine. Faire chauffer du beurre dans une poêle. Faire dorer plusieurs minutes, de chaque côté, le poisson. Saler et servir arrosé de jus de citron avec une noisette de beurre frais, et du persil haché.

• Filet de barbue au court-bouillon *Maxim's*, Paris

1 filet de barbue; citron; beurre; sel.

Préparer le filet. Le faire pocher dans très peu d'eau, à couvert et sans ébullition. Saler. Servir avec beurre fondu et jus de citron.

A partir de 20 mois

• Filet de dorade grenobloise

1 filet de dorade; farine; beurre; sel; citron; persil haché; 1 tomate.

Préparation : 3 minutes. – *Cuisson :* 7 à 8 minutes.

Fariner le filet. Faire cuire dans la poêle avec du beurre, ou pocher. En fin de cuisson, ajouter du jus de citron. Mettre dans la poêle une tomate épépinée et coupée finement. On obtient une purée. Recouvrir le filet avec une purée de tomate, du persil haché, et du sel.

Surtout n'arrosez pas la préparation avec le beurre qui a servi à la cuisson!

A partir de 2 ans

• Goujon de merlan *Maxim's*, Paris

1 filet de merlan; beurre; lait; farine; sel; persil; citron.

Partager le filet en deux dans le sens de la longueur. Saler. Passer au lait et à la farine. Faire chauffer le beurre dans la poêle, y déposer le poisson. Faire dorer à feu doux. Saupoudrer de persil haché et arroser de jus de citron.

• Sole grillée

1 sole; farine; beurre.

Préparation : 5 minutes. – *Cuisson :* 6 minutes.

Inciser finement la chair du poisson. Saler. Passer la sole dans la farine et arroser de beurre fondu. Placer sur le gril, d'un côté puis de l'autre.

• Raie à la tomate

150 g de raie; 2 tomates; beurre; sel; citron.

Préparation : 5 minutes. – *Cuisson :* 10 minutes.

Préparer, faire pocher le poisson au court-bouillon citronné. Éplucher, piler. Préparer une purée de tomates fraîches. Mélanger poisson et tomates.

Plat délicieux et économique.

• Salade de colin à la tomate

1 tranche de colin ou reste de colin cuit au court-bouillon; 1 ou 2 tomates; herbes hachées (persil, estragon); sel; citronnette.

Préparation : 5 minutes. – *Cuisson :* 10 minutes.

Faire pocher le poisson au court-bouillon citronné. L'éplucher en lamelles. Laisser refroidir. Couper les tomates en rondelles. Mélanger le tout. Saler. Arroser de citronnette. Saupoudrer d'herbes hachées.

• Salade de thon

100 g de thon au naturel en conserve; 1 tomate; quelques feuilles de salade verte; citronnette aux herbes; sel.

Préparation : 5 minutes.

Couper la tomate en rondelles. Couper la salade en lanières. Mettre dans le saladier : le thon, la salade verte. Arroser de citronnette aux herbes. Saler. Recouvrir la salade et le thon avec les rondelles de tomates.

Le reste du repas sera léger.

• Gratin de thon

Émietter le contenu d'une boîte de thon. Hacher finement 100 grammes de champignons et faire rendre leur eau à feu vif dans un peu d'huile ou de beurre. Faire une petite béchamel. Mélanger le tout et disposer dans un plat allant au four. Saupoudrer de gruyère râpé. Faire gratiner.

• Raie à la purée

100 g de raie; 4 cuillerées à soupe de lait; sel; beurre; pommes de terre.

Préparation : 5 minutes. – *Cuisson :* 15 minutes.

Laver, préparer le poisson. Faire pocher au court-bouillon

citronné dans lequel on ajoute le lait. Éplucher, piler le poisson. Préparer une purée de pommes de terre. Mélanger poisson et purée.

• Darne de colin

1 tranche mince de colin; huile; beurre (une noisette); 1 pincée de sel; jus d'un demi-citron; persil haché.

Préparation : 2 minutes. – *Cuisson :* 7 minutes.

Chauffer le gril. Badigeonner la tranche de colin avec l'huile. Cuire sur le gril, de chaque côté. Servir avec du beurre, ajouter persil et citron.

• Soufflé de poisson

Reste de poisson cuit au court-bouillon; 1 œuf; sauce béchamel salée; beurre.

Préparation : 10 minutes. – *Cuisson :* 25 minutes.

Faire une sauce béchamel épaisse et salée (voir recette). Ajouter le jaune d'œuf, puis le blanc battu en neige et le poisson détaillé en fines lamelles. Verser dans un moule beurré. Faire cuire à four moyen 30 minutes.

• Colin à l'espagnole

Restes de colin; riz; 1 tomate; une pincée de sel; une noix de beurre.

Préparation : 10 minutes. – *Cuisson :* 30 minutes.

Utiliser des restes de colin cuit au court-bouillon, les éplucher. Faire cuire du riz dans un peu d'eau bouillante salée, casserole découverte, 20 minutes environ. Pocher une tomate, la passer en purée. Disposer dans un plat, en couches, le poisson, la purée de tomate, le riz. Ajouter une noix de beurre. Passer au four 10 minutes.

Bonne formule de plat unique : poisson-légumes. Les proportions varieront selon l'importance des restes de poisson!

A partir de 2 ans 1/2

• Sole sur lit de pommes de terre

1 sole; pommes de terre; sel; beurre; chapelure; eau citronnée; fines herbes.

Préparation : 10 minutes. – *Cuisson :* 30 minutes.

Dans un plat à four beurré, disposer une couche de pommes de terre coupées en rondelles très fines. Poser dessus la sole. Recouvrir d'une autre couche de pommes de terre. Arroser de deux cuillerées à soupe d'eau citronnée. Saler. Ajouter de fines herbes hachées, de la chapelure et de petites noisettes de beurre. Faire cuire 30 minutes au four.

Raffiné et pratique : deux plats en un.

• Salade de raie

150 g de raie; persil, estragon; citronnette.

Préparation : 10 minutes. – *Cuisson :* 8 minutes.

Préparer le poisson. Le faire pocher au court-bouillon citronné, 8 minutes environ. Éplucher en fines lamelles. Laisser refroidir. Hacher du persil et de l'estragon. Préparer une citronnette. Mélanger le tout.

Plat frais agréable pour l'été.

• Brandade de morue

Après avoir dessalé la morue pendant 24 heures (en renouvelant l'eau plusieurs fois), la faire cuire dans l'eau juste frémissante. Ôter tous les déchets et mixer avec une pomme de terre cuite. Ajouter un peu de lait chaud pour obtenir la consistance d'une purée.

A partir de 3 ans

• Turbotin poché hollandaise — *Lasserre*, Paris

Morceau de turbotin; citron; eau; sel; lait; sauce hollandaise; 1 jaune d'œuf; 75 g de beurre; 1 petite cuillerée à café d'eau; 1 pincée de sel; quelques gouttes de jus de citron.

Faire pocher le poisson au court-bouillon froid composé d'eau salée, d'une lame de citron pelé et épépiné et d'un fond de verre de lait. Porter doucement à ébullition. Compter 6 minutes de cuisson par litre, quand l'ébullition a pris sa marche. Préparer la sauce hollandaise comme suit : Mettre dans un bol, au bain-marie, le jaune d'œuf, le sel et l'eau, ajouter petit à petit le beurre fondu en tournant jusqu'à ce que la préparation épaississe. Au moment de servir, ajouter quelques gouttes de jus de citron et passer à l'étamine.

• Truite farcie « caprice de Buffon »

Prendre une truite, enlever l'arête par le dos, assaisonner, la garnir avec la farce ci-dessous. Ensuite, la cuire lentement au beurre comme « meunière ».

Cuire au beurre séparément des tranches de banane coupées dans le sens de la longueur.

Dresser la truite avec, sur chaque pièce, une tranche de banane. Décorer le plat avec des rondelles d'orange cannelées, ajouter du jus de citron, du jus d'orange, un beurre-noisette et du persil haché.

Farce : Faire étuver au beurre des épinards blanchis, des champignons, des fines herbes, le tout haché très fin et bien assaisonné.

• Salade de raie enrichie

100 g de raie; 1 tomate; betterave; sel; persil; citronnette.

Préparation : 10 minutes. – *Cuisson :* 18 minutes.

Préparer le poisson. Le faire pocher au court-bouillon citronné 18 minutes environ, laisser refroidir. Éplucher. Couper en rondelles betterave et tomate. Hacher du persil. Préparer une citronnette. Mélanger le tout.

Plat très riche en phosphore et vitamines.

A partir de 4 ans

• Gratin de raie

100 g de raie; sauce béchamel; beurre; sel; gruyère râpé.

Préparation : 10 minutes. – *Cuisson :* 25 minutes.

Préparer, laver le poisson à l'eau courante. Faire cuire au court-bouillon citronné environ 8 minutes. Préparer une sauce béchamel selon notre recette. Égoutter, éplucher le poisson. Mélanger béchamel et poisson. Mettre le tout dans un plat à four beurré. Saupoudrer de gruyère râpé et ajouter du beurre. Laisser environ 10 minutes à four moyen.

Plat très nourrissant.

• Raie à la purée gratinée

100 g de raie; citron; 4 cuillerées à soupe de lait; sel; beurre; pommes de terre; gruyère râpé.

Préparation : 10 minutes. – *Cuisson :* 20 minutes.

Laver, préparer le poisson. Faire pocher au court-bouillon citronné dans lequel on ajoute du lait. Éplucher. Piler le poisson. Préparer une purée de pommes de terre. Mélanger poisson et purée. Mettre le mélange dans un plat beurré. Saupoudrer de gruyère râpé et ajouter des noisettes de beurre. Laisser dorer 5 minutes à four chaud.

Le reste du repas sera léger!

CHAPITRE VII

La viande

A partir de 5 mois

• Jus de viande de bœuf ou de mouton

Viande de bœuf ou de mouton à usage familial.

Préparation : 5 minutes.

Griller la viande sans gras. Couper la viande. Recueillir la quantité de jus nécessaire. Le mélanger à la purée de bébé.

Ne jamais se servir de la sauce grasse d'un gigot ou d'un rôti.

A partir de 7 mois

• Noix de côtelette de mouton

Petite côtelette de mouton; huile; beurre; persil haché.

Préparation : 2 minutes. – Cuisson : 4 minutes.

Placer sur le gril très chaud la côtelette légèrement badigeonnée d'huile. Laisser griller une ou deux minutes. Retourner la côtelette. Saler. Servir avec une petite noisette de beurre et du persil haché.

Passer à la moulinette ou hacher finement pour les tout-petits.

- **Foie de veau poché**

Tranche de foie de veau; 1 pincée de sel; jus de citron; persil haché très menu; 1 noisette de beurre.

Préparation : 3 minutes. – *Cuisson :* 3 minutes.

Plonger le foie dans de l'eau bouillante salée quelques instants. Pulper le foie. Décorer avec du persil haché. Ajouter quelques gouttes de citron, une petite noisette de beurre.

A 7 mois donner environ 15 grammes de foie passé ou haché mélangé à une purée de légumes.

Délicieux avec une purée de fond d'artichaut.

A partir de 9 mois

- **Cervelle d'agneau meunière** *Lasserre,* Paris

1/2 cervelle d'agneau; beurre; chapelure; persil, très finement haché; cerfeuil, très finement haché; sel; citron.

Faire dégorger et nettoyer la cervelle. Pocher à l'eau froide, laisser cuire jusqu'à ce que l'eau soit frémissante. Saler. Égoutter sur un linge propre. Faire chauffer le beurre dans la poêle. Mettre la cervelle quelques instants de chaque côté. La retirer, la passer dans la chapelure. Remettre à la poêle à feu doux. Égoutter, jeter le beurre de cuisson. Chauffer une noix de beurre dans la poêle jusqu'à ce qu'il commence à grésiller. Arroser immédiatement la cervelle avec ce beurre auquel on aura ajouté un soupçon de cerfeuil et de persil haché et avec quelques gouttes de citron.

A 9 mois, donner environ 25 grammes de cervelle hachée très finement et mélangée à la purée.

- **Foie grillé au riz**

Une petite tranche de foie; riz; beurre; sel.

Préparation : 5 minutes. – *Cuisson :* 20 minutes.

Faire griller le foie. Faire cuire du riz à l'eau. Passer à la moulinette riz et viande. Mélanger, saler, ajouter une noisette de beurre.

- **Haricots verts au jambon**

Haricots verts; beurre; sel; persil haché; jambon.

Préparation : 10 minutes. – *Cuisson :* 25 minutes.

Éplucher les haricots, enlever les fils. Les faire cuire à l'eau bouillante salée, 15 minutes. Les égoutter. Couper en dés le jambon et les haricots verts. Ajouter du beurre et du persil haché.

Pour les plus grands, on fera revenir les haricots verts (cuits à l'eau) et le jambon dans du beurre (2 minutes) avant d'ajouter du persil haché.

A partir de 10 mois

• Foie de poulet grillé

1 foie de poulet; beurre; sel.

Préparation : 2 minutes. – *Cuisson :* 3 minutes.

Faire revenir le foie dans un peu de beurre. Saler.

• Côtelette d'agneau

1 côtelette d'agneau; beurre; sel; jus de citron.

Préparation : 2 minutes. – *Cuisson :* 8 minutes.

Faire chauffer le beurre dans la poêle. Laisser dorer la côtelette 4 minutes environ de chaque côté. Saler et arroser de jus de citron.

On hachera la côtelette pour les tout-petits.

A partir de 11 mois

• Cervelle pochée

1/2 cervelle bien fraîche; citron; seul; beurre; persil haché.

Préparation : 5 minutes. – *Cuisson :* 15 minutes.

Nettoyer la cervelle. La faire tremper dans de l'eau citronnée. Faire pocher dans une eau portée doucement à ébullition, environ 15 minutes. Égoutter. Ajouter quelques gouttes de citron, du beurre, du persil haché.

Pour les tout-petits, on hachera la cervelle très finement.

Légère et onctueuse, riche en lipides et phosphore.

A partir de 12 mois

• Purée à la cervelle

1/2 cervelle; purée de pomme de terre; sel; beurre.

Préparation : 15 minutes. – *Cuisson :* 20 minutes.

Faire dégorger 2 heures la moitié d'une cervelle dans une eau citronnée. Enlever la membrane de protection. Faire pocher dans une eau portée doucement à ébullition, environ 15 minutes. Égoutter. Passer finement. Préparer une purée de pommes de terre. Mélanger cervelle et purée. Battre quelques instants au fouet ou passer au mixer. Ajouter une noix de beurre et du sel.

A partir de 14 mois

• Bitock au beurre

Lapérouse, Paris

Morceau de contre-filet très tendre; 1 ou 1/2 jaune d'œuf; sel; beurre.

Hacher le morceau de contre-filet. Mélanger au jaune ou à la moitié du jaune selon la quantité de viande. Reformer le bifteck. Faire chauffer le beurre dans la poêle. Faire cuire quelques instants de chaque côté. Saler.

A partir de 15 mois

• Banane au jambon

1/2 banane; 1 petite tranche de jambon maigre.

Préparation : 2 minutes. – *Cuisson :* 3 minutes.

Enlever la peau de la banane. Couper en deux la banane. Mettre dans un plat à four le jambon et la banane. Quelques minutes de cuisson.

Le dessert de ce repas sera une orange ou une mandarine.

• *Gâteau de pommes de terre au jambon*

2 ou 3 pommes de terre; 1 petite tranche de jambon, 2 cuillerées à café de gruyère râpé; beurre; sel.

Préparation : 10 minutes. – *Cuisson :* 35 minutes.

Cuire les pommes de terre à l'eau bouillante salée. Égoutter. Peler. Écraser en purée. Battre avec une noix de beurre et du sel. Couper le jambon en julienne.

Dans un plat beurré allant au four disposer le jambon, la purée. Saupoudrer de gruyère râpé et de noisettes de beurre. Laisser dorer 10 minutes environ.

En petite quantité ce plat peut être donné dès 1 an.

• Semoule au mouton

Reste de gigot froid; 2 cuillerées à soupe de semoule; lait; sel; beurre.

Préparation : 5 minutes. – *Cuisson :* 10 minutes.

Réchauffer au beurre la viande froide coupée en petits morceaux. Jeter en pluie la semoule dans du lait bouillant. Laisser cuire 10 minutes en remuant. Mélanger semoule et viande. Saler. Ajouter une noisette de beurre.

• Coquille de veau

Veau; jambon; farine; beurre; lait; sel.

Préparation : 10 minutes. – *Cuisson :* 10 minutes.

Hacher le jambon cuit et le veau cuit. Faire une sauce béchamel (farine, beurre, lait, sel). Mélanger. Remplir une coquille. Saupoudrer de chapelure et de noisettes de beurre. Mettre au four chaud 10 minutes.

Pour utiliser les restes et en faire un plat savoureux utiliser les restes du rôti de veau familial.

A partir de 16 mois

• Émincé de volaille paysanne

Prendre un blanc de poule préalablement pochée. L'escaloper en tranches fines. Pocher à l'anglaise les légumes suivants : fonds d'artichaut, pommes de terre, carottes, haricots verts, laitue. Quand les légumes sont très cuits, presque en purée, les mettre en les mélangeant dans un plat allant au four. Poser dessus l'émincé de poule, napper d'une béchamel très fine, saupoudrer de gruyère ou de parmesan, faire gratiner. (Ce plat peut être fait avec tous les légumes de saison, selon l'approvisionnement ou le goût de l'enfant.)

• Cuisse de poulet cocotte (ou aile) *Lapérouse,* Paris

1 cuisse de poulet; beurre; sel.

Préparation : 5 minutes. – *Cuisson :* 20 minutes.

Mettre le beurre dans une cocotte. Faire dorer la cuisse de poulet. Saler. Couvrir et laisser cuire doucement 15 minutes environ.

• Semoule au foie de veau

30 g de semoule; foie de veau; sel; lait; gruyère.

Préparation : 5 minutes. – *Cuisson :* 15 minutes.

Jeter la semoule en pluie dans du lait bouillant. Faire cuire 10 minutes en tournant. Saler. Faire griller ou pocher le foie. Racler ou hacher la viande. Mélanger le foie et la semoule, mettre dans un plat à four beurré.

A partir de 2 ans, saupoudrer de gruyère râpé et passer au four quelques minutes.

A partir de 18 mois

• Soufflé au jambon

1/4 de l de sauce béchamel (selon la recette); 1/2 tranche de jambon; sel; beurre; 1 œuf.

Préparation : 10 minutes. – *Cuisson :* 20 minutes.

Préparer une béchamel épaisse, y incorporer un jaune d'œuf et le blanc battu en neige. Mélanger avec le jambon haché. Verser dans un plat à four beurré. Mettre à four chaud 20 minutes. Servir immédiatement.

• Filet de bœuf sauté Lausières

Claude Terrail, *La Tour d'Argent,* Paris

Faire sauter un morceau de filet de bœuf. Jeter le beurre de cuisson. Préparer un beurre fondu. Au moment de servir, ajouter un filet de jus de citron des herbes fines et hachées au beurre fondu. Battre avec une fourchette le beurre fondu pour le rendre mousseux et léger.

• Pain de cervelle

1/2 cervelle; 1 œuf; 2 cuillerées à café de lait concentré; 1 cuillerée à café de lait; persil; sel; beurre; chapelure.

Préparation : 15 minutes. – *Cuisson :* 2 heures.

Faire dégorger la cervelle, la nettoyer. Faire cuire dans de l'eau froide citronnée, laisser frémir 15 minutes. Passer à la moulinette. Ajoutez le lait concentré, plus de lait, plus 1 œuf entier, et du persil haché très fin, sel. Beurrer un moule. Y verser le mélange. Saupoudrer de chapelure, ajouter des noisettes de beurre. Faire cuire au bain-marie 1 heure et demie.

Plat très riche – ensuite, légumes verts et fruits.

• Foie de veau à l'espagnole

1 tranche de foie de veau (30 g); 1 cuillerée à café de farine; 1/4 de cuillerée d'huile; 1 tomate; sel; fines herbes (persil, ciboulette); beurre; sel.

Préparation : 5 minutes. – *Cuisson :* 10 minutes.

Saupoudrer de farine la tranche de foie. La badigeonner d'huile. Griller chaque côté quelques minutes doucement. Faire griller la tomate. Disposer la tomate, les fines herbes hachées, une noisette de beurre et du sel sur la tranche.

• Petits pois au jambon

Petits pois; jambon; eau; sel; persil haché; beurre.

Préparation : 10 minutes. – *Cuisson :* 15 minutes.

Dans une casserole, mettre les petits pois, 1/4 de verre d'eau, du sel. Cuire à feux doux 20 minutes. En fin de cuisson ajouter le jambon coupé en dés. Au moment de servir, ajouter du beurre et du persil haché.

• Lentilles au jambon

Lentilles; jambon; beurre; sel.

Préparation : 5 minutes. – *Cuisson :* 20 minutes.

Faire cuire les lentilles à l'eau ou à l'autocuiseur. Couper en dés le jambon. Passer au beurre quelques instants les lentilles et le jambon.

Tout en un, se suffit à lui-même, une crudité avant et un fruit après.

A partir de 2 ans

• Salade de volaille

Blanc de poulet; carottes; endives; citronnette aux herbes.

Préparation : 5 minutes.

Couper en fines lamelles le poulet, les carottes et les endives. Saler. Arroser de citronnette aux herbes.

• Salade de bœuf

Reste de bœuf bouilli; 1/2 pomme de terre épluchée et bouillie; 1 tomate lavée; estragon et persil hachés; huile, citron, sel; 1/2 œuf dur.

Préparation : 10 minutes.

Couper en tranches très minces le bœuf, la pomme de terre, la tomate et l'œuf dur. Mélanger dans un saladier avec une sauce composée d'une cuillerée à café d'huile, de citron et de sel. Saupoudrer de persil et d'estragon.

Les proportions varieront avec l'âge de l'enfant.

Tout en un! Un repas vite fait, économique et très nutritif.

• Petite casserole d'agneau

1 côtelette d'agneau; 1 tomate; 1 petite pomme de terre; 1/2 tasse d'eau; sel.

Préparation : 10 minutes. – *Cuisson :* 30 minutes.

Désosser une côtelette d'agneau. Faire griller très légèrement la côtelette. Puis la mettre dans une petite casserole avec une tomate coupée en deux, une petite pomme de terre, de l'eau, du sel. Couvrir la casserole et laisser mijoter jusqu'à ce que les légumes soient cuits.

• Bifteck haché aux herbes

Bœuf haché; persil; estragon; sel; 1/2 jaune d'œuf.

Préparation : 5 minutes. – *Cuisson :* 5 minutes.

Hacher une bonne quantité de persil et d'estragon. Mélanger viande hachée, herbes, sel et, jaune d'œuf. Reconstituer le bifteck. Faire cuire à la poêle.

Très nourrissant, riche en vitamines. On servira à bébé une compote de fruit comme dessert.

• Quenelles de veau et de pommes de terre

60 g de pommes de terre; 1 œuf; sel; 1 cuillerée à café de lait concentré; un reste de veau haché.

Préparation : 20 minutes. – *Cuisson :* 10 minutes.

Faire cuire les pommes de terre. Les passer. Ajouter un jaune d'œuf, le blanc battu en neige, le lait concentré, le sel, le reste de veau finement haché. Former des boulettes, les rouler dans la farine. Pocher 10 minutes dans de l'eau chaude salée, mais pas bouillante. Retirer. Égoutter.

Les quenelles sont plus légères si on laisse reposer la pâte une heure ou deux.

• Petits cubes de foie au riz

Foie; riz; beurre; sel.

Préparation : 5 minutes. – *Cuisson :* 20 minutes.

Débiter le foie en petits cubes. Faire sauter au beurre. Faire cuire le riz à l'eau. Ajouter du beurre, saler, mélanger.

• Croquette de veau

Veau cuit et haché; pain rassis ou biscottes; lait; 1/4 d'œuf; persil.

Préparation : 10 minutes. – *Cuisson :* 10 minutes.

Faire tremper la mie dans le lait tiédi. Mélanger la viande hachée, le persil et le quart d'œuf. Rouler en croquette. Mettre dans un plat à four, beurré. Chauffer au four.

Délicieux avec une purée de haricots verts.
L'art d'utiliser les restes. Plat très nourrissant.

• Croquettes de veau au gruyère

80 g de veau; 40 g de gruyère râpé; 3 cuillerées à soupe de lait chaud; 30 g de pain rassis; beurre; sel; persil; 1 œuf; chapelure.

Préparation : 10 minutes. – *Cuisson :* 10 minutes.

Faire tremper la mie de pain coupée en fines lamelles dans le lait chaud. La mélanger au gruyère râpé et au veau haché. Incorporer la moitié d'un œuf, le persil haché, le sel. Rouler la préparation en croquettes plates, les passer dans la chapelure. Mettre dans un plat à four, beurré. Ajouter des noisettes de beurre. Laisser dorer 10 minutes à four chaud.

Mais on ne donnera que 1 ou 2 croquettes.

• Gigot d'agneau provençale

Hiely, Avignon

Parer un gigot. Beurrer un plat à gratin et le frotter très légèrement à l'ail. Couper des pommes de terre en tranches épaisses de 2 ou 3 millimètres environ, et les ranger par couches, saler et parsemer ces couches de persil. Poser le *gigot cru* sur ces pommes de terre. Mouiller à hauteur de bon consommé de volaille, et cuire au four de 1 heure à 1 heure 15.

Servir tel quel.

Une petite tranche de 25 grammes pour bébé et quelques rondelles de pommes de terre.

• Escalope de dinde au citron

Faire dorer et cuire une petite escalope de dinde dans un peu de matière grasse. Saler et servir avec le jus d'un demi-citron, du persil et du cerfeuil hachés.

• Veau au riz

Veau cuit; riz; beurre.

Préparation : 10 minutes. – *Cuisson :* 20 minutes.

Hacher du veau cuit. Faire cuire du riz à l'eau froide salée. – Porter à ébullition 20 minutes (sans couvercle). Mélanger veau, riz, beurre.

- **Endives au jambon**

1 ou 2 endives; 1 petite tranche de jambon; sauce béchamel; gruyère; beurre; sel; citron.

Préparation : 15 minutes. – *Cuisson :* 40 minutes.

Faire cuire les endives 20 minutes dans de l'eau bouillante salée, ajouter du jus de citron. Bien égoutter après cuisson. Placer les endives sur une tranche de jambon dans un plat allant au four. Recouvrir avec la sauce béchamel et le gruyère râpé. Faire dorer 15 minutes au four.

A partir de 2 ans 1/2

- **Gigot haché aux pommes de terre**

100 g de reste de gigot de mouton cuit et haché; 2 pommes de terre cuites et épluchées; beurre; lait; 1 œuf; jus de viande ou bouillon.

Préparation : 5 minutes. – *Cuisson :* 30 minutes.

Mettre dans un plat allant au four la viande hachée. Verser le jus de viande ou le bouillon. Réduire en purée de pommes de terre, battre avec le beurre, le lait, le sel et la moitié de l'œuf. Recouvrir la viande et le jus avec la purée. Laisser cuire au four 30 minutes environ.

La quantité de viande et de pommes de terre dépend de l'âge de l'enfant.

Bon plat d'hiver qui fait utiliser les restes de gigot.

- **Riz frit à la viande**

1 tasse de riz cuit; jus de viande; reste de viande; beurre; sel.

Préparation : 2 minutes. – *Cuisson :* 5 minutes.

Faire frire le riz 5 minutes dans du beurre en remuant légèrement. Ajouter le jus de viande et le petit reste de viande. Saler. Servir immédiatement.

• Foie de veau à l'orange

1 tranche de foie de veau; 1/2 orange; sel; beurre.
Préparation : 5 minutes. – *Cuisson :* 10 minutes.

Faire chauffer le beurre dans la poêle. Laisser 5 minutes de chaque côté la tranche de foie. Saler. Ajouter au jus de viande celui d'une demi-orange. Puis faire revenir dans la poêle deux rondelles d'orange.

Plat léger et riche en vitamines!

• Bifteck haché au fromage

30 g bifteck haché; 1 cuillerée à café gruyère râpé; 1/4 de jaune d'œuf; sel; persil et cerfeuil hachés.

Préparation : 10 minutes. – *Cuisson :* 5 minutes.

Mélanger intimement la viande hachée, le jaune d'œuf, les herbes, le sel, le gruyère. Reconstituer le bifteck. Faire cuire dans la poêle, avec du beurre.

Très nourrissant, hypercalorique.

• Petit pain de lapin

Reste de blanc de pain cuit; mie de pain; 1 œuf; sel; 1 cuillerée à café de lait.

Préparation : 10 minutes. – *Cuisson :* 30 minutes.

Hacher finement les restes du lapin et la mie de pain. Battre le blanc d'œuf en neige ferme. Mélanger la mie de pain, le lapin, le jaune d'œuf, le blanc battu en neige, le lait, le sel. Verser dans un moule allant au four beurré. Laisser cuire à four moyen 30 minutes environ.

• Côtelette de mouton Champvallon *Maxim's,* Paris

Côtelette de mouton; oignons; pommes de terre; beurre; sel; eau.

Préparation : 10 minutes. – *Cuisson :* 25 minutes.

Ranger dans un plat allant au four une couche de pommes de terre en rondelles, une couche d'oignons passés au beurre, une côtelette de mouton colorée préalablement au beurre. Remettre une couche de pommes de terre et une couche d'oignons. Saler, arroser souvent au cours de la cuisson.

• **Brochette de mouton**

100 g d'agneau; 1 petite tomate; 1 petite tranche de jambon cru; une feuille de laurier; sel.

Préparation : 2 minutes. – *Cuisson :* 5 minutes.

Découper en petits carrés l'agneau tendre et le jambon cru. Piquer sur une brochette une petite tomate crue, un dé de jambon, du mouton, du laurier. Saler, faire griller quelques minutes.

Cuisine barbecue.

• **Pigeonneau en casserole** *Lapérouse,* Paris

1 pigeonneau; beurre; barde de lard; sel.

Préparation : 5 minutes. – *Cuisson :* 30 minutes.

Entourer le pigeonneau d'une barde de lard. Dans une cocotte, faire chauffer le beurre. Faire revenir le pigeonneau 30 minutes, environ. Saler.

Servir avec des petits pois.

A partager naturellement!

• **Salade au lapin**

Reste de lapin; persil, cerfeuil; 1 tomate; quelques feuilles de salade de saison; citronnette.

Préparation : 10 minutes.

Couper le lapin en petits morceaux. Hacher une bonne quantité de persil et de cerfeuil. Laver, couper en rondelles très minces la tomate. Préparer la salade. Mélanger le tout et arroser de citronnette.

• **Foie de veau aux raisins**

10 g de raisins (Corinthe, Smyrne, muscat épépinés et pelés); 1 tranche de foie de veau; 1 pincée de gros sel de cuisine; 5 g de beurre; 1/2 citron; persil haché.

Préparation : 10 minutes. – *Cuisson :* 8 minutes.

Laver les raisins. Les faire gonfler. Faire sauter le foie au beurre. Déglacer la poêle avec du jus de citron et du beurre. Laisser mijoter quelques instants les raisins. Décorer avec du persil haché et des raisins. Ajouter une noisette de beurre frais.

Si on utilise les raisins frais épépinés et pelés et que l'on pulpe le foie poché à l'eau ou sauté au beurre, *ce plat peut convenir dès 9 mois.*

• Foie de veau grillé à l'espagnole *Lasserre,* Paris

1 tranche de foie de veau; farine; sel; huile; 1 petite tomate; quelques rondelles d'oignons.

Passer à la farine, saler, huiler légèrement le foie. Faire griller doucement. Faire griller également la tomate et les rondelles d'oignons. Disposer la petite tomate sur la tranche de viande et entourer de rondelles d'oignons.

• Sandwich-repas à la volaille

Quelques blancs de volaille (poule, poulet, dinde); 2 tranches de pain; quelques rondelles de tomate; sauce de viande.

Préparation : 3 minutes. – *Cuisson :* 2 minutes.

Placer une fine tranche de pain toast beurré sur une grande assiette. Disposer sur le pain des blancs de dinde chauds et des rondelles de tomate. Recouvrir avec l'autre tranche de pain et arroser de jus de viande réchauffé quelques instants.

Bonne façon d'accommoder les blancs de volaille.

• Côtelette de veau verdure

1 côtelette de veau; farine; persil ou cerfeuil; sel; beurre.

Préparation : 5 minutes. – *Cuisson :* 8 minutes.

Faites chauffer le beurre dans la poêle. Laisser dorer la côtelette 4 minutes environ de chaque côté. Mélanger une noix de beurre, une pincée de farine. Ajouter le persil ou le cerfeuil haché. Verser le tout dans la poêle sur la côtelette.

Mais en petite quantité.

• Canard aux ananas Claude Terrail, *La Tour d'Argent*

Rôtir un beau canard bien tendre, à four moyen pendant environ 45 minutes. Dans un plat à sauter, faire revenir au beurre les abattis coupés fin avec tnym, laurier, queues de persil. Mouiller avec un bon consommé et cuire 45 minutes. Dans une autre casserole, mettre une cuillerée de vinaigre et autant de sucre, réduire presque au caramel. Ensuite ajouter le jus précédemment préparé et passé, et faire cuire le tout 15 minutes avec du jus d'ananas lié avec un peu de fécule. Passer à nouveau, rectifier l'assaisonnement. Servir avec des demi-tranches d'ananas légèrement dorées au four avec un peu de sucre.

• Côtelette de veau sauce tomate

1 côtelette de veau; beurre; sel; sauce tomate; citron.

Préparation : 5 minutes. – *Cuisson :* 8 minutes.

Faire chauffer du beurre dans la poêle. Laisser dorer la côtelette 4 minutes environ de chaque côté. Saler. Arroser de jus de citron. Préparer une sauce tomate épaisse. Napper la côtelette avec la sauce.

A partir de 4 ans

• Pot-au-feu familial

Lasserre, Paris

1 kg de bœuf (dans la bavette); 200 g de carottes; 125 g de poireaux; 1 oignon; 1 branche de céleri; 50 g de navets; bouquet de laurier, thym et persil; quelques feuilles de choux cavaliers; et, facultativement, une poule farcie d'œufs et d'herbes!

Éplucher et laver les légumes. Mettre à l'eau bouillante salée les carottes, l'oignon, une branche de céleri, un navet, les poireaux (le blanc seulement), quelques feuilles de choux cavaliers. Ajouter un bouquet composé d'une petite feuille de laurier, de thym et de persil. Après 20 minutes, mettre le morceau de bœuf. Laisser cuire 3 heures environ.

• Foie de veau pané à la milanaise

Foie de veau; chapelure; 1/2 œuf; beurre; sel; citron.

Préparation : 5 minutes. – *Cuisson :* 6 minutes.

Laver et sécher le foie. Passer le foie au citron. Puis à l'œuf battu et à la chapelure. Faire sauter le foie au beurre 3 minutes de chaque côté. Servir avec le persil haché.

Délicieuse recette italienne, un peu lourde, comme tous les plats panés. Le légume sera un légume vert cuit à l'eau.

• **Salade de pot-au-feu**

Restes de pot-au-feu; persil; estragon; citronnette.

Préparation : 5 minutes.

Couper le bœuf froid en petits dés. Hacher du persil et de l'estragon. Préparer une citronnette. Mélanger le tout.

Une bonne façon d'accommoder des petits restes de pot-au-feu.

• **Mignardise de volaille**

Prendre une cuisse de poulet levée avec le plus de peau possible.

Retirer l'os de la contre-cuisse ainsi que le moignon. Mettre à la place gros comme une petite noix de foie de volaille et un petit champignon préalablement salé. Fermer la cuisse en cousant à la ficelle fine. Saler, poivrer, poêler doucement au beurre 30 minutes. Retirer les fils. Dégraisser. Déglacer au fond de veau lié. Garniture : petites pommes noisettes cuites au beurre et fonds d'artichaut étuvés garnis de grains de maïs liés de sauce Mornay et gratinés.

• **Paupiette de veau**

Faire revenir dans un peu de matière grasse un hachis de jambon, de champignons, d'oignons, d'ail et de persil. Disposer cette préparation sur une fine escalope de veau, rouler et ficeler. Faire dorer les paupiettes en cocotte et cuire couvercle fermé pendant 20 minutes.

• **Brochette de foie de veau**

1 petite tranche de foie de veau; 1 tomate; 1 tranche de bacon.

Préparation : 5 minutes. – *Cuisson :* 5 minutes.

Couper la tranche de foie en dés assez gros. Couper la tomate en quartiers, le bacon en morceaux de 4 centimètres. Enduire légèrement d'huile. Faire griller le tout enfilé sur une brochette.

Cuisine barbecue.

• Escalope de veau crème au lait

1 escalope de veau (50 à 60 g); 1 cuillerée à dessert de lait concentré non sucré; 1 pincée de farine; beurre; sel.

Préparation : 5 minutes. – *Cuisson :* 8 minutes.

Faire chauffer le beurre dans la poêle. Laisser dorer l'escalope 5 minutes environ de chaque côté. Saler. Dresser sur un plat. Tenir au chaud. Verser dans la poêle le lait concentré non sucré délayé avec la farine. Porter doucement à ébullition en tournant. Verser sur les escalopes.

• Noisette des tournelles

Claude Terrail, *La Tour d'Argent*

Faire sauter au beurre clarifié un petit tournedos (noisette) pris dans la selle d'agneau. Tenir saignant, garnir la noisette de soubise et glacer au four. Dresser un plat avec des fonds d'artichaut. Dans la sauteuse qui a servi à cuire la viande, enlever le beurre, ajouter une cuillerée de bon fond de veau, le réduire, monter au beurre, assaisonner, napper sur la viande et servir très chaud.

Préparer *la soubise* comme suit :

Émincer quelques oignons et les blanchir. Bien égoutter. Étuver au beurre et à blanc. Ajouter une cuillerée de béchamel très épaisse. Assaisonner et finir de cuire doucement. Passer à l'étamine et lier avec un demi-jaune d'œuf.

Le beurre est clarifié quand, avant d'arriver à ébullition, il devient comme de l'huile.

• Canard à l'orange

Claude Terrail, *La Tour d'Argent*

Rôtir un beau canard bien tendre, à four moyen pendant environ 45 minutes. Dans un plat à sauter, faire revenir au beurre les abattis coupés fin avec thym, laurier, queues de persil. Mouiller avec un bon consommé et cuire 45 minutes. Dans une autre casserole, mettre une cuillerée de vinaigre et autant de sucre, réduire presque au caramel, ensuite ajouter le jus précédemment préparé et passé, et faire cuire le tout 15 minutes avec le jus d'une belle orange, lier avec un peu de fécule. Passer à nouveau. Ajouter les zestes de deux oranges coupés en julienne très fine et blanchis. Rectifier l'assaisonnement. Servir avec quartiers d'oranges pelés à vif, présentés dans leur écorce, sauce à part.

• Gâteau de foie

50 g de foie; 2 cuillerées à soupe de sauce béchamel épaisse; 1 œuf; beurre; sel.

Préparation : 10 minutes. – *Cuisson :* 30 minutes.

Hacher le foie. Préparer une sauce béchamel très épaisse. Incorporer au foie un jaune d'œuf, le blanc battu en neige, le sel. Mettre dans un moule beurré et faire cuire 30 minutes au four.

Variante : napper le gâteau avec une sauce tomate épaisse.

• Beignets de cervelle

1 œuf; 1/2 cervelle; 1 cuillerée à soupe de farine; 20 g de gruyère; sel; citron; persil.

Trempage : 2 heures. – *Préparation :* 10 minutes. – *Cuisson :* 25 minutes.

Faire tremper la cervelle 2 heures dans de l'eau. La mettre à cuire dans l'eau salée 20 minutes. L'égoutter. La couper en dés. Mélanger les dés à la farine, l'œuf entier, le gruyère râpé, le sel. Faire chauffer le beurre dans la poêle. Laisser dorer les beignets. Servir avec des rondelles de citron et du persil haché.

• Cervelle panée

1/2 cervelle; 1/2 œuf battu; 1 cuillerée à café de farine; sel; beurre.

Trempage : 2 heures. – *Préparation :* 10 minutes. – *Cuisson :* 10 minutes.

Laver et préparer la demi-cervelle. Laisser dégorger 2 heures. Couper en petits dés. Rouler les morceaux dans la farine et dans l'œuf battu. Faire revenir à la poêle dans le beurre.

Plat riche en phosphore et en lipides!

• Poulet à la paysanne

Faire vider par votre volailler un petit poulet très tendre. Mettre à l'intérieur sel, thym, laurier. Acheter 125 grammes de chair à saucisse et y ajouter un œuf et un peu de persil. Former des boulettes de la grosseur d'une noix, roulées dans la farine. Faire bien rissoler le poulet et ajouter alors deux petits oignons, thym, laurier, sel et les petites boulettes de viande, le tout devant également dorer; mouiller d'un peu d'eau, couvrir et laisser le tout mijoter à petit feu 45 minutes. Lier d'un peu de fécule si la sauce est trop clair.

Ce poulet est excellent servi avec des pommes de reinette cuites au beurre.

• Côte de veau Bernard

1 côte de veau au filet; quelques champignons de Paris; citron; crème fraîche, persil.

Faire rissoler dans le beurre la côte de veau. Lorsqu'elle est dorée, ajouter les champignons coupés en morceaux, saler, puis couvrir pour cuire 25 minutes. Retirer la côte de veau, ajouter un filet de citron et une cuillerée de crème fraîche épaisse. Tourner vivement pour lier la sauce et la verser sur la côte. Garnir le tout de persil haché.

• Langue de veau aux épinards

Langue de veau; sel; citron; épinards.

Préparation : 20 minutes. – *Cuisson :* 2 heures.

Faire tremper la langue quelques heures. Faire blanchir 20 minutes à l'eau bouillante salée. Enlever la peau et la graisse. Couper la langue en morceaux. Puis faire cuire 1 heure 30 dans de l'eau citronnée, salée. Servir arrosée de citron avec les épinards.

• Escalope de veau panée au gruyère

1 escalope de veau; 20 g de gruyère râpé; 1 pincée de chapelure; 1 citron; beurre; sel; 1/2 œuf.

Préparation : 10 minutes. – *Cuisson :* 10 minutes.

Battre la valeur d'une moitié d'œuf. Mélanger le gruyère râpé, la chapelure. Passer l'escalope à l'œuf battu; puis au mélange gruyère-chapelure. Faire chauffer le beurre dans la poêle. Laisser dorer 5 minutes de chaque côté. Saler et arroser de jus de citron.

A partir de 6 ans

• Brochettes au rognon d'agneau ou de mouton

1 rognon; 1 tomate; petits morceaux de lard.

Préparation : 5 minutes. – *Cuisson :* 5 minutes.

Faire griller le lard, les rognons, la tomate coupée en quatre. Enduire d'huile et enfiler sur une broche.

Cuisine barbecue.

• Rôti de porc aux mirabelles

Un morceau de rôti de porc préparé par le boucher. Prendre une cocotte en fonte, y mettre une cuillerée à café d'huile et faire dorer ce morceau de viande de tous les côtés. Ajouter alors un bel oignon coupé en lamelles et le faire dorer autour de la viande avec un brin de thym, du laurier et du sel. Lorsque le tout est jaune caramel, ajouter un peu d'eau (couvrir aussitôt). Cuire à petit feu 30 minutes, puis ajouter un demi-verre du jus des mirabelles (en boîte) et finir de cuire une bonne demi-heure à feu très doux, puis mettre les mirabelles autour du rôti ; ajouter alors un bon morceau de beurre pour que la sauce soit onctueuse et relevée à point, *après* avoir laissé mijoter encore dix bonnes minutes à découvert.

• Escalope au jambon et au gruyère

1 petite escalope de veau bien plate ; 1 petite tranche de jambon ; 1 tranche de gruyère très fine ; sel ; beurre.

Préparation : 5 minutes. – *Cuisson :* 25 minutes.

Faire dorer l'escalope des deux côtés. Mettre dans un plat à four l'escalope, le jambon, le gruyère. Faire gratiner 20 minutes environ.

Grande cuisine très nourrissante.

A partir de 10 ans

• Mixed grill à l'américaine *Lasserre,* Paris

1 petite côte d'agneau ; du foie de veau ; 1 rognon de mouton ; 1 saucisse chipolata ; 1 petite tranche de bacon ; 1 champignon.

Préparation : 10 minutes. – *Cuisson :* 10 minutes.

Enfiler, sur une brochette de métal, côtelette d'agneau, foie de veau, rognon de mouton, chipolata, bacon et champignon. Enduire très légèrement d'huile. Saler. Faire griller au four 10 minutes.

CHAPITRE VIII

Les crudités et les salades

A partir de 9 mois

- **Salade sucrée**

2 cuillerées à café de pomme crue râpée; 2 cuillerées à café de carottes râpée; 1/2 yaourt; 1 pincée de sucre en poudre.

Préparation : 5 minutes.

Mélanger le tout.

A partir de 12 mois

- **Carottes râpées au fromage blanc**

1 carotte; 1 cuillerée à soupe de fromage blanc; 1 feuille de laitue; citronnette.

Préparation : 5 minutes.

Laver et râper la carotte. Mélanger avec le fromage blanc. Servir sur une feuille de laitue. Arroser de citronnette.

A partir de 15 mois

- **Purée de betteraves fines herbes**

Betterave; citronnette; sel; cerfeuil; estragon.

Préparation : 5 minutes.

Couper en morceaux la betterave. L'écraser en purée. Ajouter de la citronnette, du sel, du cerfeuil et de l'estragon hachés.

• Petits dés rouges et blancs

Betterave; pomme de terre cuite à l'eau; fines herbes hachées; citronnette.

Couper en petits dés betterave et pomme de terre. Ajouter la citronnette, le sel, les fines herbes hachées.

• Salade mixte jambon – pomme de terre

1 pomme de terre bouillie froide; quelques dés de jambon; 1/2 jaune d'œuf dur finement haché ou 1 œuf coupé en rondelles selon l'âge; cerfeuil; estragon haché; citronnette; sel.

Préparation : 5 minutes.

Couper la pomme de terre en rondelles minces. Ajouter le jambon et l'œuf haché, ainsi que les herbes. Assaisonner.

• Pamplemousse en casserole *Lasserre,* Paris

1 pamplemousse; sucre.

Avec un couteau bien aiguisé, peler le pamplemousse comme une pomme, le bord du couteau doit rester près du blanc, le pamplemousse est ainsi à vif. Couper la peau blanche entre les quartiers. Il ne reste que la pulpe que je sers dans une casserole de porcelaine.

Bien sûr, chez soi, on servira le pamplemousse dans une petite tasse ou dans un verre.

• Salade chinoise

Pousses de soja; betterave; endive; citronnette.

Préparation : 5 minutes.

Couper les pousses de soja en petits morceaux et les endives en lamelles. Débiter les betteraves en très fines rondelles. Mélanger. Arroser de citronnette.

Salade très riche en vitamines B

• Salade de chou-fleur

1 œuf; tomate; chou-fleur; citronnette; sel.

Préparation : 10 minutes. – *Cuisson :* 15 minutes.

Préparer le chou-fleur, le laver, le couper en bouquets. Faire cuire le chou-fleur à l'eau bouillante salée 15 minutes. Laisser refroidir. Faire durcir un œuf. Piler l'œuf. Couper la tomate en rondelles. Mélanger le tout. Ajouter la citronnette.

Sera le plat principal et unique. Un fruit ou un yaourt comme dessert.

• Salade de riz à la tomate

Riz cuit à l'eau; tomate coupée en fines lamelles; fines herbes hachées; citronnette.
Mélanger le tout.

• Salade de riz au gruyère

Riz cuit à l'eau; salade coupée en fines lanières; petites lamelles de gruyère; mayonnaise, selon notre recette.
Mélanger le tout.

• Salade de riz à la betterave

Riz cuit à l'eau; œuf dur coupé en tranches; betterave rouge coupée en dés; citronnette aux herbes.
Mélanger le tout.

• Salade de riz au blanc de volaille

Riz cuit à l'eau; reste de blanc de volaille coupé fin; carotte râpée; mayonnaise très claire.
Mélanger le tout.

• Salade rose

1 pomme de terre; quelques rondelles de betterave; 20 g de céleri; citronnette; sel.

Préparation : 5 minutes. – *Cuisson :* 15 minutes.

Écraser une pomme de terre cuite à l'eau. Faire blanchir le céleri et passer en purée. Mélanger les purées de pomme de terre et de céleri. Passer la betterave. Mélanger le tout. Assaisonner de citronnette ou de mayonnaise légère faite selon notre recette.

A partir de 16 mois

• Salade blanche

3 cuillerées à soupe de fromage blanc maigre; 1/2 carotte; 2 feuilles de céleri; huile; citron; sel.

Préparation : 10 minutes.

Râper très finement la carotte. Couper en très fines lamelles le céleri. Mélanger le tout avec le fromage blanc. Ajouter citronnette et sel.

• Salade corail

1 pomme de terre cuite à l'eau; 2 cuillerées à café de céleri-rave blanchi à l'eau en purée; 2 cuillerées à café de purée de betteraves; sel; citronnette.

Préparation : 10 minutes.

Passer ensemble les légumes. Mélanger intimement. Assaisonner, arroser de citronnette.
Pour les plus grands on peut recouvrir d'une légère mayonnaise faite selon recette donnée.

Très bonne entrée.

• Céleri rémoulade

Céleri; citron; lait concentré (1 cuillerée à soupe suffira); huile; sel.

Préparation : 10 minutes.

Éplucher le céleri. Faire blanchir (jeter dans l'eau bouillante). Couper en très fins bâtons. Préparer mayonnaise selon notre recette, avec jus de citron, lait, huile et sel. Mélanger.

Blanchi, le céleri est beaucoup plus digeste.

A partir de 17 mois

• Salade ardennaise

Quelques feuilles de salade; 1 pomme de terre cuite à l'eau; jambon cuit; sel; citronnette.

Préparation : 10 minutes. — *Cuisson :* 20 minutes.

Éplucher la salade. Écraser et ajouter la pomme de terre en purée. Ajouter le jambon coupé en dés. Ajouter la citronnette. Servir chaud.

Bonne salade, nourrissante, d'hiver!

A partir de 18 mois

• Salade de cresson et de betterave

1 petite poignée de cresson; 1 ou 2 rondelles de betterave; citronnette; sel.

Préparation : 5 minutes.

Laver et couper les feuilles de cresson. Couper les rondelles de betterave en lamelles. Arroser de citronnette.

Pour les plus grands, augmenter la quantité de cresson et de betterave.

• Salade de cresson aux pommes

1 petite poignée de cresson; 1/2 pomme; citronnette; sel.

Préparation : 25 minutes.

Laver et couper les feuilles de cresson. Éplucher et couper la pomme en lamelles. Arroser de citronnette.

Pour les plus grands, augmenter la quantité de cresson et de pomme.

• Tomate creusée à l'américaine

1 tomate ronde; 1/2 carotte; céleri (en fines lamelles ou en dés selon l'âge); fromages (gruyère, hollande); citron; huile; sel.

Préparation : 10 minutes.

Creuser la tomate. Remplir du mélange de légumes et des fromages préalablement assaisonné. Servir sur une feuille de laitue.

Conseil pratique : garder la pulpe de tomate pour colorer un potage.

• Salade royale

1 œuf; beurre; mayonnaise; sel; herbes hachées.

Préparation : 10 minutes. – *Cuisson :* 6 minutes.

Dans un bol beurré casser un œuf, sans le crever. Mettre au bain-marie 6 minutes, l'œuf doit être mollet. Laisser refroidir. Préparer une feuille de laitue et une mayonnaise très légère (selon notre recette), avec les fines herbes hachées. Détacher l'œuf dans le bol en passant une lame de couteau. Mettre la salade sur le bol. Retourner dans l'assiette. Ajouter la mayonnaise.

Une salade « grande cuisine » pour les jours de fête!

• Salade de jardinière de légumes à l'œuf

Reste de jardinière de légumes cuits à l'eau; 1 œuf; citronnette.

Préparation : 2 minutes. – *Cuisson :* 5 minutes.

Faire durcir un œuf. Arroser de citronnette la jardinière de légumes froide. Couper l'œuf en rondelles. Décorer la salade avec les rondelles d'œuf.

Plat très nourrissant! Si l'enfant n'a pas très faim la moitié de l'œuf suffira.

• Salade de jardinière de légumes au gruyère

Reste de jardinière de légumes cuits à l'eau; gruyère; citronnette aux herbes.

Préparation : 3 minutes.

Couper le gruyère en fines lamelles. Arroser abondamment la jardinière de citronnette. Mélanger avec les lamelles de gruyère.

• Cœur de laitue aux noix

1 petit cœur de laitue; 1 ou 2 noix pilées; 1 citron; 1 cuillerée à café de lait concentré non sucré; fines herbes hachées.

Préparation : 5 minutes.

Éplucher et détailler les feuilles de laitue en lanières. Préparer une sauce avec le jus du citron, le lait concentré, du sel, des fines herbes hachées. Mélanger noix et sauce à la salade.

• Salade aux petits pois

Reste de petits pois cuits à l'eau; quelques feuilles de salade de saison; 1/2 petite tranche de jambon; citronnette aux herbes; sel.

Préparation : 10 minutes.

Couper le jambon en lamelles. Laver et couper la salade en lanières. Mélanger dans le saladier les petits pois, le jambon, la salade. Arroser de citronnette aux herbes.

Deux plats : salade - légume en un !

A partir de 2 ans

• Salade d'endives au fromage

50 g d'endives; 10 g de gruyère; citronnette.

Préparation : 5 minutes.

Laver et égoutter les endives. Les débiter en lamelles. Couper le gruyère en petits dés. Mélanger. Arroser de citronnette.

Bien sûr, on ne resservira pas de fromage à ce repas.

• Salade Notre-Dame

Claude Terrail, *La Tour d'Argent,* Paris

Couper en rondelles fines ou en petits dés tomates, haricots verts cuits à l'eau, radis, céleri en branche. Ajouter une salade de saison : mâche, laitue, etc. Arroser de citronnette.

• Salade de concombre

2 cuillerées à café de concombre épluché et haché; persil haché; 3 cuillerées à soupe de fromage blanc maigre; citron, sel, huile.

Préparation : 5 minutes.

Mélanger le tout.

Note pratique : Les concombres doivent être soigneusement épluchés. Ne donner que la partie blanche (pas de parties vertes, ni gélatineuses), ainsi ils seront faciles à digérer.

• **Pomme fourrée aux crudités**

1 pomme bien ronde; céleri en lamelles; 1/2 carotte en rondelles; citron; huile; sel, persil haché.

Préparation : 10 minutes.

Laver, creuser la pomme. Enlever la pulpe. Passer au citron l'intérieur. Remplir avec lamelles de céleri, rondelles de carottes et pulpe de pomme. Ajouter sel, persil haché et citronnette. Servir immédiatement.

Amusante présentation!

A partir de 2 ans 1/2

• **Caviar d'aubergine**

1 aubergine; sel; citron; huile d'olive.

Préparation : 5 minutes. – *Cuisson :* 20 minutes.

Laver et couper en deux l'aubergine dans la longueur. Mettre sur le gril à feu moyen pendant 20 minutes jusqu'à ce qu'elle soit très cuite. Écraser, dans une assiette, avec une fourchette jusqu'à obtenir une pâte. Ajouter citronnette à l'huile d'olive et sel.

Cuisine provençale pour bébé!

• **Concombre au lait concentré**

Concombre; gros sel; citron; lait concentré non sucré; herbes hachées.

Préparation : 40 minutes.

Éplucher le concombre en enlevant toute la partie verte. Enlever la partie gélatineuse du milieu. Couper la chair en fines lamelles. Saupoudrer de gros sel. Laisser dégorger 30 minutes. Rincer le concombre à l'eau claire. Disposer dans un ravier. Assaisonner avec le citron, une ou deux cuillerées à café de lait concentré, du cerfeuil, et du persil haché.

Le lait adoucit la saveur du concombre et l'enrichit.

A partir de 3 ans

- **Salade Roger** Claude Terrail, *La Tour d'Argent*

Prendre le blanc très tendre d'une chicorée frisée. Couper en petits bâtonnets une branche de céleri. Hacher des fines herbes (ciboulette, cerfeuil, persil). Couper en dés des pommes de terre cuites à l'eau. Assaisonner d'huile et de citron. Saler.

Accompagne à merveille le canard.

- **Salade de macaronis**

35 g de macaronis cuits coupés en petits morceaux; 1 pomme crue coupée en tranches minces; 1 branche de céleri coupée en lamelles; 1 carotte coupée en rondelles minces; citron, huile, sel; cerfeuil; persil.

Préparation : 15 minutes.

Dans un saladier, préparer une sauce avec du jus de citron, de l'huile, du sel et les herbes hachées. Mélanger avec les ingrédients.

Conseil pratique : frotter les pommes avec du citron pour qu'elles ne jaunissent pas.

Pour utiliser un reste de macaronis et faire une salade riche en vitamines.

A partir de 5 ans

- **Laitue garnie**

Feuilles de laitue; 1 œuf dur; quelques noix; roquefort; herbes.

Préparation : 10 minutes. – *Cuisson :* 7 minutes.

Préparer une citronnette avec herbes hachées. Couper l'œuf en deux. Pétrir le jaune d'œuf avec le roquefort. Remplir le blanc avec le mélange. Briser les noix en fins morceaux. Mélanger salade, assaisonnement et noix. Décorer avec les moitiés d'œuf.

Salade très riche!

- **Salade d'endive composée**

Laver et couper une endive en petits morceaux. Dans un saladier, faire une sauce avec un peu de moutarde, de vinaigre et du yaourt. Ajouter l'endive, des cubes de gruyère, des petits morceaux de pomme et de fines lanières de jambon. Mélanger. Servir frais.

CHAPITRE IX

Les œufs

A partir de 6 mois

- **L'œuf dur**

1 œuf; eau; sel.

Cuisson : 10 minutes.

Laisser cuire 10 minutes en retournant l'œuf de temps en temps dans de l'eau bouillante salée. Passer l'œuf sous de l'eau froide, la coquille s'enlève plus facilement.

A partir de 6 mois, on donnera à bébé un peu de jaune d'œuf dur.

A partir de 1 ans, on donnera l'œuf entier.

Le jaune doit être bien cuit afin d'éviter qu'il forme une pâte molle, collante, quand on l'écrase pour le donner au tout-petit.

A partir de 8 mois

- **L'œuf mollet**

1 œuf; eau; sel.

Cuisson : 5 minutes.

Laisser cuire 5 minutes l'œuf dans de l'eau bouillante. Plonger l'œuf dans de l'eau froide pour arrêter la cuisson. Saler au moment de servir.

A partir de 8 mois, on donnera le jaune à bébé.

A partir de 1 an, on lui donnera l'œuf entier.

- **L'œuf à la coque**

1 œuf; eau; sel.

Cuisson : 3 minutes 1/2.

Laisser cuire 3 minutes 1/2 l'œuf dans de l'eau bouillante en quantité suffisante pour que l'œuf soit recouvert. Saler légèrement au moment de servir.

Il est recommandé de faire cuire l'œuf 3 minutes 1/2 et non moins car ainsi le blanc est bien coagulé donc plus digestible.

A partir de 8 mois, on donnera le jaune à bébé.

A partir de 1 an, on lui donnera l'œuf entier.

A partir de 1 an

- **Œuf cocotte à la viande**

1 œufs; 1 cuillerée de jus de viande; quelques miettes de viande; sel; 1 noisette de beurre.

Préparation : 2 minutes. – *Cuisson :* 6 minutes.

Dans une cocotte en porcelaine, déposer le jus de viande et les miettes de viande, puis casser l'œuf entier. Mettre au four vif (6 minutes), au bain-marie, dans un plat avec un peu d'eau. Au moment de servir, saler et ajouter une noisette de beurre.

C'est toujours du jus de viande fraîche, et non de la sauce, qui doit être utilisé.

- **Œuf cocotte au bouillon**

1 œuf; 1 cuillerée de bouillon; sel; 1 noisette de beurre.

Préparation : 2 minutes. – *Cuisson :* 6 minutes.

Dans une petite cocotte en porcelaine, déposer une cuillerée de bouillon de volaille bien dégraissé. Casser un œuf entier.

Mettre au four à feu vif (6 minutes) au bain-marie, dans un plat avec un peu d'eau. Au moment de servir, saler et ajouter une noisette de beurre.

• Œuf cocotte jambon

1 œuf; 1 cuillerée d'eau; quelques miettes de jambon; sel; 1 noisette de beurre.

Préparation : 2 minutes. – *Cuisson :* 6 minutes.

Dans une petite cocotte en porcelaine, déposer une cuillerée d'eau et quelques miettes de jambon. Casser un œuf entier. Mettre au four vif (6 minutes), au bain-marie dans un plat avec un peu d'eau. Au moment de servir, saler et ajouter une noisette de beurre.

• Œuf brouillé au gruyère

1 œuf; 2 cuillerées à soupe de lait; un petit morceau de gruyère coupé en lamelles; beurre; sel.

Préparation : 2 minutes. – *Cuisson :* 2 minutes.

Battre l'œuf avec une cuillerée à soupe de lait et le sel. Faire chauffer le reste de lait. Y mettre l'œuf battu. Ajouter le gruyère. Laisser cuire quelques instants à feu vif en remuant avec une fourchette. Ajouter une noix de beurre.

A partir de 14 mois

• Œuf brouillé corail

1 œuf; purée de tomate; herbes hachées; sel; 1 noix de beurre.

Préparation : 5 minutes. – *Cuisson :* 10 minutes.

Préparer une purée de tomate épaisse. Battre l'œuf en omelette, ajouter du sel. Mettre à feu doux en remuant 10 minutes, avec une cuiller de bois. Ajouter le beurre, la purée de tomate fraîche et les herbes hachées.

• Œuf poché sur épinards

1 œuf; épinards; beurre; sel; 1 cuillerée à café de lait concentré.

Préparation : 5 minutes. – *Cuisson :* 10 minutes.

Préparer des épinards cuits à l'eau, les passer, ajouter du beurre, le lait concentré (rend cette purée plus onctueuse). Pocher un œuf. Disposer l'œuf poché sur la purée d'épinards.

• Tomate à l'œuf dur

1 tomate; 1 œuf; citronnette; 1 pincée de persil.

Préparation : 5 minutes. — *Cuisson :* 10 minutes.

Faire durcir un œuf. Choisir une belle tomate assez ferme. La couper en tranches sans aller jusqu'au fond. Couper l'œuf en rondelles. Intercaler une rondelle d'œuf entre deux tranches de tomate. Au moment de servir, assaisonner avec la citronnette. Décorer avec du persil haché.

A partir de 15 mois

• Œuf au plat

1 œuf; sel; beurre.

Cuisson : 3 minutes.

Dans un petit plat à œuf ou dans une poêle mettre une petite noisette de beurre. Laisser chauffer, le beurre ne doit pas brunir : il deviendrait alors indigeste. Casser l'œuf, laisser cuire à feu moyen. Quand le blanc est bien pris, arrêter la cuisson. Saler au moment de servir.

Pour être digeste, le blanc doit être bien coagulé.

• Œuf Orsini

1 œuf; fromage râpé; beurre; sel.

Préparation : 5 minutes. — *Cuisson :* 25 minutes.

Séparer le jaune du blanc sans briser le jaune. Battre le blanc très ferme, ajouter du sel. Dans un plat à four beurré verser le blanc, poser le jaune dessus. Recouvrir de fromage râpé, ajouter du beurre. Laisser cuire à feu doux 25 minutes.

• Œuf au nid

1 artichaut; 1 œuf; sel; 1 noisette de beurre ou 1 cuillerée à café de lait concentré.

Préparation : 5 minutes. — *Cuisson :* 30 minutes.

Faire cuire l'artichaut 30 minutes à l'eau bouillante salée, ou à l'autocuiseur. Retirer les feuilles. Disposer le fond dans un plat, ajouter une noisette de beurre ou le lait concentré. Glisser un œuf poché ou au plat.

• Œuf cocotte au lait concentré

1 œuf; 2 cuillerées à soupe de lait concentré; sel.

Préparation : 5 minutes. — *Cuisson :* 6 minutes.

Dans une petite cocotte en porcelaine, déposer une cuillerée de lait concentré, puis casser l'œuf entier. Napper avec deux cuillerées à café de lait. Mettre au four à feu très vif (6 minutes), au bain-marie, dans un plat avec un peu d'eau. Au moment de servir, saler.

• Omelette au fenouil

1 œuf; fenouil; sel; beurre.

Préparation : 3 minutes. — *Cuisson :* 18 minutes.

Blanchir le fenouil 10 minutes à l'eau bouillante salée. Égoutter. Hacher finement. Battre l'œuf. Incorporer le fenouil à l'œuf. Ajouter du sel, du beurre. Faire cuire comme une omelette ordinaire.

A partir de 16 mois

• Œuf en tomate.

1 tomate bien ronde; 1 œuf; fines herbes; sel; beurre.

Préparation : 5 minutes. — *Cuisson :* 25 minutes.

Pratiquer un large trou à la place de la queue de la tomate. Enlever la pulpe. Casser un œuf dans le trou, ajouter une noisette de beurre et du sel. Mettre à four moyen 25 minutes. Décorer avec des fines herbes hachées.

• Œufs brouillés

Raymond Thuilier, *L'Oustaù de Baumanière*

Dans une casserole faire fondre le beurre. Casser les œufs. Saler. A feu très doux, battre doucement dans les deux sens, avec un fouet à main, en évitant que les œufs se coagulent. Au dernier moment casser un jaune qui ajoute de l'onctuosité. Donner deux, trois coups de fouet. Servir.

• Œuf dur tomates

1 œuf; tomates; beurre; sel; persil.

Préparation : 5 minutes. – *Cuisson :* 10 minutes.

Préparer une purée de tomates fraîches. Faire durcir un œuf. Le couper dans le sens de la longueur. Hacher le persil, ajouter du sel, le jaune d'œuf, et une noisette de beurre. Remplir les moitiés de blanc avec ce mélange. Servir avec la purée de tomate.

Bien pratique : deux plats en un.

• Œufs brouillés à l'orange

Battre deux œufs. Presser dessus le jus d'une orange. Bien mélanger, assaisonner d'un peu de sel. Ajouter un petit morceau de beurre, faire cuire en remuant.

Ce plat doit être servi onctueux.

• Œuf dur purée

1 œuf; purée de pommes de terre; beurre; gruyère râpé.

Préparation : 10 minutes. – *Cuisson :* 5 minutes.

Préparer une purée de pommes de terre. Faire durcir l'œuf. Le couper en deux (dans le sens de la longueur). Mettre la purée dans un plat à four beurré, y disposer l'œuf coupé en deux (garniture). Saupoudrer le tout de gruyère. Ajouter une noisette de beurre. Laisser dorer quelques instants.

Plat très énergétique!

• Œuf dur fines herbes

1 œuf; persil; cerfeuil; sel; citronnette; quelques feuilles de salade (laitue).

Préparation : 5 minutes. – *Cuisson :* 10 minutes.

Faire durcir un œuf. Couper en deux dans le sens de la longueur. Retirer le jaune. Hacher finement persil et cerfeuil. Mélanger le jaune d'œuf, les herbes hachées et le sel. Remplir les blancs avec le mélange de jaune et d'herbes. Assaisonner de citronnette.

On peut servir l'œuf ainsi préparé sur un lit de laitue coupée en lanières.

A partir de 20 mois

• Riz au blanc avec œuf poché

Raymond Thuilier, *L'Oustaù de Baumanière*

Laver le riz à l'eau tiède. Verser le riz en pluie dans du lait bouillant salé à raison de 125 grammes de riz pour un quart de litre de lait. La cuisson doit se faire casserole ouverte. Le temps de cuisson dépend de la qualité du riz. Quand le riz est cuit, l'égoutter rapidement. Étaler en mince couche le riz dans le plat. Ajouter du beurre frais et du gruyère râpé. Laisser sécher au four quelques instants. Servir avec un œuf poché!

• Œuf bicolore

1 œuf; 1/2 tomate; sauce blanche.

Préparation : 10 minutes. – *Cuisson :* 10 minutes.

Faire durcir un œuf. Préparer une purée de tomate. Préparer de la sauce blanche. Couper l'œuf dans le sens de la longueur. Enlever le jaune. Le hacher. Remplir les blancs avec la purée de tomate fraîche et le jaune haché. Verser la sauce blanche dans un plat à four. Disposer dessus les blancs. Réchauffer quelques minutes au four.

Plat complet, nourrissant, riche en vitamines!

A partir de 2 ans

• Œufs brouillés au jambon

Raymond Thuilier, *L'Oustaù de Baumanière*

Couper en petits dés du jambon blanc. Préparer les œufs brouillés comme suit : dans une casserole faire fondre le beurre. Casser les œufs, saler. A feu très doux, battre doucement dans les deux sens avec un fouet à main en évitant que les œufs se coagulent. Ajouter les dés de jambon. Au dernier moment casser un jaune, qui ajoute de l'onctuosité. Donner deux, trois coups de fouet. Servir.

• Fromage d'œuf mayonnaise

1 œuf; mayonnaise; sel; herbes hachées.

Préparation : 5 minutes. – *Cuisson :* 15 minutes.

Casser 1 œuf, sans le briser. Faire prendre au bain-marie. Refroidir. Démouler. Napper de « mayonnaise » verte (beaucoup d'herbes hachées). Saler.

• Œuf au jambon

1 œuf; 1 petite tranche de jambon maigre; beurre; sel.

Préparation : 2 minutes. – *Cuisson :* 4 minutes.

Couper la tranche de jambon en lanières assez larges. Dans un petit plat à œuf, ou dans une poêle, mettre une petite noisette de beurre, puis déposer les lanières, puis l'œuf, piquer le blanc. Arrêter la cuisson quand le blanc est bien pris. Saler.

• Œuf en brioche

1 brioche; 1 œuf; beurre; sel.

Préparation : 5 minutes. – *Cuisson :* 15 minutes.

Enlever le chapeau de la brioche. La vider presque entièrement. Beurrer l'intérieur très soigneusement. Casser un œuf dans un bol, ajouter du sel. Verser très doucement dans la brioche. Mettre au four chaud 15 minutes.

Véritable délice, presque un dessert, qui sera très apprécié et facile à faire.

• Œuf milanais

1 œuf; purée de tomate; lait; jambon; sel; beurre.

Préparation : 10 minutes. – *Cuisson :* 10 minutes.

Faire fondre du beurre dans une casserole, y casser l'œuf. Préparer la purée de tomate. Couper le jambon en lanières. Mélanger le tout dans la casserole. Ajouter du sel. Tourner et verser une cuillerée à soupe de lait, incorporer du beurre et du sel. Laisser cuire à feu doux 10 minutes environ.

A partir de 3 ans

• Œuf à l'italienne

1 œuf; nouilles; beurre; gruyère râpé; chapelure; sel.

Préparation : 15 minutes. – *Cuisson :* 30 minutes.

Faire durcir un œuf. Le couper en tranches épaisses. Faire cuire 20 minutes les nouilles à l'eau bouillante salée, égoutter. Dans un plat à four, disposer les nouilles en couronne. Mettre les tranches d'œuf au centre. Saupoudrer de fromage râpé de chapelure. Faire dorer à four vif 10 minutes.

• Œuf à la napolitaine

Riz; œuf; gruyère râpé; fines herbes; beurre.

Préparation : 15 minutes. – *Cuisson :* 35 minutes.

Faire durcir un œuf. Le couper en deux dans le sens de la longueur. Faire cuire le riz 20 minutes à l'eau bouillante salée. Ajouter la moitié du gruyère. Garnir un plat à four beurré avec le riz, disposer les moitiés d'œuf. Saupoudrer avec le reste de gruyère. Décorer avec des fines herbes. Ajouter des noisettes de beurre. Faire dorer à four vif 15 minutes.

• Œuf céleri

1 œuf; céleri blanchi; sel; beurre.

Préparation : 5 minutes. – *Cuisson :* 5 minutes.

Faire frire un œuf, saler. Passer en purée le céleri préalablement blanchi. Servir l'œuf sur la purée. Ajouter des noisettes de beurre.

• Œuf farci à la sardine

1 œuf dur; 1 petite sardine à l'huile; noisette de beurre.

Préparation : 5 minutes.

Couper l'œuf dans le sens de la longueur. Enlever le jaune. Mélanger intimement le beurre, la sardine écrasée, le jaune d'œuf. Remettre le mélange dans le blanc d'œuf. Décorer avec une petite feuille de verdure.

Très riche en lipides. Dessert léger après ce repas, un fruit ou un yaourt.

• Œuf sur canapé

1 œuf; 1/4 de verre de lait; sel; persil haché; 1 tranche de pain de mie; beurre.

Préparation : 10 minutes. – *Cuisson :* 15 minutes.

Battre l'œuf en omelette avec le lait. Ajouter le sel et le persil haché. Verser le mélange dans un ramequin beurré. Mettre au bain-marie, au four, 20 minutes. Faire griller une tranche de pain de mie au four quelques minutes, ou au grille-pain, puis beurrer légèrement une des faces. Quand le mélange est cuit, démouler sur la tranche de pain.

Il faut que l'enfant sache déjà bien croquer pour apprécier cette préparation. Pour les plus jeunes on supprimera le canapé.

• Œuf en berceau

1 pomme de terre (assez grosse); 1 œuf; gruyère; sel; beurre.

Préparation : 10 minutes. – *Cuisson :* 20 minutes.

Cuire au four une belle pomme de terre (Hollande). La couper en deux, dans le sens de la longueur. Creuser la pulpe. Faire durcir un œuf. Le couper en deux, dans le sens de la longueur. Mettre chaque moitié d'œuf dur dans les berceaux de pomme de terre. Saupoudrer de gruyère râpé, sel, noisette de beurre. Dorer quelques minutes au four.

Amusante façon de présenter l'œuf dur. On peut, pour rendre le plat plus léger, supprimer le gruyère et ne pas faire dorer la préparation au four.

• Œuf mimosa

1 œuf; herbes hachées; mayonnaise spéciale au lait concentré (voir recette); 1 feuille de laitue.

Préparation : 5 minutes. – *Cuisson :* 3 minutes.

Faire durcir l'œuf. Le couper en deux, dans le sens de la longueur. Enlever les jaunes. Passer grossièrement. Remplir le blanc de « mayonnaise », ajouter des fines herbes hachées, et du sel. Décorer le dessus avec le jaune haché. Servir sur une feuille de laitue entière ou coupée en fines lanières.

Si vite fait! Si appétissant sur une feuille de laitue, et très riche...

• Les petits jardins Paul Bocuse, Collonges-au-Mont-d'Or

C'est un vieux plat de famille dont le secret m'a été livré par mon grand-père. Étant enfant, c'était une joie pour nous de voir apporter sur la table cette omelette multicolore dont nous faisions ensuite des « petits jardins » dans nos assiettes. Le nom est resté entre nous.

Pour six personnes, préparez quatre petites omelettes de deux œufs chacune. Dans un premier plat, battez deux œufs entiers : ajoutez-y de petits morceaux de beurre très frais et un peu de vert d'épinard. Dans un second plat : deux œufs entiers, petits morceaux de beurre, une cuillerée de sauce tomate. Dans un troisième plat : quatre jaunes d'œufs et du beurre. Dans un quatrième plat : quatre blancs d'œufs et du beurre. D'autre part, faites chauffer votre beurre dans la poêle, après avoir mis en croix dans le fond deux petites baguettes d'osier, destinées à séparer les omelettes, que vous versez toutes ensemble et chacune dans sa section. Dès que les omelettes prennent, retirez l'osier à l'aide d'une fourchette, et laissez-les se ressouder avant de tourner cette grande omelette verte, rouge, blanche et jaune, que vous salez comme une omelette ordinaire.

Servez à plat sur une grande assiette tourtière, et piquez une rose au centre ou toute autre fleur suivant la saison. Les petits morceaux de beurre que l'on ajoute aux œufs avant de les battre rendent l'omelette beaucoup plus légère.

• Œuf aux marrons

Marrons; 1 œuf; beurre; sel; gruyère; lait.

Préparation : 15 minutes. – *Cuisson :* 40 minutes

Fendre les marrons. Les faire cuire à l'eau bouillante 30 minutes. Réduire les marrons en purée. Ajouter un peu de lait chaud, du beurre. Battre la purée. Mettre dans un plat à four beurré. Casser un œuf, le mélanger à la purée. Saupoudrer de gruyère râpé. Faire gratiner à four vif 10 minutes environ.

Plat d'hiver, très nourrissant!

CHAPITRE X

Les desserts

A partir de 4 mois

• Compote de pommes

1 pomme; sucre; eau; vanille (facultative); 1 zeste de citron.

Préparation : 5 minutes. – *Cuisson :* 20 minutes.

Peler, couper, enlever les pépins et les parties abîmées de la pomme. Recouvrir de sucre. Mouiller avec de l'eau. Ajouter le zeste de citron. Laisser cuire à petit feu jusqu'à ce que les fruits soient bien tendres et se défassent. Écraser, passer au tamis.

Pour les plus âgés, après un dîner léger, on peut ajouter des petits croûtons de pain de mie dorés au beurre. Servir bien chaud.

• Gelée de coing et de pomme

3/4 de coing; 1/4 de pomme; sucre (pour la quantité, voir la recette proprement dite); eau; cannelle ou citron.

Préparation : 1 heure. – *Cuisson :* 20 minutes environ.

Éplucher pomme et coing. Enlever cœur et pépins (bien essuyer les coings pour enlever les poils). Diviser en quartiers minces que l'on jette dans une terrine remplie d'eau citronnée. Mettre les fruits dans une casserole ou dans une bassine à confiture. Couvrir les fruits d'eau froide toujours citronnée. Cuire à feu doux jusqu'à ce que les fruits fondent. Placer un tamis très fin sur la terrine et laisser égoutter les fruits sans y toucher. Verser le jus. Ajouter le même poids de sucre moins 10 %. Faire bouillir 10 minutes, à feu vif, en remuant. Écumer et mettre en pots de verre, réchauffés à l'eau tiède.

• Gelée de pomme

500 g de pommes mûres; sucre (pour la quantité, voir la recette proprement dite); eau; citron.

Préparation : 1 heure. – *Cuisson :* 20 minutes environ.

Éplucher les pommes. Enlever cœur et pépins. Diviser en quartiers minces (10 environ, que l'on jette dans une terrine remplie d'eau citronnée, cela empêche les pommes de noircir). Mettre les fruits dans une casserole ou dans une bassine à confiture. Couvrir les fruits d'eau froide toujours citronnée. Cuire à feu doux jusqu'à ce que les pommes soient fondues. Placer un tamis très fin sur la terrine et laisser égoutter les fruits sans y toucher. Peser le jus, ajouter le même poids de sucre, moins 10 %. Faire bouillir 10 minutes à feu vif en remuant. Écumer et mettre en pots de verre réchauffés à l'eau tiède.

A partir de 5 mois

• Purée de pommes

200 g de pomme; 70 g de sucre; 1/2 verre d'eau; zeste de citron.

Préparation : 10 minutes. – *Cuisson :* 15 minutes.

Peler, évider, couper les pommes en quartiers. Mettre dans une casserole avec l'eau. Laisser cuire 15 minutes environ. Passer finement. Ajouter le zeste de citron et le sucre.

Servir frais.

• Purée de pomme vanillée

200 g de pomme; 70 g de sucre; 1/2 verre d'eau; zeste de citron; vanille.

Préparation : 10 minutes. – *Cuisson :* 15 minutes.

Peler, évider, couper les pommes en quartiers. Mettre dans une casserole avec sucre + eau + vanille. Faire cuire 15 minutes. Passer finement.

• Compote de pêches fraîches

2 ou 3 pêches saines et mûres; eau pour couvrir; sucre fin.

Préparation : 5 minutes. – *Cuisson :* 2 minutes.

Ranger les pêches dans une casserole, couvrir d'eau. Retirer au premier bouillon. Peler les pêches. Couper en deux, enlever le noyau. Mettre dans un saladier avec du sucre.

Pour les tout-petits, on écrasera les pêches avec du sucre afin d'obtenir une purée.

Cette compote accompagne très bien riz, semoule, tapioca au lait.

• Yaourt au citron

1 yaourt; 1/2 citron non traité; sucre.

Préparation : 5 minutes.

Râper un peu de zeste de citron. Exprimer le jus d'un demi-citron. Verser le yaourt dans un petit saladier. Mélanger le tout, battre avec un fouet. Ajouter du sucre. Mettre au frais.

A partir de 6 mois

• Gelée de myrtille

Myrtilles; sucre; eau.

Préparation : 1 heure. – *Cuisson :* 20 minutes environ.

Laver et égrener les myrtilles. Mettre dans une casserole ou dans une bassine à confiture avec de l'eau à feu moyen. Écraser légèrement les fruits. Égoutter sur un tamis posé sur une terrine. Peser le jus et un poids égal de sucre. Faire un sirop à 38°. Verser le jus de myrtille et le sirop en mélangeant. Laisser bouillir 10 minutes. Mettre en pot, laisser refroidir. Couvrir.

• Purée de banane et de pomme

1/4 de pomme; 1/2 banane; 2 cuillerées à café de jus d'orange ou de pamplemousse; 1/2 cuillerée à café de miel, ou 1 pincée de sucre en poudre.

Préparation : 5 minutes.

Éplucher, laver la pomme, en râper un quart. Écraser une demi-banane, la battre. Mélanger le tout avec deux cuillerées à café de jus d'orange et le miel (ou le sucre).

Sucrée au miel, cette purée est riche et très parfumée.

• Compote poire-pomme au miel

Faire cuire dans un peu d'eau les quartiers de pomme et de poire épluchées. Écraser finement et ajouter une cuillerée à café de miel.

A partir de 7 mois

• Dessert à la banane et à la pomme

1 petite pomme; 1 petite banane bien mûre; sucre; 1 cuillerée à café de gelée de pomme ou 1 cuillerée à café de lait.

Préparation : 5 minutes.

Choisir des fruits sains et bien mûrs. Les laver et les éplucher. Écraser la banane à la fourchette avec un peu de sucre. Râper finement la pomme. Mélanger le tout. Ajouter une petite cuillerée à café de gelée de pomme ou 1 cuillerée à café de lait. Servir immédiatement.

A partir de 8 mois

• Petit-suisse au jus de fruit frais

1 petit-suisse; 1 cuillerée à café de jus d'orange; pamplemousse, mandarine, pêche, raisin; sucre.

Préparation : 3 minutes.

Battre le petit-suisse avec le jus de fruit frais et le sucre. Le jus de fruit doit être pressé juste avant l'emploi.

• Petit-suisse à la gelée de fruit ou à la confiture

1 petit-suisse; 1 cuillerée à café de gelée de fruit; pomme, myrtille, etc.; 1 cuillerée à café de lait.

Préparation : 2 minutes.

Battre le petit-suisse avec le lait. Mélanger avec la gelée ou la confiture.

• Petit-suisse à la pomme

1 petit-suisse; 1 cuillerée à café de lait; sucre; 1/4 ou 1/2 pomme bien mûre.

Préparation : 3 minutes.

Battre le petit-suisse avec une cuillerée à café de lait et de sucre. Râper la pomme. Mélanger. Servir immédiatement.

• Petit-suisse à la purée de fruits frais

1 petit-suisse; 1 cuillerée à café de lait; sucre; purée de fruits frais : banane tigrée, pêche bien mûre.

Préparation : 4 minutes.

Battre le petit-suisse avec le lait et du sucre. Ajouter la purée de fruits frais. Servir immédiatement.

• Compote de banane

1 banane; 2 cuillerées à soupe d'eau; 1 sucre.

Préparation : 2 minutes. *Cuisson :* 12 minutes.

Préparer un sirop de sucre avec un morceau de sucre et deux cuillerées à soupe d'eau. Peler la banane. La débiter en rondelles. Les verser dans le sirop. Laisser cuire environ 8 minutes. Passer en purée.

• Banane au miel

1 banane : 1 cuillerée à café de lait concentré non sucré; 1 cuillerée à café de miel.

Préparation : 2 minutes.

Choisir une banane bien mûre et tigrée. L'éplucher. L'écraser à la fourchette, en ajoutant le lait concentré non sucré. Sucrer avec 1 cuillerée à café de miel liquide.

• Cerises à l'arrow-root

Quelques cerises; arrow-root; 2 cuillerées à dessert d'eau froide.

Préparation : 5 minutes. – *Cuisson :* 10 minutes.

Laver et dénoyauter les cerises. Préparer un sirop de sucre. Le laisser bouillir 3 minutes. Y jeter les cerises. Laisser cuire 8 minutes environ. Délayer l'arrow-root avec de l'eau froide. Verser en tournant le mélange sur la compote. Laisser bouillir 2 minutes. Servir tiède.

Pour les tout-petits, on passera en purée les cerises.

A partir de 9 mois

• Petit-suisse à la compote de fruits cuits

1 petit-suisse; 1 cuillerée à soupe de fruit cuit : pomme, poire ou abricot; sucre.

Préparation : 5 minutes.

Faire pocher un fruit, le réduire en purée. Battre le petit-suisse avec la purée. Sucrer.

On augmentera pour les plus grands la dose de fruit, qui pourra ne pas être réduit en purée.

• Compote de pomme « neige »

Pomme; blanc en neige; beurre; sucre.

Préparation : 10 minutes. – *Cuisson :* 20 minutes.

Mettre dans un plat à four beurré une compote passée de pomme. Battre le blanc en neige très ferme en ajoutant le sucre. En recouvrir la compote. Passer 10 minutes à four doux.

• Compote de quetsches

200 g de quetsches; 50 g de sucre; 1 petite pincée de cannelle (pour les plus grands); 1/2 verre d'eau.

Préparation : 5 minutes. – *Cuisson :* 15 minutes.

Laver et dénoyauter les fruits. Préparer du sirop de sucre. Mettre les fruits dans une casserole avec le sirop. Laisser cuire 10 minutes environ. Ajouter une petite pincée de cannelle. Retirer les fruits. Faire réduire le jus quelques instants. Le verser sur les fruits. Servir frais.

• Semoule et tapioca au lait

30 g de semoule; 10 g de tapioca; 50 g de sucre; lait.

Préparation : 5 minutes. – *Cuisson :* 15 minutes.

Faire bouillir le lait avec le sucre. Verser en pluie semoule et tapioca dans le lait bouillant. Laisser cuire 15 minutes environ. Laisser refroidir.

Servir avec une purée de fruits frais ou une gelée de fruit.

A partir de 10 mois

• Banane crémeuse

1 banane; 1 cuillerée à café de lait concentré non sucré; sucre en poudre.

Préparation : 2 minutes.

Choisir une banane bien mûre et tigrée. L'éplucher. L'écraser à la fourchette avec du sucre en poudre. Ajouter le lait concentré non sucré. Battre quelques instants le mélange. Servir immédiatement.

Un bon dessert pour les tout-petits.

• Confiture d'abricots

Abricots; sucre (même quantité que de fruits); eau (la quantité d'eau dépend de la quantité de sucre). (On compte 100 g d'eau pour 500 g de sucre).

Préparation : 1 heure. – *Cuisson :* 30 minutes environ.

Ouvrir les abricots en deux, enlever les noyaux. Peser les fruits crus, peser un poids de sucre égal. Préparer un sirop de sucre. Mélanger le sucre et l'eau, chauffer le sirop à 38° (c'est-à-dire que le sirop tombe en gouttes épaisses). Jeter les fruits dans le sirop jusqu'à ébullition. Enlever les fruits, les égoutter. Faire bouillir de nouveau le sirop à 38°. Remettre les fruits. Porter de nouveau à ébullition. Laisser cuire jusqu'à ce que les fruits soient translucides. Retirer du feu, mettre dans des pots réchauffés à l'eau chaude mais bien secs.

• Gâteau de semoule au lait

50 g de semoule; 1/4 de l de lait; 1 œuf; 25 g de sucre.

Préparation : 10 minutes. – *Cuisson :* 40 minutes.

Jeter la semoule en pluie dans le lait bouillant. Faire cuire 10 minutes en tournant. Sucrer. Laisser tiédir. Incorporer le jaune d'œuf. Mélanger. Battre le blanc en neige ferme. Incorporer le blanc. Caraméliser un moule. Verser la préparation. Mettre au four 30 minutes. Laisser refroidir et démouler.

Délicieux avec une sauce à la groseille ou une gelée de myrtille.

• Cigarettes

Pour 15 cigarettes :
1/2 œuf; 35 g de farine; 25 g de sucre.

Préparation : 5 minutes. — *Cuisson :* 7 minutes.

Mélanger l'œuf entier, le sucre, la farine. Beurrer une tôle froide. Disposer et étaler tous les 5 centimètres des petits tas. Mettre à four chaud 7 minutes. Décoller les gâteaux avec un couteau. Rouler immédiatement en forme de cigarette.

Ces cigarettes peuvent se conserver 1 semaine dans une boîte de fer-blanc bien fermée.

Amusantes pour un goûter d'enfant, accompagnent tout dessert un peu léger.

A partir de 11 mois

• Bananes en robe de chambre

1 banane; sucre; gelée de pomme, ou miel; quelques gouttes de citron.

Préparation : 2 minutes. — *Cuisson :* 10 minutes.

Placer la banane non pelée, dans un plat, ou la faire pocher à l'eau. Mettre au four bien chaud (10 minutes). Sortir. Fendre au couteau. Saupoudrer de sucre et d'un peu de gelée de pomme ou de miel. Ajouter quelques gouttes de citron.

• Crème à la vanille

1 œuf; 150 g de lait; 3 morceaux de sucre; vanille.

Préparation : 5 minutes. — *Cuisson :* 35 minutes.

Faire bouillir le lait avec vanille et sucre. Laisser refroidir. Battre le jaune d'œuf. Le verser dans le lait. Remuer. Mettre au bain-marie 30 minutes.

• Pomme au sirop

1 pomme; citron; 1/2 verre d'eau; sucre; 1 petite pincée de vanille Bourbon.

Préparation : 10 minutes. – *Cuisson :* 10 minutes.

Peler, vider, couper en deux la pomme. Dans une casserole, placer chaque moitié. Ajouter sucre, eau et vanille. Couvrir, laisser cuire 8 minutes à feu moyen. Retourner les fruits. Laisser cuire 8 minutes environ. Mettre sur un compotier. Faire réduire le jus, parfumé avec quelques gouttes de citron. Verser sur les pommes.

Servir frais.

• Bananes au sucre caramélisées

Peler les bananes, les couper en deux dans le sens de la longueur, les ranger sur un plat allant au four légèrement beurré. Les saupoudrer fortement de sucre et faire gratiner.

• Œufs au lait

1/4 de l de lait; 1 œuf; 40 g de sucre; parfum.

Préparation : 10 minutes. – *Cuisson :* 30 minutes.

Casser l'œuf et le battre en omelette. Faire bouillir le lait sucré et parfumé (à la vanille, au caramel ou au chocolat). Verser en tournant sur l'œuf. Mettre la crème dans un plat à four. Laisser cuire à four doux, 30 minutes environ (le mélange ne doit jamais être porté à ébullition).

Bébé adore ce dessert!

• Crème anglaise aux pêches

1 pêche; sucre; eau; crème anglaise; gelée de groseille.

Préparation : 10 minutes. – *Cuisson :* 15 minutes.

Éplucher la pêche, la couper en deux, enlever le noyau. Faire un sirop avec du sucre et de l'eau. Plonger les demi-pêches. Laisser bouillir doucement 3 à 4 minutes. Laisser refroidir.

Préparer une crème anglaise (selon notre recette). Disposer, sur un plat, les fruits égouttés. Napper avec la crème. Garnir chaque demi-pêche avec un peu de gelée de groseille. Servir frais.

• Mousse à la gelée

Sucre; 1 blanc d'œuf; gelée de fruit.

Préparation : 10 minutes.

Battre le blanc très ferme. Mélanger la gelée en tournant très doucement. Ajouter le sucre en poudre.

• Mousse orange

1 orange; 1/4 de citron; 2 cuillerées à café de sucre en poudre; 2 cuillerées à café de Maïzena; 1 œuf.

Préparation : 10 minutes. – *Cuisson :* 3 minutes.

Presser le jus d'orange et de citron, passer très finement. Travailler le jaune d'œuf et le sucre. Quand le mélange devient mousseux, ajouter la Maïzena puis, très doucement, le jus des fruits. Verser le tout dans une casserole, mettre sur feu doux, en remuant jusqu'au premier bouillon. Retirer du feu. Battre un blanc d'œuf en neige ferme, le mélanger doucement. Laisser refroidir.

• Petites galettes

Petite pincée de vanille en poudre; 80 g de farine; 50 g de beurre; sel; sucre.

Préparation : 10 minutes. – *Cuisson :* 5 minutes.

Pétrir ensemble beurre, sucre, farine et vanille en poudre. Étendre en couche mince. Découper en galettes. Sur une plaque beurrée, étendre les galettes, et mettre à four chaud, 5 minutes. Servir avec une gelée rouge.

• Petit pot à la banane

1 banane; 1 jaune d'œuf; 1/2 tasse de lait; sucre en poudre.

Préparation : 5 minutes. – *Cuisson :* 10 minutes.

Écraser en purée une banane. Mélanger cette purée avec le jaune d'œuf et le lait, ajouter le sucre. Remplir un petit pot. Faire prendre au bain-marie. Laisser refroidir.

• Mousse à la framboise ou à la fraise

Sucre; blanc d'œuf; framboises ou fraises *.

* Réservées aux plus grands (2 ans 1/2).

Préparation : 10 minutes.

Passer les fruits. Battre le blanc en neige très ferme. Ajouter du sucre. Mettre en pot. Laisser refroidir quelques instants.

Attention : Penser aux allergies produites par les fruits rouges.

A partir de 13 mois

• Biscuits maison

75 g de farine; 75 g de sucre; 1 œuf; lait.

Préparation : 10 minutes. – *Cuisson :* 10 minutes.

Travailler l'œuf et le sucre afin d'obtenir une mousse. Mélanger à la farine, mouiller avec un peu de lait. Disposer sur une plaque beurrée la pâte en petits tas espacés. Faire cuire 10 minutes à four vif.

• Flan au pommes

1 pomme; 1 œuf; 2 cuillerées à dessert de sucre en poudre; beurre.

Préparation : 5 minutes. – *Cuisson :* 30 minutes.

Saupoudrer de sucre une pomme coupée en rondelles minces. Battre un œuf au fouet. Mélanger à la pomme. Verser le tout dans un moule à four assez profond et bien beurré. Laisser cuire 30 minutes à four moyen.

• Petit pot au jus de cassis

1 jaune d'œuf; sucre; 2 cuillerées à soupe de jus de cassis.

Mélanger le jus, le jaune d'œuf et le sucre. Mettre quelques minutes à feu doux dans une petite casserole. Verser dans le petit pot. Laisser refroidir.

Le cassis est le fruit le plus riche en vitamine C!

Même recette avec jus de groseille.

• Gâteau de tapioca

1/4 de l de lait; sucre; 2 cuillerées à café de tapioca; 1 petit paquet de sucre vanillé naturel (ne jamais se servir de vanille synthétique); 1 œuf entier; quelques grammes de fruits confits.

Préparation : 10 minutes. – *Cuisson :* 50 minutes.

Faire bouillir le lait, ajouter le sucre et la vanille. A ébullition, verser en pluie le tapioca. Tourner jusqu'à obtenir une pâte bien lisse. Retirer du feu, ajouter quelques fruits confits (orange ou cerise) hachés très menus. Lorsque le tapioca est tiède, ajouter l'œuf entier battu. Verser le tout dans un moule caramélisé et faire cuire au bain-marie 35 minutes.

• Pommes au four

2 pommes; eau.

Préparation : 5 minutes. – *Cuisson :* 30 minutes.

Laver, essuyer les pommes. Mettre les fruits dans un plat à four avec 1 cuillerée à café d'eau. Piquer les pommes pour qu'elles n'éclatent pas. Laisser cuire 30 minutes environ à four modéré.

Délicieux avec une gelée rouge ou une sauce à la groseille.

• Sauce aux pommes

2 pommes (de reinette de préférence); eau; beurre.

Préparation : 5 minutes. – *Cuisson :* 10 minutes.

Choisir des pommes pas très mûres. Peler et couper les pommes en quartiers. Mettre dans la casserole et recouvrir l'eau. Faire bouillir. Passer très finement. Ajouter du beurre.

Facultativement pour les plus grands et s'ils l'aiment, un peu de canelle.

• Pommes meringuées

Purée de pomme; 1 blanc d'œuf; sucre.

Préparation : 20 minutes. – *Cuisson :* 15 minutes.

Préparer une purée de pommes selon notre recette. L'étendre dans un plat beurré. Battre le blanc d'œuf très ferme. Napper la purée avec le blanc. Saupoudrer de sucre. Mettre 15 minutes à four doux.

Agréable variante de la classique purée de pommes!

• Pudding semoule et tapioca

30 g de semoule; 10 g de tapioca; 20 g de sucre; caramel; 5 g de chocolat; lait.

Préparation : 10 minutes. – *Cuisson :* 15 minutes.

Faire fondre le chocolat. Ajouter le sucre dans le lait bouillant et le chocolat fondu. Verser la semoule et le tapioca dans le lait bouillant. Laisser cuire 15 minutes environ. Caraméliser un moule. Verser le mélange chaud dans le moule refroidi. Démouler quand le pudding est refroidi.

A partir de 15 mois

• Compote de pommes, poires, pruneaux

Lasserre, Paris

Très petites pommes, poires, pruneaux; eau; sucre; citron.

Les pommes choisies très petites seront pochées entières. Les vider au tube, les tourner, les citronner afin de leur garder leur blancheur. Les mettre à l'eau froide. Préparer un sirop vanillé à 12°. Pocher les pommes 10 à 15 minutes. Les poires, si elles sont petites, seront gardées entières, les préparer alors comme les pommes; si elles sont grosses, les partager en quartiers et les épépiner. Pocher les poires dans un sirop vanillé à 12°. Faire tremper à l'avance les pruneaux, les pocher dans un sirop parfumé à la cannelle à 12°.

• Petites meringues à la confiture

300 g de sucre en poudre; 2 blancs d'œuf; 15 g de farine; confiture.

Préparation : 10 minutes. – *Cuisson :* 20 minutes.

Battre les blancs d'œufs en neige ferme. Verser, en pluie, la farine et le sucre en travaillant le mélange. Sur une tôle huilée, faire des petits tas. Cuire à four moyen 20 minutes environ. Détacher les meringues de la plaque au couteau. Napper de confiture la base aplatie de la meringue. Assembler deux par deux les meringues.

• Macédoine rouge

Cerises; groseilles; framboises; fraises *; sucre; jus de citron.

Préparation : 5 minutes.

Laver, dénoyauter, égrener les fruits. Mettre dans une petite coupe. Arroser de jus de citron. Saupoudrer de sucre en poudre.
C'est encore meilleur servi bien frais.

• Macédoine au sirop

Sucre; eau; raisin, banane, mandarine (fruits selon saison).

Préparation : 5 minutes. – *Cuisson :* 5 minutes.

Préparer un sirop de sucre. Éplucher et couper les fruits en dés (ou en rondelles). Les jeter dans le sirop refroidi. Servir frais.

• Gelée aux cassis

1/4 de l d'eau; 100 g de sucre; 15 g de gélatine; 1 blanc d'œuf; 1 cuillerée à café de jus de citron; 100 g de jus de cassis.

Préparation : 10 minutes. – *Cuisson :* 20 minutes.

Mélanger dans une casserole l'eau, le sucre et la gélatine en feuille. Faire fondre à feu doux, puis ajouter le blanc d'œuf battu avec le jus de citron. Laisser 10 minutes à feu doux, en battant le mélange. Passer au tamis avec le jus de cassis, également passé. Verser dans un compotier et laisser refroidir quelques heures au réfrigérateur. Au moment de servir, décorer avec quelques cassis frais.

Cette recette peut se réaliser avec tous les jus de fruits bien parfumés, par exemple : orange, citron, framboise et pruneau.

* Réservée aux plus grands (2 ans 1/2).

• Macédoine de fruits d'hiver

1 banane; 1 orange; 1 pomme; 1 poire; sucre; jus de citron; jus d'orange.

Préparation : 10 minutes.

Éplucher, nettoyer les fruits. Les couper en dés ou en rondelles (l'orange sera coupée à vif). Mettre les fruits dans un compotier. Saupoudrer de sucre. Arroser de jus de citron et d'orange.

Bébé ne mangera pas tout, mais ce dessert est excellent pour le reste de la famille!

• Coupe pamplemousse aux groseilles

1/2 pamplemousse; quelques groseilles; 1 cuillerée à café de gelée de groseille; sucre.

Préparation : 5 minutes.

Couper le pamplemousse en deux. Détacher avec un couteau la peau autour des tranches. Couper à vif en tranches. Enlever le plus possible de peau blanche (qui donne un goût amer). Sucrer. Égrener des groseilles. Mélanger avec la confiture de groseille.

1/2 pamplemousse est largement suffisant pour un enfant.

• Pâte brisée

100 g de farine; 30 g de beurre; 1 cl d'huile; eau; sel.

Préparation : 20 minutes.

Metrre la farine sur la planche à pâtisserie. Y faire un puits, mettre l'huile, le sel et le beurre en petits morceaux. Travailler le mélange doucement, mais rapidement, en roulant la farine au bout des doigts. Verser l'eau petit à petit. L'opération doit être rapide. Laisser reposer la pâte quelques heures entourée d'un torchon. Ne pas la mettre au réfrigérateur.

• Tarte aux pommes

Pâte brisée; pommes; sucre.

Préparation : 30 minutes. – *Cuisson :* 30 minutes.

Préparer une pâte brisée selon notre recette. Foncer un moule à tarte. Disposer sur la tarte les pommes coupées en lamelles. Faire cuire 30 minutes au four.

• Tarte à la compote de pommes

Pâte brisée; compote de pommes.

Préparation : 30 minutes. – *Cuisson :* 20 minutes.

Préparer une pâte brisée, selon notre recette. Foncer des moules à tartelettes. Faire cuire la pâte non garnie recouverte de haricots 20 minutes. Enlever les haricots. Napper d'une compote de pommes légèrement citronnée.

• Œuf surprise

Riz au lait; eau; sucre; abricots.

Préparation : 10 minutes. – *Cuisson :* 20 minutes.

Préparer le riz au lait (voir recette *Pomme au riz*). Faire pocher quelques minutes les abricots coupés en deux dans le sirop de sucre. Égoutter. Mettre le riz au lait dans un plat. Décorer avec les abricots. Servir frais.

A partir de 18 mois

• Tartelettes à la confiture ou à la gelée

Pâte brisée; confiture.

Préparation : 30 minutes. – *Cuisson :* 20 minutes.

Préparer une pâte brisée selon notre recette. Foncer des moules à tartelettes. Faire cuire la tarte non garnie recouverte de haricots, environ 20 minutes. Enlever les haricots. Napper de confiture ou de gelée.

• Pâtes de coing ou pâtes de pomme

Quartiers de fruit ayant servi à la gelée; sucre (même quantité de sucre que de fruits).

Égoutter les quartiers, les passer à la moulinette. Mélanger soigneusement avec le sucre. Faire cuire en tournant sans arrêt jusqu'à ce que la pâte se décolle des parois de la casserole. Verser la pâte sur un marbre huilé. Découper au couteau. Saupoudrer de sucre semoule.

A faire en même temps que la gelée de coing. On se servira des fruits de la gelée.

(Se conserve plusieurs mois en boîte métallique fermée.)

• Riz au miel Raymond Thuilier, *L'oustaù de Baumanière*

Laver le riz à l'eau tiède. Verser le riz en pluie dans du lait bouillant à raison de 125 grammes de riz pour un quart de litre de lait. Sucrer avec deux cuillerées à soupe de sucre. La cuisson se fait casserole ouverte. Le temps de cuisson dépend de la qualité du riz. Quand le riz est cuit, l'égoutter rapidement. Étaler le riz en mince couche dans un plat allant au four. Ajouter du beurre frais, et laisser sécher au four quelques instants. Mélanger au riz du miel liquide.

• Tarte aux poires

Pâte brisée; poires; sucre.

Préparation : 30 minutes. – *Cuisson :* 30 minutes.

Préparer une pâte brisée. Foncer un moule à tarte. Disposer sur la tarte des poires coupées en lamelles. Faire cuire 30 minutes au four.

• Salade d'or

Pamplemousse; ananas; orange; mandarine; sucre en poudre.

Préparation : 5 minutes.

Éplucher soigneusement les fruits en enlevant les peaux blanches. Détailler en tranches fines, en coupant le pamplemousse et l'orange à vif. Saupoudrez largement de sucre en poudre.

• Soufflé à l'orange *Lapérouse*, Paris

4 beaux œufs (facultativement 1 blanc d'œuf supplémentaire); 115 g de sucre semoule; 50 g de farine tamisée; 1/3 de l de lait; 1 gousse de vanille; jus de 2 oranges; zeste de 1 orange; sucre glace.

Préparation : 20 minutes. – *Cuisson :* 20 minutes.

Préparer une crème pâtissière comme suit : Séparer le jaune et le blanc de quatre beaux œufs. Mélanger les jaunes avec le sucre semoule et la farine tamisée (pour éviter les grumeaux). Faire bouillir le lait dans lequel on aura incorporé une gousse de vanille. Lorsque le lait se met à bouillir, le verser en fouettant énergiquement pour obtenir une pâte homogène, remettre cette crème sur le feu jusqu'à ce qu'elle clapote, aussitôt la retirer. A cette pate, ajouter le zeste d'orange haché et le jus d'orange. Fouetter les blancs en neige très ferme et les ajouter à cette crème (si on dispose d'un blanc en plus, cela ne nuira pas, au contraire). Prendre un bol à soufflé, le beurrer et le sucrer comme il faut, surtout en garnissant les bords – à seule fin que le soufflé ne colle pas – et mettre au four pendant 20 minutes environ, à feu assez doux. Au moment de servir, saupoudrer le soufflé d'un peu de sucre glace et glacer (caraméliser le dessus).

On peut également piquer le dessus du soufflé et arroser d'un peu de jus d'orange.

• Soufflé aux framboises *Lapérouse*, Paris

4 beaux œufs (facultativement 1 blanc d'œuf supplémentaire); 115 g de sucre semoule; 50 g de farine tamisée; 1/3 de l de lait; 1 gousse de vanille; sucre glace; 100 g de purée de framboises.

Préparation : 20 minutes. – *Cuisson :* 20 minutes.

Préparer une crème pâtissière comme suit : Séparer le jaune et le blanc de quatre beaux œufs. Mélanger les jaunes avec le sucre semoule et la farine tamisée (pour éviter les grumeaux). Faire bouillir le lait dans lequel on aura incorporé une gousse de vanille. Lorsque le lait se met à bouillir, le verser en fouettant énergiquement pour obtenir une pâte homogène, remettre cette crème sur le feu jusqu'à ce qu'elle clapote, aussitôt la retirer. A cette pâte, ajouter environ cent grammes de purée de framboises. Fouetter les blancs en neige très ferme et les ajouter à cette crème (si on dispose d'un blanc en plus, cela ne nuira pas, au contraire). Prendre un bol à soufflé, le beurrer et le sucrer comme il faut, surtout en garnissant les bords – à seule fin que le soufflé ne colle pas – et mettre au four pendant 20 minutres environ, à feu assez doux. Au moment de servir, saupoudrer le soufflé d'un peu de sucre glace et le glacer (caraméliser le dessus).

• Soufflé aux fraises des bois *Lapérouse*, Paris

4 beaux œufs (facultativement 1 blanc d'œuf supplémentaire); 115 g de sucre semoule; 50 g de farine tamisée; 1/3 de l de lait; 1 gousse de vanille; sucre glace; 100 g de purée de fraises des bois.

Préparation : 20 minutes. – *Cuisson :* 20 minutes.

Préparer une crème pâtissière comme suit : Séparer le jaune et le blanc de quatre beaux œufs. Mélanger les jaunes avec le sucre semoule et la farine tamisée (pour éviter les grumeaux). Faire bouillir le lait dans lequel on aura incorporé une gousse de vanille. Lorsque le lait se met à bouillir, le verser en fouettant énergiquement pour obtenir une pâte homogène, remettre cette crème sur le feu jusqu'à ce qu'elle clapote, aussitôt la retirer. A cette pâte, ajouter environ cent grammes de purée de fraises des bois. Fouetter les blancs en neige très ferme et les ajouter à cette crème (si on dispose d'un blanc en plus, cela ne nuira pas, au contraire). Prendre un bol à soufflé, le beurrer et le sucrer comme il faut, surtout en garnissant les bords – à seule fin que le soufflé ne colle pas – et mettre au four pendant 20 minutes environ, à feu assez doux. Au moment de servir, saupoudrer le soufflé d'un peu de sucre glace et le glacer (caraméliser le dessus).

• Soufflé au citron *Lapérouse*, Paris

4 beaux œufs (facultativement 1 blanc d'œuf supplémentaire); 115 g de sucre semoule; 50 g de farine tamisée; 1/3 de l de lait; jus de citron; zeste de 1 citron; sucre glace; 1 gousse de vanille.

Préparation : 20 minutes. – *Cuisson :* 20 minutes.

Préparer une crème pâtissière comme suit : Séparer le jaune et le blanc de quatre beaux œufs. Mélanger les jaunes avec le sucre semoule et la farine tamisée (pour éviter les grumeaux). Faire bouillir le lait dans lequel on aura incorporé une gousse de vanille. Lorsque le lait se met à bouillir, le verser en fouettant énergiquement pour obtenir une pâte homogène, remettre cette crème sur le feu jusqu'à ce qu'elle clapote, aussitôt la retirer. A cette pâte, ajouter le zeste de citron haché et le jus de citron. Fouetter les blancs en neige très ferme et les ajouter à cette crème (si on dispose d'un blanc en plus, cela ne nuira pas, au contraire). Prendre un bol à soufflé, le beurrer et le sucrer comme il faut, surtout en garnissant les bords – à seule fin que le soufflé ne colle pas – et mettre au four pendant 20 minutes environ, à feux doux. Au moment de servir, saupoudrer le soufflé d'un peu de sucre glace et le glacer (caraméliser le dessus).

On peut également piquer le dessus du soufflé et arroser d'un peu de jus de citron.

• Soufflé au chocolat *Lapérouse*, Paris

4 beaux œufs (et facultativement 1 blanc d'œuf supplémentaire); 115 g de sucre semoule; 50 g de farine tamisée; 1/3 de l de lait; sucre glace; 1 gousse de vanille; chocolat.

Préparation : 20 minutes. – *Cuisson :* 20 minutes.

Préparer une crème pâtissière comme suit : Séparer le jaune et le blanc de quatre beaux œufs. Mélanger les jaunes avec 115 g de sucre semoule et 50 g de farine tamisée (pour éviter les grumeaux). Faire bouillir le lait dans lequel on aura incorporé une gousse de vanille. Lorsque le lait se met à 999bouir, le verser en fouettant énergiquement pour obtenir une pâte homogène, remettre cette crème sur le feu jusqu'à ce qu'elle clapote, aussitôt la retirer. A cette pâte, ajouter le chocolat fondu dans du lait. Fouetter les blancs en neige très ferme et les ajouter à cette crème (si on dispose d'un blanc en plus, cela ne nuira pas, au contraire). Prendre un bol à soufflé, le beurrer et le sucrer comme il faut, surtout en garnissant les bords – à seule fin que le soufflé ne colle pas – et mettre au four pendant 20 minutes environ, à feu assez doux. Au moment de servir, saupoudrer le soufflé d'un peu de sucre glace et glacer (caraméliser le dessus).

• Petit-suisse aux noisettes

1 petit-suisse; 3 noisettes, ou 3 amandes ou 1 noix; sucre; 1 cuillerée à café de lait.

Préparation : 3 minutes.

Piler les fruits. Battre le petit-suisse avec le lait et le sucre. Mélanger avec les fruits pilés.

• Petit-suisse au cacao

1 petit-suisse; 1 cuillerée à café de lait; 1 petite pincée de poudre de cacao; sucre.

Préparation : 2 minutes.

Battre le petit-suisse et le lait. Mélanger avec le sucre et la poudre de cacao.

• Petit-suisse aux fruits confits

1 ou 2 petits fruits confits; 1 petit-suisse; 1 cuillerée à café de lait; sucre.

Préparation : 3 minutes.

Hacher finement des fruits confits sans écorce trop dure. Battre le petit-suisse avec le lait et le sucre. Mélanger le tout.

Pour les plus grands, on hachera plus grossièrement les fruits.

• Pamplemousse à la macédoine

Pamplemousse; banane; raisin; pommes; sucre.

Préparation : 10 minutes.

Couper le pamplemousse en deux. Évider le fruit très délicatement avec un couteau. Bien enlever les peaux blanches (très important car ces peaux ont un goût très amer qui gâterait la préparation). Couper la chair en dés. Mélanger la chair du pamplemousse avec les rondelles de banane, ajouter les dés de pommes et des grains de raisin épépinés. Remplir chaque demi-pamplemousse avec la macédoine. Saupoudrer largement de sucre. Servir bien frais.

Dessert aux saveurs variées et présentation amusante!

• Marmelade de pamplemousse

1 pamplemousse; 2 oranges; un peu d'eau; 5 morceaux de sucre.

Préparation : 10 minutes. – *Cuisson :* 10 minutes.

Éplucher, couper en morceaux le pamplemousse. Presser les oranges, ajouter un peu d'eau, avec le jus faire un sirop de sucre. A ébullition, y jeter les morceaux de pamplemousse. Laisser cuire 10 minutes en remuant. Servir frais.

• Banane frite

1 banane; sucre en poudre; beurre; gelée de groseille.

Préparation : 2 minutes. – *Cuisson :* 3 minutes.

Éplucher la banane. La couper dans le sens de la longueur. La faire frire dans le beurre. Laisser sur le feu quelques instants. Servir avec du sucre en poudre et un peu de gelée de groseille.

Dessert d'hiver vite fait et nourrissant.

• Pomme au riz

Riz ; lait ; vanille ; sucre ; pomme ; beurre.

Préparation : 25 minutes. – *Cuisson :* 25 minutes.

Préparer un riz au lait. Lavez le riz. Le jeter dans le lait bouillant sucré et vanillé. Laisser cuire à feux doux. L'étendre dans un plat à four beurré. Peler, vider, couper en quartiers 1 pomme. Laisser cuire 15 minutes environ dans le sirop de sucre. Disposer les quartiers sur le riz. Saupoudrer de sucre. Mettre à four moyen 10 minutes pour dorer les quartiers.

Servir chaud.

Dessert nourrissant et vitaminé !

• Condé de pomme

Riz au lait ; 1 pomme ; gelée de groseille ; sucre ; eau.

Préparation : 10 minutes.

Préparer un riz au lait selon notre recette. Peler, évider, couper en morceaux les pommes. Faire pocher quelques minutes au sirop de sucre. Égoutter. Mettre le riz dans un compotier. Disposer les morceaux de pommes. Napper au sirop de sucre dans lequel on aura délayé de la gelée de groseille.

• Petits gâteaux aux noisettes

80 g de noisettes ; 80 g de sucre ; 1/2 blanc d'œuf.

Préparation : 5 minutes. – *Cuisson :* 10 minutes.

Hacher finement les noisettes. Battre les blancs très fermes. Incorporer noisettes et sucre. Former des petites boulettes, légèrement aplaties. Faire cuire à four chaud 10 minutes.

A partir de 20 mois

• Soufflé Lapérouse aux fruits confits

4 beaux œufs, et facultativement 1 blanc d'œuf supplémentaire ; 115 g de sucre semoule ; 50 g de farine tamisée ; 70 g de pralin ; 1/3 de l de lait ; 1 gousse de vanille ; 50 g de fruits confits ; sucre glace.

Préparation : 20 minutes. – *Cuisson :* 20 minutes.

Préparer une crème pâtissière comme suit : Séparer le jaune et le blanc de quatre beaux œufs. Mélanger les jaunes avec le sucre semoule et la farine tamisée (pour éviter les grumeaux). Faire bouillir le lait dans lequel on aura incorporé une gousse de vanille. Lorsque le lait se met à bouillir, le verser en fouettant énergiquement pour obtenir une pâte homogène, remettre cette crème sur le feu jusqu'à ce qu'elle clapote, aussitôt la retirer. A cette pâte, ajouter environ 70 g de pralin et environ 50 g de fruits confits hachés. Fouetter les blancs en neige très ferme et les ajouter à cette crème (si on dispose d'un blanc en plus, cela ne nuira pas, au contraire). Prendre un bol à soufflé, le beurrer et le sucrer comme il faut, surtout en garnissant les bords — à seule fin que le soufflé ne colle pas — et mettre au four pendant 20 minutes environ, à feu assez doux. Au moment de servir, saupoudrer le soufflé d'un peu de sucre glace et le glacer (caraméliser le dessus).

A partir de 2 ans

• Pommes fourrées

1 ou 2 pommes; une noix de beurre; sucre; fruits confits (de préférence cerises).

Préparation : 5 minutes. — *Cuisson :* 25 minutes.

Éplucher, évider, agrandir l'ouverture de la pomme. Hacher finement fruits confits et pulpe. Remplir la pomme avec la farce. Mettre dans un plat à four, légèrement beurré, ajouter sur la pomme une noisette de beurre et du sucre. Cuire à four chaud 25 minutes environ. Arroser avec le sirop.

• Pâte à tarte

Cette pâte à tarte se prête à beaucoup de préparations : aux fruits, en tarteron à la crème, aux poires et raisins, elle est vraiment excellente.

Pour une tarte prendre un petit bol de farine, une noix de levure de boulangerie, une pincée de sucre, une de sel, un œuf, une cuillerée à soupe d'huile et 60 g environ de beurre. Mélanger le tout et mouiller de lait petit à petit afin d'obtenir une pâte molle mais assez consistante. Étendre sur une tourtière beurrée et, pour que la pâte ne retombe pas, étaler dessus ce que vous avez à mettre : crème ou fruits, puis laisser pousser la pâte dans un endroit chaud pendant une heure. Enfourner alors à four chaud; et lorsque les bords de la pâte sont dorés, la tarte est cuite. Démouler et poser sur une éclisse.

• Dulche de lèche

200 g de sucre; 1 petite gousse de vanille; 1/2 l de lait.

Préparation : 10 minutes. – *Cuisson :* 15 minutes.

Faire cuire dans une bassine à confiture le lait, la vanille et le sucre. A ébullition, baisser, laisser cuire à feu très doux jusqu'à ce que le mélange soit roux et épais.

(Se conserve très bien et se sert comme une confiture.)

Délicieuse recette espagnole!

• *Crêpes au sucre* *Lasserre,* Paris

125 g de farine; 50 g de beurre; 45 g de sucre; 2 œufs; 1 dl de lait; 1 pincée de sel; 1 petit verre d'eau tiède.

Dans une terrine, délayer la farine avec le lait et l'eau tiède. Ajouter une noix de beurre et du sel. Laisser reposer ce mélange 1 heure. Ajouter les jaunes d'œufs, le reste du beurre fondu, le sucre en poudre. Introduire les blancs battus en neige ferme. La pâte doit être fluide. Dans la poêle graissée (avec un peu de beurre), verser un peu de pâte. Laisser cuire encore quelques instants. Saupoudrer les crêpes de sucre et servir très chaud.

• Gâteau roulé à la confiture

(pour 4 personnes)

1 verre de farine; 1/2 verre de sucre; 2 œufs; 1 paquet de levure; confiture.

Préparation : 10 minutes. – *Cuisson :* 15 minutes.

Battre les blancs d'œuf en neige. Dans un bol, travailler les jaunes avec le sucre pour obtenir une mousse blanche. Verser une partie de la farine, les blancs et le reste de la farine et la levure. Verser la pâte dans un moule bien beurré. Mettre à four moyen 15 minutes environ. Démouler immédiatement après avoir sorti le gâteau du four. Mettre sur un grand papier huilé. Tartiner de confiture et rouler immédiatement. Laisser refroidir.

• Petit gâteau américain

25 g de farine de maïs; 25 g de farine de blé; 10 g de sucre semoule; 1 noix de beurre; 1 zeste de citron; 1 pincée de cannelle; 3 cuillerées à soupe de lait.

Préparation : 10 minutes. – *Cuisson :* 10 minutes.

Mélanger tous les ingrédients, sauf le beurre. Travailler la pâte 5 minutes. Beurrer le moule. Verser la pâte. Faire cuire à four vif 10 minutes environ. Servir chaud avec de la confiture d'abricot.

• Pomme fourrée à la semoule

1 belle pomme; 1/2 verre de lait; 10 à 20 g de semoule; gelée de fruit ou sauce à la groseille; sucre.

Préparation : 5 minutes. – *Cuisson :* 20 minutes.

Vider, peler, laver la pomme. Faire cuire cette pomme, entière, dans beaucoup d'eau sucrée. Laisser refroidir. Verser la semoule en pluie dans le lait bouillant. Laisser cuire 10 minutes environ, en remuant. Garnir la pomme avec la semoule. Napper de gelée de fruit ou, mieux, de sauce à la groseille.

• Glace à la macédoine de fruits

Glace à la vanille; sauce à la groseille (facultatif); fruits de saison bien mûrs (par exemple *en été* : pêche, abricot, fraise; pomme, banane, raisin *en hiver*).

Préparer une sauce à la groseille faite selon notre recette (facultatif). Couper les fruits en petits dés. Servir avec de la glace à la vanille.

• Sorbet aux fruits

Maxim's, Paris

250 g de purée de fruits (cassis, framboises, fraises); 200 g de sucre de semoule; 2 blancs d'œuf.

Préparation : 10 minutes. – *Congélation :* 2 heures.

Mélanger la purée de fruits avec le sucre. Introduire les blancs d'œufs battus en neige ferme. Mettre deux heures, dans le bac à glace du réfrigérateur à la température la plus basse. Remuer le sorbet en cours de congélation. Recouvrir de papier sulfurisé.

• Demi-ananas – Club de la casserole *Lasserre,* Paris

1 petit ananas; sorbet à l'ananas.

Préparation : 1 heure.

Préparer un sorbet à l'ananas. Couper le sommet du fruit et l'évider soigneusement. Mettre l'écorce de l'ananas au réfrigérateur quelques heures. Au moment de servir, verser le sorbet dans l'écorce. Décorer de quelques morceaux d'ananas. Le sorbet, ainsi servi, ne fondra pas.

• Quartiers d'orange et de mandarine glacés au sucre

150 g de sucre en morceaux; 1/2 verre d'eau; quelques gouttes de jus de citron; 20 quartiers de mandarines; 15 quartiers d'oranges.

Préparation : 10 minutes. – *Cuisson :* 15 minutes.

Éplucher les fruits, retirer soigneusement les peaux blanches de chaque quartier, disposer un plat huilé. Dans une petite casserole, faire le sirop avec le sucre, l'eau et le citron. Laisser cuire jusqu'à ce qu'une goutte du sirop versé dans l'eau froide forme une petite boule dure. Retirer la casserole du feu. Prendre chaque quartier piqué sur une épingle à tricoter. Les tremper dans le sirop. Retirer et mettre sur le plat huilé.

• Pommes candy

1/2 tasse d'eau; 6 cuillerées à soupe de sucre; 8 très petites pommes; quelques gouttes de citron.

Préparation : 5 minutes. – *Cuisson :* 15 minutes.

Se servir d'une casserole à très petit fond. Faire un sirop avec l'eau et le sucre, et quelques gouttes de citron. Faire bouillir 8 minutes. Tremper les pommes une à une quelques instants. Retirer et faire égoutter sur une grille tendue de papier huilé. Piquer les pommes sur un bâtonnet de couleur.

• Caramels au chocolat

100 g de chocolat; 100 g de sucre; 1 cuillerée à soupe d'eau; 1 cuillerée à soupe de miel; 20 g de beurre.

Préparation : 10 minutes. – *Cuisson :* 10 minutes.

Faire fondre des carrés de chocolat à cuire avec l'eau. Ajouter le beurre, le miel, le sucre. Laisser cuire 10 minutes environ en remuant. (Jeter une goutte de mélange dans de l'eau. Si la goutte durcit immédiatement c'est que le caramel est cuit). Retirer du feu. Verser dans un plat huilé, laisser refroidir et découper en petits carrés.

• Gâteau chinois aux amandes

1 œuf; 50 g de sucre; 75 g d'amandes pilées; 2 cuillerées à soupe de jus d'orange; beurre.

Préparation : 10 minutes. – *Cuisson :* 30 minutes.

Mélanger le jaune d'œuf et le sucre. Ajouter les amandes pilées et le jus d'orange. Introduire le blanc battu en neige très ferme. Verser dans un moule beurré. Mettre à four doux, 30 minutes environ.

• Sucre d'orge à l'ancienne

125 g de sucre semoule; 1/2 verre d'eau; 1 cuillerée à dessert de jus de citron.

Préparation : 5 minutes. – *Cuisson :* 10 minutes.

Mettre dans une casserole sucre, eau et citron, à feu vif. Laisser bouillir jusqu'à ce que le mélange blondisse. Verser sur du marbre ou un moule plat huilé. Laisser refroidir un peu. Découper.

• Poire melba

1/2 poire; sucre; eau; sauce à la groseille; glace à la vanille.

Préparation : 10 minutes. – *Cuisson :* 3 minutes.

Pocher la demi-poire dans de l'eau et du sucre. Éplucher et laisser refroidir. Servir avec de la glace à la vanille. Napper avec de la sauce à la groseille.

• Tarte au citron

Pâte brisée; 1 cuillerée à dessert de farine; 1 cuillerée à dessert de sucre en poudre; 1 jaune d'œuf; 1 petite pincée de cannelle; 1 citron; 1/2 tasse de lait.

Préparation : 30 minutes. – *Cuisson :* 30 minutes.

Préparer une pâte brisée selon notre recette. Mélanger la farine, le sucre en poudre, le jaune d'œuf, la petite pincée de cannelle, le jus et le zeste d'un citron et le lait. Battre au fouet le mélange. Verser sur la pâte étendue sur le moule. Mettre au four 30 minutes.

• Petit pot de riz avec confiture de cerises

Raymond Thuilier, *L'Oustaù de Baumanière*

Laver le riz à l'eau tiède. Verser le riz en pluie dans du lait bouillant à raison de 125 grammes de riz pour un quart de litre de lait. Sucrer avec deux cuillerées à soupe de sucre. La cuisson se fait casserole ouverte. Le temps de cuisson dépend de la qualité du riz. Quand le riz est cuit, l'égoutter rapidement. Mettre dans de petits pots individuels. Laisser refroidir. Napper de confiture de cerises.

• Gâteau suédois

50 g de sucre; 50 g de pommes de terre cuites à l'eau; 30 g de beurre; 30 g d'amandes; 1 œuf.

Préparation : 10 minutes. – *Cuisson :* 40 minutes.

Passer très finement les pommes de terre. Hacher finement les amandes émondées. Mélanger la purée, les amandes, le jaune d'œuf, le sucre. Battre le blanc en neige très ferme. L'incorporer au mélange. Verser dans un moule beurré. Faire cuire à feu doux 40 minutes environ.

Délicieuse recette suédoise.

• Gâteau aux noisettes

1 blanc d'œuf battu en neige; 1/2 tasse de sucre; 250 g de noisettes pilées; 1 cuillerée à soupe de farine.

Préparation : 5 minutes. – *Cuisson :* 15 minutes.

Mélanger tous les ingrédients. Verser dans un moule beurré. Mettre à four doux 15 minutes environ.

Bon gâteau de fête!

• Pudding de Maïzena aux fruits confits

15 g de crème de riz; 15 g de Maïzena; 60 g de fruits confits; 4 dl de lait; sucre.

Préparation : 10 minutes. – *Cuisson :* 10 minutes.

Faire bouillir le lait sucré. Délayer dans un peu de lait froid la crème de riz et la Maïzena. Mélanger avec le lait chaud. Laisser cuire 10 minutes en remuant. Hacher les fruits confits. Mélanger. Verser dans le plat légèrement beurré. Laisser refroidir. Décorer le dessus avec quelques fruits confits hachés.

• Crème au chocolat

2 cuillerées à café de Maïzena; 1/4 de l de lait; 3 morceaux de sucre; chocolat en poudre; gousse de vanille.

Préparation : 5 minutes. – *Cuisson :* 5 minutes.

Délayer la Maïzena dans un peu de lait froid. Faire bouillir le lait avec le chocolat en poudre, le sucre et la vanille. Mélanger le tout en remuant sur le feu. Laisser quelques instants. Servir frais.

• Mont-Blanc

Lait; marrons; beurre; sucre; 1 gousse de vanille; lait condensé ou crème.

Préparation : 10 minutes. – *Cuisson :* 30 minutes.

Éplucher les marrons. Les faire cuire dans le lait vanillé avec du sucre, pendant 30 minutes. Écraser, passer finement. Ajouter du beurre et du sucre, en travaillant la purée. Remplir un compotier. Napper de crème ou, mieux, de lait concentré.

Très énergétique, très riche en calories – menu très léger à ce repas (sole, endives, par exemple).

• Rochers d'avoine

60 g de flocons d'avoine; 1 œuf; 35 g de sucre; 1 cuillerée à café de levure en sachet; 1 pincée de sucre vanillé naturel.

Préparation : 15 minutes. – *Cuisson :* 10 minutes.

Mélanger le sucre, la levure et les flocons d'avoine, l'œuf et le sucre vanillé. Battre au fouet 10 minutes. Huiler la plaque du four, faire sept petits tas du mélange ci-dessus. Mettre au four chaud 10 minutes.

• Omelette normande

1 pomme; 1 œuf; sucre; beurre.

Préparation : 5 minutes. – *Cuisson :* 8 minutes.

Éplucher, couper la pomme en fines rondelles. Les faire dorer à la poêle quelques minutes. Battre l'œuf en omelette. Faire chauffer le beurre dans la poêle. Verser l'œuf battu et les pommes. Laisser cuire à petit feu. Plier l'omelette. Saupoudrer de sucre.

Quel bon dessert! Recommandé après un repas léger.

A partir de 2 ans 1/2

• Omelette aux abricots

Œuf; abricots; sucre.

Préparation : 10 minutes. – *Cuisson :* 5 minutes.

Préparer une omelette sans sel. Préparer une compote d'abricots épaisse. Fourrer l'omelette avec la compote. La plier. Saupoudrer de sucre.

• Clafoutis aux prunes

100 g de fruits; 30 g de sucre; 1 œuf; lait; beurre; farine.

Préparation : 10 minutes. – *Cuisson :* 30 minutes environ.

Laver les prunes, les couper en deux, les dénoyauter. Les disposer dans un plat à four à bord haut, bien beurré. Dans une terrine mettre la farine, faire une fontaine, mettre du sucre, l'œuf. Délayer en versant peu à peu le lait tiède. Verser le mélange sur les fruits en ne remplissant pas entièrement le plat, car cet entremets gonfle en cuisant. Mettre à four chaud.

Ce clafoutis peut se faire aux poires; aux pommes; aux cerises; aux pruneaux; aux abricots; aux raisins secs; aux abricots secs (pour le clafoutis aux fruits secs, bien faire gonfler les fruits auparavant).

• Marrons au sirop

Marrons; sucre; vanille; sirop de sucre.

Préparation : 10 minutes. – *Cuisson :* 50 minutes.

Faire cuire les marrons 20 minutes dans l'eau bouillante. Enlever leurs peaux sans les briser. Préparer un sirop de sucre légèrement vanillé, y mettre délicatement les marrons. Laisser cuire à feu très doux 25 minutes. Disposer les marrons dans un compotier. Napper avec le sirop.

• Glace à la framboise

1 petite boîte de purée de framboise; 1 blanc d'œuf; quelques gouttes de jus de citron; 2 cuillerées à café de lait concentré sucré.

Préparation : 5 minutes. – *Congélation :* 3 heures environ.

Mélanger la purée de framboises, le lait, le citron et le blanc d'œuf, battu en neige. Verser dans un moule. Mettre dans le tiroir à glace. Laisser prendre la glace. Mettre à la température la plus basse.

• Café glacé

1/2 boîte de lait concentré sucré; même volume de lait; café soluble (café en poudre).

Préparation : 10 minutes. – *Congélation :* 3 heures environ.

Délayer le lait concentré avec le lait. Parfumer avec le café en poudre. Verser dans le tiroir à glace. Laisser au plus froid plusieurs heures au réfrigérateur.

• Parfait au café

Café soluble; 1/2 boîte de lait concentré non sucré; 100 g de sucre.

Préparation : 5 minutes. – *Congélation :* 3 heures environ.

Mélanger le café soluble, le sucre et le lait concentré non sucré. Battre au fouet. Verser dans le tiroir à glace. Laisser au plus froid plusieurs heures dans le réfrigérateur.

• Mousse soleil

Citron (jus et zeste); eau; 1 œuf; sucre.

Préparation : 10 minutes. – *Cuisson :* 8 minutes.

Mélanger le jus de citron, le sucre, et le zeste d'un quart de citron; ajouter une cuillerée à café d'eau, le jaune d'œuf. Faire épaissir au bain-marie (8 minutes environ). Battre le blanc en neige. L'incorporer très doucement quand la crème est refroidie.

• **Mousse d'or**

Même recette, mais remplacer le citron par une orange.

Menu léger à ce repas, grillade et carottes ou salades cuites; ce dessert est très nourrissant.

A partir de 3 ans

• **Régal au chocolat**

60 g de chocolat; 30 g de sucre; 10 g de farine; 1/3 de l de lait; 15 g de beurre.

Préparation : 10 minutes. – *Cuisson :* 10 minutes.

Faire fondre le sucre et le chocolat dans le lait chaud. Faire fondre le beurre dans une casserole. Mélanger avec la farine. Verser le lait chocolaté dans la casserole. Faire cuire doucement 10 minutes. Servir frais.

Quel bon dessert avec quelques biscuits maison!

• **Pain perdu aux abricots**

2 tranches de pain rassis; 1/2 verre de lait; 1/2 œuf; 10 g de beurre; 10 g de sucre; compote d'abricots.

Préparation : 5 minutes. – *Cuisson :* 10 minutes.

Battre l'œuf en omelette. Verser le lait bouillant sur l'œuf. Imbiber avec ce mélange les tranches de pain. Les faire dorer à la poêle dans du beurre chaud. Mettre dans un plat. Saupoudrer de sucre. Disposer la compote d'abricots sur les tranches.

Nourrissant, rapide, ce dessert permet d'utiliser des restes de pain (le pain de mie est meilleur, mais pas indispensable).

• **Gâteau aux amandes**

Pour 4 personnes : 125 g de sucre; 2 œufs; 100 g d'amandes en poudre; 1 orange juteuse.

Préparation : 10 minutes. – *Cuisson :* 20 minutes.

Casser les œufs, séparer le blanc des jaunes. Mélanger le jaune avec le sucre pendant quelques minutes pour obtenir une pâte blanche. Ajouter les amandes en poudre, le jus d'orange et un peu de zeste râpé. Mettre ensuite le blanc battu en neige. Verser dans une tourtière beurrée dans laquelle on place un papier sulfurisé beurré, de la taille exacte du fond, car ce gâteau se démoule difficilement. Faire cuire à four doux.

Ce gâteau est léger, il ne contient ni farine ni matières grasses, mais a une grande valeur énergétique, grâce aux amandes et au sucre.

Nappé avec un peu de gelée d'orange, et quelques amandes effilées, il aura vraiment un air de fête.

• Canapé à la poire

1 tranche de pain brioché; 1/2 poire; beurre; sirop de sucre ou gelée de fruit.

Préparation : 5 minutes. — *Cuisson :* 10 minutes.

Dans un plat à four mettre la tranche de pain beurrée. Disposer dessus une demi-poire épluchée. Laisser à four chaud 10 minutes. Sortir. Napper d'un sirop de sucre ou de gelée de fruit, ou de sauce à la groseille.

Cette recette peut être faite en toute saison avec les fruits du moment : pêche, abricots, pomme, etc.

• Beignets André Terrail

Claude Terrail, *La Tour d'Argent*, Paris.

Faire une pâte à crêpes qui servira de pâte à frire très légère, avec 125 grammes de farine, 40 grammes de sucre en poudre, trois œufs entiers et 350 grammes de lait. Couper une belle pomme de reinette en quartiers et les faire macérer dans un peu de sirop et de sucre vanillé. Tremper les quartiers dans la pâte et faire frire dans de l'huile bien chaude, les égoutter et les saupoudrer de sucre, faire glacer au four, et les conserver bien chauds.

Servir ces beignets sur une marmelade vanillée de poires et de pommes mélangées.

• Beignets de fleurs d'acacia

Paul Bocuse, Collonges-au-Mont-d'Or.

120 g de farine; 2 g de sel; 1 cuillerée de beurre fondu; 5 cl de bière; 1 dl d'eau tiède; 1 blanc d'œuf battu en neige ferme; sucre; grappes de fleurs d'acacia.

Préparer la pâte comme suit : Mettre dans une terrine la farine, le beurre et le sel. Mouiller avec l'eau et la bière.

Introduire le blanc battu en neige. Choisir des grappes de fleurs d'acacia bien parfumées. Les éplucher, les saupoudrer de sucre. Tremper les grappes dans la pâte. Laisser frire à grande friture chaude. Égoutter, saupoudrer de sucre.

• Gâteau de biscuits à la cuiller

10 biscuits à la cuiller; 5 cuillerées à soupe de confiture; 2 cuillerées à soupe de sucre; 1 verre d'eau; lait concentré sucré.

Préparation : 10 minutes. – *Cuisson :* 2 minutes.

Préparer un sirop de sucre léger avec l'eau et le sucre. Laisser cuire 2 à 3 minutes. Verser ce sirop dans une coupe et faire imbiber cinq biscuits du côté plat quelques instants. Napper les cinq autres biscuits de confiture du côté plat. Recouvrir les biscuits au sirop avec ceux à la confiture. Recouvrir le tout avec du lait concentré sucré.

• Pêche Melba

1/2 pêche très mûre ou pochée; eau; sauce à la groseille; glace à la vanille; amandes émondées et effilées.

Préparation : 10 minutes. – *Cuisson :* 5 minutes.

Pocher la moitié de pêche, si elle n'est pas très mûre, dans de l'eau. Éplucher et laisser refroidir. Préparer une sauce à la groseille. Servir avec de la glace à la vanille et napper avec la sauce. Décorer avec les amandes.

Dessert de fête!

• Chocolat glacé

1/2 boîte de lait concentré sucré; même volume de lait; chocolat soluble (chocolat en poudre).

Préparation : 10 minutes. – *Congélation :* 3 heures environ.

Délayer le lait concentré avec le lait. Parfumer avec le chocolat en poudre. Verser dans le tiroir à glace. Laisser au plus froid plusieurs heures au réfrigérateur.

• Salade de fruits riche

1 pomme; 1 poire; 1 orange; 1 banane; 1 citron; morceaux de sucre; amandes effilées; 1 cuillerée à café de lait concentré; gelée de groseille.

Préparation : 10 minutes. – *Cuisson :* 3 minutes.

Frotter le zeste de citron sur les morceaux de sucre pour bien les parfumer. Faire dissoudre dans de l'eau le jus de citron et les morceaux de sucre. Éplucher les fruits. Couper à vif l'orange. Couper pomme et poire en dés, la banane en rondelles. Arroser immédiatement avec le sirop. Saupoudrer d'amandes effilées. Ajouter le lait concentré et la gelée de groseille.

Délicieuse salade d'hiver! les amandes ne sont pas indispensables.

• Purée de marrons parfumée au chocolat

Marrons; 2 cuillerées à café de lait concentré non sucré; 1 petite plaque chocolat; beurre; sucre.

Préparation : 10 minutes. – *Cuisson :* 30 minutes.

Fendre l'écorce des marrons. Les faire cuire à l'eau bouillante 30 minutes. Enlever les deux peaux. Passer très finement. Faire fondre une plaquette de chocolat dans un peu d'eau. Ajouter le lait concentré, du beurre, du sucre. Mélanger le chocolat et la purée de marrons. Fouetter la purée pour la rendre légère. Servir frais.

La quantité de marrons dépendra de l'importance du plat désiré.

Bon dessert d'hiver, très nourrissant.

• La couronne aux fruits

Pour 4 personnes : 1 œuf; 100 g de sucre; 50 g de beurre; 50 g de farine; macédoine de fruits.

Préparation : 10 minutes. – *Cuisson :* 30 minutes.

Dans une terrine, travailler le jaune d'œuf et le sucre, quelques minutes. Ajouter peu à peu de la farine, du beurre fondu, et le blanc battu en neige. Verser la pâte dans un moule en couronne beurré et fariné. Faire cuire à four moyen. Laisser refroidir. Garnir le centre avec une macédoine de fruits frais.

On peut varier cette recette en garnissant la couronne de compote de fruits, de crème anglaise, de fromage blanc, de confiture.

• Mousse au café

Sucre; blanc d'œuf; essence de café.

Préparation : 10 minutes.

Battre le blanc d'œuf en neige très ferme. Ajouter du sucre et quelques gouttes d'essence de café. Mettre en pot. Laisser refroidir quelques instants.

• Tarte au riz

Pâte brisée; riz au lait et aux fruits confits.

Préparation : 30 minutes. – *Cuisson :* 35 minutes.

Préparer, la veille, ou quelques heures avant, une pâte brisée selon notre recette. Étendre la pâte au rouleau, en une abaisse d'un demi-centimètre. Foncer un moule à tarte avec la pâte. Mettre des haricots sur la pâte pour l'empêcher de gonfler. Laisser cuire 20 minutes. Préparer un riz au lait avec des fruits confits. Sortir la tarte, enlever les haricots, et verser le riz sur la pâte. Remettre à four chaud 15 minutes environ.

• Charlotte aux pommes

Pain; beurre; compote de pommes.

Préparation : 10 minutes. – *Cuisson :* 30 minutes.

Préparer une compote de pommes. Beurrer des deux côtés des tranches de pain de mie (ôter la croûte). Tapisser un moule avec les tranches de pain (côté et fond). Verser la compote. Recouvrir le dessus avec du pain beurré. Mettre à four moyen 30 minutes environ. Servir chaud.

A partir de 4 ans

• Tarteron à la crème

1 petit bol de lait; 1 grosse cuillerée à soupe de farine; 2 jaunes d'œufs; sucre vanillé; eau de fleur d'oranger; crème fraîche; vergeoise ou cassonade; pâte à tarte selon notre recette.

Faire une crème pâtissière en procédant comme suit : Mettre le lait à bouillir avec le sucre vanillé. Prendre quelques cuillerées de lait froid pour délayer la farine, les jaunes d'œufs et la fleur d'oranger. Ajouter ce mélange au lait bouillant et laisser épaissir. Ajouter une cuillerée de crème fraîche. Laisser refroidir. Foncer un moule avec la pâte à tarte. La crème une fois refroidie, l'étendre sur la pâte. Recouvrir ensuite d'une mince couche de pâte à tarte que l'on aura étendue au rouleau et saupoudrer largement de cassonade ou vergeoise arrosée de crème fraîche. Mettre au four. A la cuisson tout doit être doré et former un léger caramel.

• Gâteau de semoule aux pruneaux

1/4 de l de lait; sel; 4 morceaux de sucre; zeste de citron; 1,5 cuillerée de semoule de blé; beurre; quelques pruneaux.

Préparation : 10 minutes. — *Cuisson :* 20 minutes.

Faire bouillir le lait, ajouter le sel, un sucre et le zeste de citron. Verser en pluie la semoule, tourner, faire cuire doucement 10 à 15 minutes. Laisser refroidir après avoir ajouté du beurre, dans un bol passé à l'eau fraîche. Faire cuire les pruneaux (gonflés dans l'eau depuis la veille) avec trois morceaux de sucre. Servir ensemble semoule et pruneaux.

On peut remplacer la semoule par du riz.

Légèrement laxatif.

A partir de 5 ans

• Ile Flottante *Paul Bocuse, Collonges-au-Mont-d'Or*

Une surprise des yeux, en même temps qu'une gourmandise parfaite, voilà ce qu'une maman pourra facilement préparer, sans avoir besoin d'être une praticienne consommée. Il faudra néanmoins avoir déjà réussi quelques apprêts ordinaires pour entreprendre une Ile Flottante.

Ne vous effrayez pas, pourtant, mesdames.

On fait d'abord une crème au chocolat, ce qui n'a rien de difficile. Cette crème sera le lac sur lequel l'Ile flottera. Ensuite, on prépare une sorte de meringue, qui ne donnera pas une peine exagérée.

Pour la crème au chocolat : Ayez 250 grammes de bon chocolat en tablettes; cassez ces tablettes, et mettez les morceaux de chocolat dans une casserolette avec les deux tiers d'un verre d'eau. Laissez le chocolat se fondre ainsi et cuire à petit feu en ayant soin de *remuer constamment* avec une cuiller, et de verser peu à peu du lait dans la casserole au fur et à mesure que le chocolat épaissit. La quantité de lait ne saurait être fixée d'une façon rigoureusement précise; elle dépend plus ou moins de l'épaississement du chocolat. Votre règle au sujet du lait doit être ici d'en mettre assez pour que la crème soit d'abord suffisamment claire, attendu que vous aurez à ajouter bientôt des jaunes d'œufs qui contribueront à l'épaissir. La quantité de lait pour cette crème au chocolat sera d'un demi-litre de lait environ, peut-être un peu plus. Cette cuisson effectuée en versant peu à peu le lait nécessaire et en remuant le mélange sans arrêter durera de 15 à 20 minutes. Sucrez un peu, pas beaucoup, le chocolat étant par lui-même sucré. Cassez six œufs très frais; séparez les blancs et les jaunes, en en réservant cinq pour la meringue. Employez pour la crème la totalité des jaunes d'œufs. Battez bien ces jaunes avec la fourchette, et délayez-les, en versant dessus, peu à peu, votre crème cuite, *bien bouillante*. Lorsque le tout est bien mélangé, passez à la passoire fine, et laissez refroidir. Il ne faut pas remettre sur le feu, car les œufs se coaguleraient, et la crème serait manquée. Mais versez dès à présent la crème au chocolat dans un grand plat rond creux où elle sera servie avec l'Ile en meringue; c'est là qu'elle refroidira.

Pour l'Ile en meringue : Ayez 150 grammes de pralines grillées, et pilez-les très finement; râpez du sucre (60 à 80 grammes) et, ensuite pilez-le à part, afin de l'avoir en poudre aussi fine que possible. Battez à neige les cinq blancs d'œufs, précédemment réservés; tout en les battant et les faisant bien monter, incorporez-leur d'abord le sucre en poudre, puis la poudre de pralines.

Lorsque le tout est bien mélangé et gardant la consistance de neige ferme, « caramélisez » un moule en opérant comme ceci : Mettez dans le moule (par exemple, un moule à crème, cannelé, ou un moule à baba) 65 à 70 grammes de sucre en morceaux, avec un peu d'eau, faites fondre graduellement ce sucre sur le feu, en veillant avec soin à ce que le caramel qui est en train de se faire ne devienne pas foncé; il vous le faut, au contraire, à peine blond. Pour exécuter commodément cette opération, vous tenez le moule avec un torchon (afin de ne pas vous brûler les doigts) et, par un mouvement de va-et-vient circulaire, sans vous presser, vous enduisez complètement de sucre fondu l'intérieur du moule jusqu'à demi-refroidissement. Versez alors le meringuage, c'est-à-dire la neige pralinée, dans le moule. Mettez le moule dans le four, à chaleur modérée, cette cuisson au four doit durer environ 15 minutes. Pour vous assurer si la cuisson est à point, appuyez légèrement le bout du doigt sur la meringue : lorsqu'elle ne garde plus l'empreinte du doigt, retirez-la du four, et laissez-la refroidir. Finalement, passez la lame du couteau dans l'intérieur du moule, tout le long du pourtour, très délicatement, afin de détacher pour le mieux ce gâteau très fragile, puis renversez doucement le moule sur une assiette, faites-y tomber la meringue, et transportez-la ensuite avec précaution dans le plat creux où vous avez déjà versé la crème au chocolat.

Cette meringue est si légère qu'elle surnage, tout en gardant bien la forme massive que vous lui avez donnée au moyen du moule.

Vous la servez, et elle a parfaitement l'air d'une île flottante, au joyeux étonnement de vos enfants.

CHAPITRE XI

Les sandwiches

A partir de 2 ans

- **Sandwich à l'œuf et à la tomate**

1 œuf; persil; tomate; sel; pain complet.

Préparation : 5 minutes. – *Cuisson :* 8 minutes.

Hacher du persil. Faire durcir l'œuf, le hacher. Mélanger persil et œuf, ajouter du sel. Mettre le tout entre deux tranches de pain complet avec une rondelle de tomate.

- **Tartine grillée au fromage blanc et aux fruits frais**

1 tranche de pain; fromage blanc; fruits de saison.

Préparation : 2 minutes. – *Cuisson :* 2 minutes.

Faire griller une tranche de pain. Tartiner de fromage blanc. Décorer avec des fruits de saison (exemple : raisin, tranche de pomme, framboises, fraises, rondelles de banane).

A partir de 2 ans 1/2

- **Sandwich à la crème de gruyère persillée**

Petite tranche de pain noir; crème de gruyère; persil.

Préparation : 5 minutes.

Hacher finement le persil. Tartiner le pain de crème de gruyère. Saupoudrer de persil haché. Appuyer le persil avec le plat d'un couteau pour qu'il pénètre dans la crème de gruyère.

• Sandwich à la crème de gruyère et au jambon

Hacher une petite tranche de jambon. Mélanger avec une crème de gruyère. Tartiner le pain de ce mélange.

• Sandwich aux fruits confits

Tranches de pain de mie; fruits confits (choisir des fruits confits sans écorce dure); beurre.

Préparation : 5 minutes.

Hacher très finement les fruits confits. Beurrer légèrement les tranches de pain de pain de mie. Saupoudrer de fruits confits une tartine. Recouvrir avec une autre.

• Sandwich au fromage blanc et œuf dur

1 œuf; fromage blanc; pain complet.

Préparation : 5 minutes. – *Cuisson :* 8 minutes.

Faire durcir l'œuf. Le débiter en rondelles. Tartiner des tranches de pain complet avec du fromage blanc. Mettre une rondelle d'œuf dur au milieu.

• Sandwich aux amandes

Tranches de pain noir; amandes émondées; beurre.

Préparation : 5 minutes.

Hacher finement les amandes. Recouvrir une tranche de pain noir beurré de poussière d'amande. Remettre une tranche de pain par-dessus.

A partir de 3 ans

• Beurres composés pour sandwiches

Beurre au roquefort

Moitié beurre frais, moitié roquefort; malaxer soigneusement.

Beurre aux fines herbes

Moitié : ciboulette, persil, cerfeuil, estragon; moitié : beurre. Jeter les herbes 1 minute dans l'eau bouillante. Égoutter. Piler au mortier jusqu'à ce que l'on obtienne une pâte lisse. Ajouter du sel et le beurre.

• Sandwich aux dattes et aux figues

Quelques dattes; quelques figues; tranches de pain de mie; beurre.

Préparation : 5 minutes.

Hacher très finement les dattes et les figues. Beurrer légèrement les tranches de pain. Saupoudrer une tartine de dattes et de figues hachées. Recouvrir avec une autre.

• Sandwich œuf dur mayonnaise

1 œuf; persil; sel; mayonnaise; pain complet.

Préparation : 10 minutes. – *Cuisson :* 8 minutes.

Faire durcir l'œuf. Préparer une mayonnaise selon notre recette. Hacher du persil. Piler l'œuf. Mélanger le tout. Mettre entre deux tranches de pain complet.

• Sandwich crudités

Hacher grossièrement concombre, tomate, salade et œuf dur. Tartiner sur une tranche de pain beurré.

A partir de 3 ans 1/2

• Sandwich poisson et œuf dur

1 œuf; restes de poisson; citron; beurre; pain complet.

Préparation : 10 minutes. – *Cuisson :* 8 minutes.

Faire durcir l'œuf. Éplucher et piler ensemble l'œuf et les restes de poisson. Citronner le beurre. Tartiner les sandwiches avec le beurre citronné et la purée d'œuf et de poisson.

CHAPITRE XII

Les sauces

A partir de 1 an

• **Citronnette**

3 cuillerées à café d'huile; 1 cuillerée à café de citron; 1 petite pincée de sel.

Préparation : 1 minute.

Mélanger le tout.

• **Sauce béchamel**

10 g de beurre; 20 g de farine; 1 dl de lait concentré non sucré; 1/2 dl d'eau.

Préparation : 6 minutes. – *Cuisson :* 5 minutes.

Faire fondre le beurre dans une casserole. Ajouter la farine. Le mélange doit être bien lisse. Verser l'eau et le lait concentré. Remettre sur le feu. Porter à ébullition (en remuant). Laisser cuire 1 à 2 minutes.

A partir de 14 mois

• **Citronnette verte**

Citronnette; persil haché.

On ajoute quelques feuilles de persil haché très fin à une citronnette.

Sauce pleine de vitamines! (Le persil contient de la vitamine C en abondance!)

Cette sauce accompagne délicieusement les salades, les crudités et le poisson poché.

• Sauce aux pommes

2 pommes (de reinette de préférence); eau; beurre.

Préparation : 5 minutes. – *Cuisson :* 10 minutes.

Choisir des pommes pas très mûres. Peler et couper les pommes en quartiers. Mettre dans une casserole et recouvrir d'eau. Faire bouillir. Passer très finement. Ajouter du beurre.

Et facultativement pour les plus grands, et s'ils l'aiment, un peu de cannelle.

Accompagne agréablement la viande.

• Sauce mayonnaise « bébé »

1 cuillerée à soupe de lait concentré non sucré; 3 cuillerées à soupe d'huile; citron; sel.

Préparation : 6 minutes.

Verser le lait dans un bol. Le battre pour l'émulsionner puis verser l'huile en filet mince. Tout battre afin d'obtenir une consistance de crème épaisse. Fixer avec du jus de citron. Ajouter du sel.

Faite sans œuf, elle est très digestible.

• Mayonnaise sauce verte

Ajouter à la mayonnaise des fines herbes hachées.

A partir de 3 ans

• Sauce hollandaise

1 jaune d'œuf; 1 cuillerée à café de farine; 1 cuillerée à soupe d'eau froide; jus de citron; sel; 80 g de beurre.

Préparation : 3 minutes.

Mettre dans une casserole le jaune d'œuf cru, la farine, du sel et le beurre. Délayer avec l'eau froide. Mettre sur le feu au bain-marie. Laisser épaissir jusqu'au moment de l'ébullition. Avant de servir ajouter du jus de citron.

Sauce de grande cuisine pour accompagner le poisson.

CHAPITRE XIII

Les boissons

Quand des écorces de fruits (notamment orange et citron) sont utilisées dans la préparation de boissons, s'assurer que les fruits ne sont pas traités.

A partir de 4 mois

• Infusion des quatre-fleurs

3 g de quatre-fleurs; 200 g d'eau; 1 cuillerée à café de miel.

Cuisson : 3 minutes. – *Infusion :* 10 minutes.

Déposer la tisane des quatre-fleurs dans un pot ébouillanté. Verser l'eau bouillante. Laisser infuser 10 minutes. Sucrer avec une cuillerée à café de miel.

Pour les enrhumés!

• Infusion de tilleul

Quelques brins de fleurs de tilleul; eau; sucre.

Cuisson : 3 minutes. – *Infusion :* 10 minutes.

Déposer le tilleul dans un pot ébouillanté. Verser de l'eau bouillante. Laisser infuser 10 minutes. Ajouter le sucre.

Infusion calmante, peut servir d'eau de coupage pour un bébé qui dort mal.

A partir de 6 mois

• Boisson au jus de fruits et au lait

1/2 tasse de jus de fruit : jus d'ananas, jus de raisin, jus de pomme, etc.; 1/2 tasse de lait; 2 cuillerées à café de sucre.

Verser doucement le lait bouilli et refroidi sur le jus de fruit sucré. Bien remuer.

Avec les fruits doux ajouter du jus de citron.

• Lait au caramel

Sucre cristallisé; lait.

Cuisson : 2 minutes.

Faire caraméliser le sucre cristallisé. Y verser le lait bouillant.

A partir de 8 mois

• Infusion de verveine

3 g de verveine; eau; sucre; quelques gouttes de citron.

Cuisson : 3 minutes. – *Infusion :* 10 minutes.

Déposer la verveine dans un pot ébouillanté. Verser l'eau bouillante. Laisser infuser 10 minutes. Ajouter le sucre et quelques gouttes de citron.

A partir de 12 mois

• Chocolat glacé

Lait; 1 cuillerée à dessert de cacao; 1 pincée de sucre.

Préparation : 5 minutes. – *Cuisson :* 1 minute.

Faire cuire 1 minute trois cuillerées à soupe d'eau, le cacao, le sucre. Ajouter le lait. Servir frais.

- **Chocolat glacé à la cannelle**

Lait; 1 cuillerée à café de cacao; sucre; 1 pincée de cannelle.

Préparation : 5 minutes. — *Cuisson :* 1 minute.

Faire cuire 1 minute trois cuillerées à soupe d'eau, le cacao, la cannelle, le sucre. Ajouter le lait. Servir frais.

- **Milk-shake à la banane**

Lait bouilli; sucre; 1/2 banane tigrée très mûre.

Préparation : 2 minutes.

Mettre un peu de glace pilée dans le bol du mixer. Ajouter la demi-banane coupée en rondelles fines, le sucre et le lait. Mixer 2 minutes.

- **Lait à la fleur d'oranger**

1/4 de l d'eau minérale non pétillante et fraîche; 80 g de lait bouilli; 4 morceaux de sucre; 1 cuillerée à café de fleur d'oranger.

Préparation : 2 minutes.

Mêler le tout ensemble. Laisser rafraîchir une heure au réfrigérateur.

A partir de 14 mois

- **Milk-shake aux fraises**

Lait bouilli; sucre; quelques fraises.

Préparation : 2 minutes.

Mettre un peu de glace pilée dans le bol du mixer. Ajouter les fraises écrasées, le sucre, le lait. Mixer 2 minutes.

- **Egg nog**

1 œuf bien frais; 1 cuillerée à café de sucre; 1 tasse de lait; sucre vanillé.

Préparation : 5 minutes. — *Cuisson :* 2 minutes.

Battre un œuf au fouet. Ajouter le sucre. Battre de nouveau. Faire bouillir le lait parfumé au sucre vanillé. Laisser refroidir. Mélanger le tout. Servir frais.

Recette américaine.

• Egg nog à l'orange

1 œuf; 1/2 tasse de jus d'orange; 2 cuillerées à café de sucre.

Préparation : 3 minutes.

Battre un œuf au fouet. Ajouter le sucre. Battre de nouveau. Mélanger le tout en versant le jus d'orange doucement et en remuant la préparation.

A partir de 18 mois

• Lait aux framboises

Lait bouilli; sucre; quelques framboises.

Préparation : 2 minutes.

Mettre dans une terrine le lait, le sucre, de la glace pilée et quelques framboises écrasées. Battre avec un fouet. Passer le mélange dans une passoire fine.

• Lait à la pêche

Mixer une demi-pêche très mûre, le lait, un peu de sucre. Servir frais.

• Infusion de menthe et de verveine

4 g du mélange menthe-verveine; 1/4 de l d'eau; sucre.

Cuisson : 3 minutes. — *Infusion :* 10 minutes.

Déposer la menthe et la verveine dans un pot ébouillanté. Verser l'eau bouillante. Laisser infuser 10 minutes.

Pour faciliter une digestion un peu difficile.

• Egg nog à l'orange et au lait

1 œuf; 1/2 tasse de lait bouilli; 1/2 tasse de jus d'orange; 2 cuillerées à café de sucre.

Préparation : 3 minutes. – *Cuisson :* 3 minutes.

Battre l'œuf au fouet. Ajouter le sucre. Battre de nouveau. Faire bouillir le lait. Laisser refroidir. Mélanger le tout en versant le jus d'orange doucement et en remuant la préparation.

Recette américaine.

• Milk-shake à la banane

1 banane; 1/4 de l de lait bouilli; 2 cuillerées à café de sucre en poudre.

Préparation : 2 minutes.

Choisir une banane très mûre. L'éplucher. Écraser la banane avec le sucre. Ajouter le lait. Passer le mélange au mixer, ou battre quelques instants avec un fouet.

Une recette agréable pour le goûter.

A partir de 2 ans

• Punch surprise

1/4 de tasse d'eau; 3 cuillerées à soupe de sucre; 1 peu de poudre de cannelle; 1 citron; 2 oranges; 1/2 tasse de jus d'ananas.

Préparation : 10 minutes. – *Cuisson :* 15 minutes.

Faire bouillir à feu doux 15 minutes environ l'eau, la cannelle, le sucre. Ajouter cette préparation aux jus de fruits. Bien remuer. Servir frais.

Boisson de jour de fête.

• Thé à l'orange

1 verre de thé léger; 1 tranche d'orange; quelques gouttes d'eau chaude; sucre.

Préparation : 2 minutes. – *Cuisson :* 2 minutes.

Mettre dans un verre une tranche épaisse d'orange coupée en deux. Verser quelques gouttes d'eau bouillante sur le fruit. Remplir le verre avec du thé de Ceylan léger. Sucrer.

Boisson stimulante et délicieusement parfumée.

A partir de 3 ans

• Thé glacé au citron

Thé; 1 cuillerée à café de jus de citron; sucre; cubes de glace.

Préparation : 2 minutes. — *Cuisson :* 2 minutes.

Préparer un verre de thé, un peu plus fort que d'habitude. Verser dans un grand verre, où l'on aura placé trois petits cubes de glace, le jus de citron et du sucre. Ajouter un ou deux petits cubes de glace au moment de servir.

Boisson stimulante et fraîche.

• Orangeade

2 oranges; 1 cuillerée à café de sucre; 1/4 de tasse d'eau.

Préparation : 5 minutes. — *Cuisson :* 3 à 4 minutes.

Laver les oranges. Les presser. Faire un sirop d'écorce d'orange avec le sucre et l'eau. Laisser bouillir 3 à 4 minutes. Passer le sirop et mélanger au jus d'orange.

• Citronnade et orangeade mélangées

1 citron; 1 orange; 1 cuillerée à café de sucre; 1/4 de tasse d'eau.

Préparation : 5 minutes. — *Cuisson :* 3 à 4 minutes.

Laver les fruits. Les presser. Faire un sirop d'écorce de citron et d'orange avec le sucre et l'eau. Laisser bouillir 3 à 4 minutes. Passer le sirop. Mélanger aux jus de fruits pressés.

En guise de conclusion...

« Un plat de choix, un menu réussi, une table bien mise, un repas servi exigent des denrées excellentes, un peu de savoir-faire et beaucoup d'amour! »

Ce que disait Curnonsky de la gastronomie en général s'applique aussi au cas particulier sur lequel nous nous sommes penchés au long de ce livre. Cuisiner pour les enfants implique une sélection rigoureuse dans le choix des matières premières, une certaine technique dont nous avons essayé de vous apporter les rudiments, des connaissances que les spécialistes ont réunies pour vous, mais surtout l'exercice de ce sentiment singulier qu'on appelle l'amour.

La gastronomie, disait aussi Curnonsky, ne se conçoit pas sans l'amitié : la cuisine ne se conçoit pas sans amour.

Vous ne ferez jamais rien de bon, de vraiment bon, sans le désir sincère d'apporter un plaisir. Tous les grands chefs que nous avons interrogés sont d'accord, aussi, sur ce point : on ne cuisine bien que pour ceux que l'on aime. C'est ce qui explique que tous les « Patrons » étoilés aient en commun une sorte de grande bienveillante, un respect de la clientèle, une curiosité du cœur et de l'esprit qui sont bien, en définitive, la marque de leur qualité. C'est ce qui explique aussi qu'ils aient accueilli avec tant d'intérêt notre projet de codifier les grandes règles d'une gastronomie infantile.

Les enfants sont des Justes. Ils n'ont pas encore appris à mentir ou à dissimuler. La politesse ne les écrase pas, pas plus que les innombrables pressions de la société. Ils disent ce qu'ils pensent. On voit ce qu'ils aiment. Leur plaisir est sans feinte comme leur mécontentement sans équivoque. Travailler pour eux en cuisine – surtout en cuisine – est une grande entreprise qui comporte des risques. Mais qui est à la source de grandes joies, de vrais émerveillements, cette petite monnaie si rare et si précieuse que les enfants nous rendent parfois par un sourire, en échange d'énormes efforts.

Christine RIPAULT.

En guise de conclusion...

« Un plat de choix, un menu réussi, une table bien mise, un repas servi exigent des denrées excellentes, un peu de savoir-faire et beaucoup d'amour. »

Ce que disait Curnonsky de la gastronomie en général s'applique aussi à ce cas particulier sur lequel nous nous sommes penchés au long de ce livre. Cuisiner pour les enfants implique une sélection rigoureuse dans le choix des matières premières, une certaine technique dont nous avons essayé de vous apporter les rudiments, des connaissances que les spécialistes ont réunies pour vous, mais surtout l'exercice de ce sentiment singulier qu'on appelle l'amour.

La gastronomie, disait aussi Curnonsky, ne se conçoit pas sans l'amitié ; la cuisine ne se conçoit pas sans amour.

Vous ne ferez jamais rien de bon, de vraiment bon, sans le désir sincère d'apporter un plaisir. Tous les grands chefs que nous avons interrogés sont d'accord, aussi, sur ce point : on ne cuisine bien que pour ceux qu'on aime. C'est ce qui explique que tous les « patrons » étoilés aient en commun une sorte de grande bienveillance, un respect de la clientèle, une curiosité du goût et cet esprit qui tient bien, en définitive, de marque de leur qualité. C'est ce qui explique aussi qu'ils aient accueilli avec tant d'intérêt notre projet de codifier les grandes règles d'une gastronomie infantile.

Les enfants sont des artistes. Ils n'ont pas encore appris à mentir ou à dissimuler. La politesse ne les contraint pas, pas plus que les inconfortables pressions de la société. Ils disent ce qu'ils pensent. On voit ce qu'ils aiment. Leur plaisir est sans feinte comme leur mécontentement sans équivoque. Travailler pour eux en cuisine — surtout en cuisine — est une grande entreprise qui comporte des risques. Mais qui est à la source de grandes joies, de vrais émerveillements, cette petite monnaie si rare et si précieuse que les enfants nous rendent parfois par un sourire, en échange d'énormes efforts.

Christine [illegible]

Table

DEUXIÈME PARTIE

Répartition des repas et rations selon l'âge de l'enfant

TROISIÈME PARTIE

La semaine type d'un enfant gastronome

QUATRIÈME PARTIE

Conseils pratiques

CINQUIÈME PARTIE

Les spécialistes nous parlent

SIXIÈME PARTIE

Les recettes

Vos meilleures recettes

Cet ouvrage a été réalisé sur
Système Cameron
par la SOCIÉTÉ NOUVELLE FIRMIN-DIDOT
Mesnil-sur-l'Estrée
pour le compte de France Loisirs
en octobre 1989

Imprimé en France
Dépôt légal : octobre 1989
N° d'édition : 15915 – N° d'impression : 13223